文化发展学术文丛

中国学习文化
与学习型社会建设探索

A STUDY ON THE CONSTRUCTION
OF LEARNING CULTURE
AND LEARNING SOCIETY IN CHINA

杨树雨　著

社会科学文献出版社
SOCIAL SCIENCES ACADEMIC PRESS (CHINA)

总　序

　　用文化传达积极的精神信念，给人以希望和动力，用文化改革释放发展红利，洋溢着温暖和勇气。在文化创新不断推动经济发展换挡升级的时代历程中，中国传媒大学文化发展研究院紧扣时代发展脉搏，从立足文化产业现实问题到搭建文化领域学术研究、人才培养和社会服务的综合学术平台，以"大文化"为发展理念，设计学科架构、搭建文化智库、打造学术重镇，在十年的发展进程中，一直致力于探索构建充满活力、富有效率、更加开放的学科群。

　　"文化发展学术文丛"正是中国传媒大学文化发展研究院十年来对学科建设、理论建构、智库发展和人才培养等专业问题不断探索的阶段性总结。它既折射着我们打造立体学术平台做出的努力；也见证着我们提升国际学术话语权、构建国家文化发展理论体系的情怀；它既反映了我们作为一支年轻研究团队怀揣的学术梦想，也彰显出我们立足严谨，向构建一流学科体系不断前进的初心与恒心。

　　文化是一条源自历史、流向未来的丰沛河流，经济社会发展需要它的润泽。文化的强大功能，铸造了"文化＋"崭新的发展形态。正因为"文化＋"是文化要素与经济社会各领域更广范围、更深程度、更高层次的融合创新，是推动业态裂变，实现结构优化，提升产业发展内涵的生命力，"文化发展学术文丛"以"文化＋"为出发点，以文化内容融合式创新为研究主题，研究发轫于文化但又不囿于文化本身，它既包括全球视野下的比较研究，也包括文化创新领域的理论前沿；既聚焦文化建设的顶层设计，也关注不同行业领域现实问题的具体研究。可以说，打破传统的思维模式，不断增强文化认知的"大融合思维"，既是"文化发展学术文丛"的主要特点，也深刻反映了未来十年文化发展的趋势。

随着我国文化发展的学科建设渐成体系、理论研究不断完善、人才培养步入新境，未来十年，将有更多的文化理论经典和文化研究著述出现，它们将更好地以理论创新引导实践前行，在支撑国家文化创新驱动发展战略、服务区域文化经济转型升级、促进文化改革内涵式发展等方面汇聚力量，彰显价值，为文化强国建设注入源源不断的精神力量。

是为序。

中国传媒大学文化发展研究院院长、博士生导师

范　周

2016 年 4 月

中国要永远做一个学习大国。①

——摘自习近平2014年5月22日在上海外国专家座谈会上的讲话

今天，我们比历史上任何时期都更接近中华民族伟大复兴的目标，比历史上任何时期都更有信心、有能力实现这个目标。

文化是民族生存和发展的重要力量。人类社会每一次跃进，人类文明每一次升华，无不伴随着文化的历史性进步。②

——摘自习近平2014年10月15日在文艺工作座谈会上的讲话

---

① 新华网，http：//news. xinhuanet. com/politics/2014－05/23/c_ 1110837550. htm.
② 人民网，http：//cpc. people. com. cn/n/2015/c64094－27699249. html.

目　录

导　论 …………………………………………………………………… 1

第一章　中华传统学习文化 ………………………………………… 3

　第一节　古代学习文化 …………………………………………… 3

　第二节　近代学习文化 …………………………………………… 21

第二章　近五十年影响我国的世界学习文化 …………………… 41

　第一节　终身学习文化 …………………………………………… 41

　第二节　学习型社会文化 ………………………………………… 57

　第三节　学习型组织文化 ………………………………………… 72

第三章　我国学习型社会建设 …………………………………… 82

　第一节　学习型社会的内涵与特征 …………………………… 83

　第二节　学习型社会建设的框架与保障 ……………………… 94

　第三节　我国学习型社会建设的实践 ………………………… 102

第四章　我国终身学习服务体系建设 …………………………… 111

　第一节　终身教育体系 …………………………………………… 112

　第二节　终身学习服务平台 …………………………………… 127

　第三节　终身学习资源 …………………………………………… 140

　第四节　终身学习文化建设 …………………………………… 148

第五章　我国学习型区域建设 …………………………………… 153

　第一节　学习型城市 …………………………………………… 153

第二节　学习型城区 ………………………………………… 170

第三节　学习型社区 ………………………………………… 182

第六章　我国学习型组织建设 …………………………… 196

第一节　学习型党组织 ……………………………………… 196

第二节　学习型机关 ………………………………………… 207

第三节　学习型企业 ………………………………………… 212

第四节　学习型学校 ………………………………………… 221

第五节　学习型社团等 ……………………………………… 228

后　记 ……………………………………………………… 237

参考文献 …………………………………………………… 239

导　论

我中华泱泱大国，漫漫 5000 多年文明史，踏惊涛骇浪，披荆斩棘，几度沉浮，几度辉煌，一路走来，今日已屹立在世界民族之林前列。发展是中华前进之原动力，学习是发展的前提、途径和手段。学习使中华民族更智慧，学习使中华敢创新，创新使中华发展加速，持续创新使中华国强民富。

学习是时代的最强音，学习是时代的鲜明特征，学习是强国之路，学习是富民之基，学习是世界负责任大国维持世界和平之宝。习近平同志 2014 年 5 月 22 日在外国专家座谈会上的讲话中强调，中国要永远做一个学习大国。①

中华文化具有强大的学习基因。习近平同志 2014 年 10 月 15 日在文艺工作座谈会上的讲话中指出，文化是民族生存和发展的重要力量。人类社会每一次跃进，人类文明每一次升华，无不伴随着文化的历史性进步。世世代代的中华儿女培育和发展了独具特色、博大精深的中华文化，为中华民族克服困难、生生不息提供了强大精神支撑。先秦时期，我国出现了百家争鸣的兴盛局面，开创了我国古代文化的一个鼎盛期。20 世纪初，在"五四"新文化运动中，发端于文艺领域的创新风潮对社会变革产生了重大影响，成为全民族思想解放运动的重要引擎。今天，我们比历史上任何时期都更接近中华民族伟大复兴的目标，比历史上任何时期都更有信心、有能力实现这个目标。

根据党中央、国务院的部署，我国制定了 2020 年全面实现小康社会

---

① http://news.xinhuanet.com/politics/2014-05/23/c_1110837550.htm.

的伟大目标，提出了 2020 年基本形成学习型社会的国家教育发展战略目标。今后的五年是我国建设学习型社会的关键五年。因此，本书力图以全民终身学习和学习型社会建设的视角，阐述我国终身教育与终身学习、学习型社会与学习型组织建设的历史、现状和发展。

本书从我国古代与近代教育制度、教育思想等中华学习文化优良传统对中华民族终身教育与终身学习的影响入手，探寻中华民族学习文化之源。继之，研讨我国恢复联合国合法席位之后，特别是改革开放以来，在积极参加国际事务的过程中，从开始受到联合国教科文组织终身教育、终身学习和学习型社会先进学习文化和理念的引领和推动，转而作为新兴发展中大国有责任有担当、有实践探索、有理论创新，努力为世界学习型社会和学习型城市建设做出突出贡献的引领作用。

本书的重点，也是更多的笔墨用于总结和研究进入 21 世纪以来，在党的十六大、十七大、十八大会议精神的指引下，我国学习型社会建设的辉煌成就；探讨学习型社会的两大支柱，即终身学习服务体系和各类学习型组织建设形成的终身学习文化对我国全民终身学习和学习大国文化的影响。本书中提及的学习型社会和学习型城市的内涵与特征、框架与要素、评估指标，以及我国终身学习服务体系、各类学习型组织建设的理论与实践等方面，是笔者极为关注、认真参与实践和研究的领域，也是近十多年来我国学习型社会建设中的热点问题和难点问题。

完善终身教育体系，已经成为国家和各地政府推动全民学习的热词。建立终身学习服务平台和学习资源建设已经成为教育、文化、广电新闻出版、精神文明、人社等部门主动引领和社会各界热情参与的社会建设工程。终身学习文化氛围悄然形成，并越来越浓。学习型城市、学习型城区、学习型街道、学习型乡镇、学习型社区、学习型党组织、学习型机关、学习型企业、学习型学校、学习型社团、学习型家庭、知识型职工、百姓学习之星等名词在社会上广泛传播，几乎无人不知！这是我国学习大国、学习文化的重要标志之一。

学习本身是行动，学习更要有行动；只有学习才能创新，只有不断学习才能持续创新。让我们为了世界的和平，为了中华民族的伟大复兴，为了我们的幸福美好生活而努力学习吧！

第一章　中华传统学习文化

中国自古以来就有"活到老，学到老"的优秀学习文化，中华民族爱学习的优良传统也是世界著名的。源远流长的中华古代文化促进逐步形成了独具特色的中华古代学习文化，也为世界古代学习文化史积累了宝贵的财富。

中华学习文化的优良传统铭刻于中国古代文化、近代文化和教育发展史之中。中国古代、近代的教育体制和教育思想的发展史料是中国学习文化优良传统研究的重要文献。从先秦时期到鸦片战争之前，中华学习文化在自成体系的封建社会文化和教育环境中形成了自有的风格。从鸦片战争到中华人民共和国成立之前，中华民族经历了外来侵略，西方文化和教育思想涌进中国，受到冲击的中华文化吸收了世界优秀的民主、科学文化思想和教育制度，形成了半殖民地、半封建社会的融合学习文化。这种学习文化对于我国的新民主主义革命，对于中国共产党的诞生，对于中国革命的胜利，以及最终建立中华人民共和国，起到了重要的促进作用。

第一节　古代学习文化

中国古代经历了先秦、秦汉魏晋南北朝隋唐、宋辽金元和明清时期（鸦片战争之前），其学习文化经历了教育的起源和学校的产生，经历了官学、书院、私塾、学校等教育和学习组织的建设与变迁，经历了科举等选士制度，产生了至今还具有世界影响的孔子教育、学习思想和一大批教育思想家，形成了丰厚的古代学习文化。

一　先秦时期

先秦时期，我国出现了百家争鸣的兴盛局面，开创了我国古代文化的一个鼎盛时期。先秦时期是我国古代教育的奠基时期。

1. 中国教育的起源和学校教育的产生

原始人类进化区别于其他动物最显著的优势之一是，已经懂得了人工取火用火的方法并把这些知识教给下一代。中国原始社会教育的特点可以概括为：教育不是专门的社会活动；教育的社会性和无阶级性；教育内容十分简单；教育以口耳相传和模仿为主要手段。随着社会生产和社会生活的发展，一部分人逐渐脱离生产劳动专门从事脑力劳动；教育事务逐渐复杂，需要有专门的人员进行管理；文字的产生和文化知识的不断丰富，需要建立有计划的专门教育机构，同时也为教育提供了比较丰富的内容。对学校的需求便产生了。

中国古代学校的产生，经历了一个长期发展的过程。古代文献中所记载的最早的学校类型有两种。第一种是"成均"，被认为是传说中"五帝时代"的学校。"成均"是指平坦、宽阔的场地，并且是经过人为加工的，很可能是指原始氏族部落居住区内的广场。第二种是"庠"，被认为是传说中"虞舜时代"的学校，兼作养老、储存谷物之处。夏代的学校，有"序""校"两种，都非常重视军事教育。商朝学校的记载，比较丰富和详尽。除"庠""序""校"等学校外，又出现了"瞽宗"这种学校形式。习礼、习武是商代学校的主要教育内容。

2. 从"学在官府"到私学勃兴

西周时期，"学在官府"是教育制度的特征，也是我国奴隶社会教育的主要特征。体现在以下三个方面：学术和教育为朝廷及各级政府所把持，普通百姓根本无权享受教育；官师不分，政教合一。西周学校可分为两类：国学与乡学。国学按学生的年龄与程度可分为大学与小学。天子所设的大学，规模较大，有"五学"之称，即辟雍、成均、上庠、东序、瞽宗。其中辟雍是中心，四面环水。诸侯所设的大学，规模比较小，仅有一学，半面临水，称"泮宫"。乡学是地方学校，按地方行政区划设立。由于地方区域的大小不等，学校也有不同名称，如"闾塾""党庠""州序""乡校"等。

春秋战国时期，是社会制度的大变革时期。在教育上，形成了"天子失官，学在四夷"的局面，私学开始兴起。官学衰落的原因大致是：世袭制度造成贵族不重视教育；贵族统治力量衰落；战争频繁。官学教育的衰弱，反映了"学在官府"的教育体制已经不适应新的时代要求。与此同时，随着社会生产力的发展，政治权力的不断转换，对人才与文化教育的需求更为强烈。以孔子、墨子为代表的一批先进的知识分子就以全新的办学形式，聚徒讲学，成为创办私学、传播学术文化的先驱。

私学的发展促进了先秦教育理论的发展。私学不仅造就了一大批卓有建树的教育思想家，如孔子、墨子、孟子、荀子、老子、庄子、商鞅、韩非子等，而且还出现了如《论语》《孟子》《荀子》《老子》《庄子》《商君书》《韩非子》等记载了大量教育思想的典籍以及《大学》《学记》等专门论述教育问题的著作，奠定了中国古代教育思想的基础，也开辟了中国教育史的新纪元。

3. 孔子教育思想

《论语》是孔门弟子辑录的孔子言行录，也记载着一部分孔子门徒的言行，是研究孔子教育思想的主要依据。

在孔子看来，治国治民，最根本的还是教育。从教育与政治的关系来看，孔子认为教育工作本身就是一种政治工作，因为通过教育可以把社会的政治思想、伦理道德传播到民众之中。从教育与经济的关系来看，孔子认为，要治理好一个国家，有了众多的人口，就要努力发展经济，使它富足起来，还要加强教育，这就是"庶富教"思想。从教育与军事的关系来看，孔子把"足食、足兵、民信"作为立国的基本要素，甚至认为食、兵都可去，民信不可失。

孔子是第一个从教育与人的发展关系上论述教育的作用的思想家。他说："性相近也，习相远也。""有教无类"。孔子创办私学后，在招生对象上进行了相应的改革，实行"有教无类"，意思是说，实施教育，不分等级和种类。

教育目标上，西周时的教育目标，主要是培养官吏与军事人才，而孔子的教育目标论则有所发展。虽然他也主张通过教育培养官吏，但更重要的是，他从"为政在人"的政治主张出发，致力于通过教育来培养"士"和君子，以完善人格为教育的首要目标。在教育内容上，孔子继承了西周以来"六艺"教育的传统，吸收选择了有用学科，又根据现实需要创设了一些新学科，充实了教育的内容。在孔子的教育内容中，道德教育占首位，文化知识的学习必须为德育服务。孔子在教学中所用的教材，主要是经过他亲自整理的《诗》《书》《礼》《易》《乐》《春秋》六种，即后世所称的"六经"，而事实上，由于《乐》的失传，后世的儒家教育便只剩下了"五经"。

孔子强调道德教育，而且把它放在培养人的首位，他认为具有高尚的道德品质，是成为君子的首要条件。在长期的教育实践中，孔子总结了一些教育教学的原则和方法：立志有恒；自省自克；改过迁善；启发诱导；因材施教；学思并重；诚实谦虚。

4. 孟子教育思想

论教育作用，孟子是以其政治主张和哲学思想为基础的。一方面强调教育的社会作用，另一方面，又强调教育在人的发展中的作用。在政治上，孟子主张"施仁政"，其中心是"民本"思想。他认为仁政的根本在于"得民"。在哲学上，孟子提出性善论，认为人性是先天固有的，是至纯至善的，人之所以不同于禽兽，就是因为人有善性。

论教育目的，孟子主张教育的目标在于培养"君子""圣贤"及"大丈夫。"同孔子一样，孟子也要求"君子""圣贤""大丈夫"以德为主，德才兼备。他有一句名言："富贵不能淫，贫贱不能移，威武不能屈，此之谓大丈夫。"从教育对社会的影响这个角度来看，孟子明确概括了中国古代学校教育的目的——"明人伦"。就是教以人伦——父子有亲，君臣有义，夫妇有别，长幼有序，朋友有信。后世亦称为"五伦"。

在教学原则与方法方面，孟子的认识论倾向于唯理论，把认识看成一种对内心世界的探索，如，深造自得；盈科而进；专心有恒；教亦多术。论道德教育的原则与方法，孟子继承了孔子提倡的"自省""克己""过则勿惮改"等思想，并且在其性善论的基础上，进一步发展了这些思想，提出了一系列道德教育的原则与方法。如，持志养气；动心忍性；存心养性；反求诸己。

5. 荀子教育思想

在人性论问题上，荀子提出了"性恶论"，批评了孟子的"性善论"。荀子强调了教育的重要意义，他认为，学习是人的成长的决定因素，任何人只要肯努力，经过长期的教育，就可以改变人的本性。荀子否认了道德先验论，肯定了人是后天环境与教育的产物，具有一定的唯物主义因素。

在教育目的和内容上，荀子在《劝学》中提出教育的目的是培养由士到圣人的各种治术人才，他要求培养能推行礼法的"贤能之士"，或者是具有儒家学者身份且长于治国理政的各级官僚，这是对孔子"学而优则仕"思想的继承。

在教学思想上，荀子认为教育是"化性起伪"的过程，是不断积累知识、道德的过程，因此，与孟子"内求"的思路相反，他更强调"外铄"。在学与思的关系上，更侧重于"学"，其教学思想主要包括以下几个方面：注重"积""渐"；闻、见、知、行的教学认识过程；专心有恒；解蔽救偏，兼陈中衡。荀子特别推崇教师的地位和作用，竭力倡导尊师。在荀子看来，"礼"是最高的社会规范，而教师又是传授"礼"，实行"礼"的榜样，是"礼"的化身，因此学生必须无条件地服从教师。

6. 《礼记》中的教育思想

《礼记》是战国末至汉初儒家学者论述"礼"的著作汇编。旧有所谓"三礼"，即《仪礼》《周礼》《礼记》。《礼记》中有不少内容与教育密切相连。就教育理论阐述的集中性而言，首推《大学》《学记》和《中庸》等。

《大学》是儒家学者论述"大学之道"的一部论文，它就大学教育的目的、任务和步骤，提出了一个完整而概括的纲领和程序。《大学》提出的教育目标是，"大学之道，在明明德，在亲民，在止于至善"。为实现大学教育的三个目标，《大学》又提出了格物、致知、诚意、正心、修身、齐家、治国、平天下这八个步骤。《大学》的基本思想是教育要服从于封建道德和政治，因此为历代封建统治者所推崇，宋以后，被收入《四书》，成为封建教育的基本教科书。

《学记》是中国古代最早的一部教育论著，对先秦时期的教育和教学，第一次从理论上进行了较为全面系统的总结。《学记》认为，教育的作用在于服务政治，"建国君民，教学为先""君子如欲化民成俗，其必由学乎！"教育目的有两个：一是培养具有"建国君民"能力的统治人才；二是要"化民成俗"，树立有利于维护统治秩序的良好社会风尚。《学记》以托古方式提出了从中央到地方的学制系统。这种按行政建制设学的思想，对后世兴办学校影响很大。在学校管理方面，《学记》提出了一个完整的教学进程和考查标准。"比年入学，中年考校：一年视离经辨志，三年视敬业乐群，五年视博习亲师，七年视论学取友，谓之小成。九年知类通达，强立而不反，谓之大成。"[①]《学记》的精华所在：教学相长；尊师重道；藏息相辅；豫时孙摩；启发诱导；长善救失。

《中庸》阐述了教育的本质与作用，"天命之谓性，率性之谓道，修道之谓教"。还阐述了教育教学的过程和步骤，即"博学之，审问之，慎思之，明辨之，笃行之"这五个阶段。教育途径，一是发掘人的内在天性，达到对外部世界的体认，这就是"自诚明，谓之性"，或称"尊德性"；二是通过对外部世界的认知，以达到人的内在本性的发扬，这就是"自明诚，谓之教"，或称"道问学"。

7. 墨家、道家和法家的教育思想

墨家教育思想。墨家推行教育，主张通过"有力者疾以助人，有财者勉以分人，有道者劝以教人"，建设一个民众平等、互助的"兼爱"社会。墨子主张教育要培养"兼士"，其主要品德是"兼爱"，即能够毫无区别地爱一切人。在教育内容上，除了以"兼爱"为核心的道德教育外，墨家还注意对自然科学、生产技能、军事知识等技能的训练。墨家的自然科学教育有很高造诣，涉及数学、光学、声学、力学等许多方面。墨家教育中还包括"辩乎言谈"等方面的训练，即思维方法的教育，目的在于锻炼论辩能力。

道家教育思想。道家的兴盛是在战国时期，分为两派：一是稷下黄老学派；另一派则以庄子为代表。庄子在教育上主张培养一种无己、无功、无名、无情的完全自由的人物，但他的思想代表了一种自由主义的思潮，对后世的知识分子产生了深刻而广泛的影响。道家认为，在教育目的上，

---

① 高时良编著《学记评注》，人民教育出版社，1982。

人们应把"道"当作认识、追求、实现的总目标，一切教育思想和活动都应围绕着"道"而展开。老子主张以不言为教，由人自然地发生变化。

法家教育思想。法家虽出自儒家，但反儒又最坚决、彻底，否定传统教育的作用。商鞅不重视教育，而主张"制民"。韩非子继承发展了荀子的性恶论，认为人性皆恶，应以法为教，以吏为师。法家所采取的教育措施就是否定人类文化知识的积累，并进而否定学校教育，法家教育思想用于实践，不仅会摧残教育本身，而且会扼制思想文化的发展。

二　秦汉魏晋南北朝隋唐

1. 秦汉文教政策的变迁

秦汉时期是我国封建社会文教政策的探索、确立时期。这一时期，儒家从惨遭"焚书坑儒"厄运，发展为"一尊"。

秦代巩固统一的文教政策。秦灭六国，建立了中国历史上第一个统一的多民族封建国家。为了统一思想，秦采取的文教政策主要有：书同文，以小篆为文字形体的标准。行同伦，就是使原六国旧的风尚习俗均合乎秦朝的法度。设"三老"以掌教化，即负责向乡民宣教统治阶级的思想、法度、纲纪、伦理道德行为规范。禁止私学，焚书坑儒，最大的受害者是以《诗》《书》为经典的儒家。唯一允许学习的就是法令，法教的任务由执法的官吏来担任，结果必然是以法代教，失去了一般意义上的教育。

汉代"独尊儒术"的文教政策。"独尊"主要措施：设五经博士；建立博士弟子制；以儒术取士；视学制度。汉代帝王对其最高学府太学非常重视，有时亲临太学视察或指令要员视察太学。东汉时皇帝视学成为一种制度。"独尊儒术"文教政策的确立，不仅促进了汉代教育的大发展，对整个中国封建社会的教育更是产生了重大而深远的影响。

2. 汉代教育制度和察举选士制度

汉代的官学。太学：汉武帝元朔五年，朝廷为博士置弟子五十人，这是汉代太学建立的标志。昭帝时太学生增至100人，宣帝时达200人，元帝时达千人，成帝时发展到3000人。东汉质帝时太学达到鼎盛时期，太学生多达30000人。汉代太学的教师称为博士，其主要职责是掌经教授。此外，汉代太学博士还咨政议政或巡访地方，当时的博士均为一世名儒。

太学的学生称"博士弟子"或"弟子",东汉时称"诸生"或"太学生"。太学无修业年限,以自学为主,鼓励学生相互论辩。太学注重考试。考试方法具有选拔贤才和督促学生学习的双重作用。专门学校:为贵族子弟开设的四姓小侯学和为文学、艺术见长者设立的鸿都门学。地方学校:汉代地方官学始创于景帝末年,汉武帝令"天下郡国皆立学校官"。平帝元始三年(公元3年)朝廷颁布地方官学学制,要求各级地方政府普遍设学。

汉代的私学。汉初,各级官僚机构的建立急需大批治术人才,便大力网罗民间人才,一批从事私人讲学的学者及其弟子因而得以仕进,促进了私学的发展。汉代的私学有两种类型:初级程度的蒙学(还有乡塾)、高级程度的专经研习(经馆、精舍、精庐)。

汉代的察举选士制度。察举制度是在汉武帝时期确立的,其科目可分为两大类:一为经常性举行的科目,称为常科,一般是每年由州郡长官按规定的名额、标准向朝廷推荐人才;另一类为特科,是皇帝根据需要临时指定选士标准和名目的科目。常科包括孝廉、秀才两科。特科有贤良方正、童子、明经。察举的主要特点是以主管官员(地方长官和中央各部门长官)的推荐为前提。而要引起主管官员的注意,"声望"是很重要的。察举制由推荐发展为推荐与考试相结合,为选士制度的进一步完善探索了新路。

3. 董仲舒、王充的教育思想

董仲舒在应对汉武帝的贤良策问时,提出了独尊儒术、兴太学、重选举三大文教政策的建议。他认为,为了保证政治法纪的大一统,首先必须统一思想。从此,儒术上升为占据统治地位的政治指导思想,并且成为后世历代君主所奉行的文教总方针。"兴学校以养士,行教化美习俗。"董仲舒提出要兴办学校,培养人才。他认为在办好中央大学的同时,地方教化也很重要,"重选举以选用贤才"。人性学说是董仲舒论述教育作用的理论依据。他认为,人性是"天"赋予人的一种素质,教育的任务应由"承天意"的帝王来承担。为此,他还提出"性三品说",把人性分为"圣人之性"、"中民之性"与"斗筲之性"。所谓"圣人之性",是帝王和圣人天生的"过善"之性,是一般人"先天不可能、后天不可及"的。

所谓"斗筲之性"，指最贫贱的奴婢和那些与朝廷作对的人是无"善质"的，生来就"恶"的，教化无用，只能采用刑罚的手段来处置他们。"中民之性"是万民之性，指有"圣人之性"和"斗筲之性"的所有人，"有善质而未能善"，必须通过王者的教化才能成"善"。他们是主要的教育对象。"三纲""五常"是董仲舒提倡的道德教育的基本内容，"三纲"即"君为臣纲，父为子纲，夫为妻纲"；"五常"即仁、义、礼、智、信。董仲舒的这一理论被后人称为"名教"。

王充的教育思想。王充把人性分为三种：有生来就善的，是"中人"以上的人；有生来就恶的，是"中人"以下的人；有无善无恶的，或善恶混杂的，是"中人"。他认为，生来就善或恶的人很少，绝大多数是"中人"，"中人"之性可以通过教育来定型。生来就恶的人也可以通过教育使恶为善。他把培养目标分为四个层次：第一是"鸿儒"，能独立思考，著书立说；第二是"文人"，掌握知识，能上书奏记；第三是"通人"，能博览古今；第四是"儒生"，只比俗人稍高明一点，既没有"尽才"，又没有"成德"，这部分人是不受社会欢迎的。其教学原则：学以求知、勤学不舍、博达疏通、学为世用。

4. 魏晋南北朝的教育和九品中正选士制度

学校设置新举措。立国子学与太学并列：惠帝时规定五品官以上子弟入国子学，六品以下子弟入太学。郡国学校制度的建立：按郡的大小规定了博士、助教和学生的人数编制，实际上确定了学校的规格，郡国学校制度自此开始。专门学校的设置：三国时魏明帝置律博士，教授刑律，招收律学弟子，这是我国古代法律分科设学之始；晋武帝立书博士，设弟子员，教习书法；南朝宋文帝元嘉十五年在京师开设单科性的"四学"，即玄学、史学、文学、儒学，是我国最早的分专业的综合学校，元嘉二十年开设医学。

九品中正选士制度。是一种由中正官评定士人品级，朝廷按品授官的选士制度。中正官根据标准评定士人，将其分为九个品级：上上、上中、上下、中上、中中、中下、下上、下中、下下，朝廷择"上品"（上上、上中、上下）任官；郡置"小中正"，州置"大中正"。

5. 隋唐的文教政策和科举制度

隋唐的文教政策。隋唐文教政策的基本精神是崇尚儒术，兼用佛、道。隋炀帝时将儒家经典加以整理、分类，分为甲、乙、丙、丁四目，分统于经、史、子、集四类，这成为后来史籍分类的正统方法。唐高祖李渊在开国之初，就"颇好儒臣"，为了提高儒学的地位，在国子学立周公、孔子庙各一所，四时致祭。唐太宗李世民更是崇儒，下令立孔子庙，以孔子为先圣，以颜回为先师，令各州县学皆立孔子庙。

隋唐的科举制度。科举分为常科和制举两类。通常所说的科举，指的是常科。参加科举的考生主要是"生徒"和"乡贡"。"生徒"，即各类官学的学生。"乡贡"，即"生徒"以外的自愿报考的读书人，也就是私学的学生和州县自学的知识分子。常科有秀才、明经、进士、明法、明字、明算、一史、三史、开元礼、道学、童子等科。实际上，经常举行的是前六科。科举制是选士制度的巨大进步。

6. 隋唐的教育制度

教育行政和官学设置。隋文帝时在中央设立国子寺，国子寺设置祭酒作为长官，这是我国设立专门教育行政部门和专门教育长官的开始。隋炀帝大业三年（公元 607 年）改国子寺为国子监，在国子监中设立国子学、太学、四门学、书学、算学，此外在大理寺还设有律学。至唐代，中央设有国子学、太学、四门学、书学、算学、律学六学，还设有崇文馆、弘文馆和医学，属于旁系；在各府、州、县分别设有府学、州学、县学，在县还设有市学和镇学。

官学的各项制度。儒学各学招收 14~19 岁子弟（律学为 18~25 岁）。中央和地方学校一般学习年限为 9 年，书学、律学学习年限为 6 年。束脩制：国子学和太学学生每人送绢 3 匹，四门学学生每人送绢 2 匹；律学、算学学生每人送绢 1 匹，地方的州县学生亦送绢 2 匹；此外，还须赠送酒肉，分量不限。教学计划服从于科举考试的要求。当时把儒经分大、中、小三类：大经为《礼记》《春秋左传》；中经为《诗经》《周礼》《仪礼》；小经为《易》《尚书》《春秋公羊传》《春秋榖梁传》。中央官学的教师有博士、助教、直讲等。唐代官学考试分为旬考、岁考、毕业考；假期分为以下几种：短期为"旬假"，10 天休 1 天；长假为"田假"和"授衣假"，"田假"在 5 月，"授衣假"在 9 月。每次各放假一个月，准许学生回家探亲。

隋唐的中外教育交流。派遣留学生是中外文化教育交流的主要形式之一。当时，突厥、大食、吐蕃、高昌、渤海国，以及朝鲜半岛的新罗、百济、高句丽等，都派遣留学生来长安。特别是日本，派了大量的官员和学生来华学习。贞观年间，各国留学生来华最盛，人数约在千人以上。

7. 韩愈、柳宗元的教育思想

韩愈的教育思想。韩愈的《师说》是我国第一篇专论教师的名作。提倡"尊师重道"是《师说》的中心论点，也是韩愈写作《师说》的根本目的。《师说》的第一句话就是"古之学者必有师"，其中指出："师者，所以传道授业解惑也。"关于治学态度和学习方法，韩愈在《进学解》中说："业精于勤，荒于嬉；行成于思，毁于随。"韩愈关于识别和培养人才的思想主要体现在他的《马说》一文里。在《马说》中，他指出："世有伯乐，然后有千里马。千里马常有，而伯乐不常有。"韩愈认为，世上有很多人才，关键在于要有人善于识别人才和扶持、培养人才。只有善于识别人才而又培养得当，人才才能大量涌现出来。

柳宗元的教育思想。"明道""行道"是柳宗元的教育目的和理想。柳宗元所谓的"道"是"圣人之道，不穷异以为神，不引天以为高，利于人，备于事，如斯而已矣"。"交以为师"的师道观，体现在《师友箴》《答韦中立论师道书》《答严厚与秀才论为师道书》等十多篇文章中，柳宗元强调师道的重要，阐述了"交以为师"等师道观。"顺木之天，以致其性"的教育思想是柳宗元从其唯物主义自然观出发提出的观点，他认为天下万物的生长，都有自身的发展规律，顺应它就能健康成长，否则就会枯萎甚至夭折；育人和种树的道理是一样的，教育儿童的根本方法是不要妨害其自然成长，要按照儿童的发展规律进行教育。

三　宋辽金元时期

1. 宋代的文教政策

尊孔崇儒，重建封建纲常秩序。宋朝是在结束唐末五代的分裂割据后建立起来的中央集权国家。宋王朝先后修复了开封、曲阜、长安等地的孔庙，又陆续修复了全国的孔庙。各地文庙的恢复与兴建，为庆历兴学提供了必要的物质基础，是宋代州县官学从无到有的发展过程中的一个必要环节。尊孔、祭孔，封赐孔子后裔，也是宋代尊孔崇儒政策的重要内容，其政策与措施为：给孔子及其门徒追封爵号；给孔子的后裔加封文宣公的爵号，并予以赐官、赐田、赐出身、免除赋税等优厚待遇；君臣亲往祭祀孔庙，将孔庙释奠礼由上公升为帝王之礼；通过教育、科举制度的一系列调整措施，宋朝逐步加强了经学的比重。

尚文抑武，推行"右文"政策。鉴于唐末五代藩镇割据造成长期战乱的教训，宋代重用文官，削弱武臣的兵权，加强皇帝的绝对权威和中央集权。从中央的国子监到地方的私人讲学活动均在不同程度上受到了朝廷的支持，使得宋代文化教育事业迅速发展起来。

大力振兴图书事业。由于雕版印刷术的普及应用，宋代图书出版发行业十分发达。在北宋中期已形成了以国子监为中心，遍布州县地方的全国性图书印制发行网络；建立了专门进行图书收藏、整理、校勘、研究的官方机构——昭文馆、史馆、集贤院，三馆收藏的图书曾达到 8 万余卷。国子监既是宋代官方的图书编纂、印制、收藏中心，也是官方教材的编辑审定印制中心。

2. 宋代的学校教育

北宋的三次兴学。一为庆历兴学。这是北宋历史上第一次全国性的大规模兴学运动，其措施有：诏州县立学，选部属官或布衣宿学之士为教授，并立听讲日限，规定士须在学校习业 300 日，方许应举；振兴太学，采用胡瑗苏湖教法为太学法度，以改进太学教学及规章体制，在中国教育史上最早创立分科教学和学科的必修、选修制度；设立四门学，允许八品至庶人子弟入学，增加了中小庶族地主子弟入学深造的机会；改革科举考试方法，考试先策论，后诗赋。二为熙宁兴学。朝廷陆续颁布了一系列的兴学诏令，包括改革太学体制，扩建太学规模；颁布《三经新义》；加强专科教育，以培养具有一技之长的变法人才；扩建和整顿地方官学。三为崇宁兴学。包括诏令州县设学；扩建太学；改革科举制度；恢复、扩建专科学校。

宋代的教育制度。中央官学：国子监是国家管理学校的主要机构，又是国家的最高学府，官员七品以上子弟可入国子学；太学招收八品官员以下的子弟和庶民的俊秀者。地方官学：有州学和县学两级。

3. 宋代的科举制度

科举考试制度的调整和完善。废止"门生"称谓及公荐制；实行殿试制度，将选士大权直接掌握在皇帝的手中；实行权知、同知贡举制度；实行别头试；实行唱名及第之制；实行锁院和封弥、糊名制度。殿试合格进士头等三名，称进士及第，依次称状元、榜眼、探花。二等称赐进士出身，三等称赐同进士出身。

4. 宋代的书院制度

宋代是中国古代书院教育产生和发展的时期。书院以私人创办和组织为主，将图书的收藏和校对，教学与研究合为一体，是相对独立于官学之外的民间学术研究和教育机构。书院教育的存在，弥补了封建官学的不足，填补了许多学术文化研究领域的空白，其丰富的教学经验和灵活多变的办学方式为后人提供了不少有价值的参考。

宋初的著名书院。白鹿洞书院位于今江西庐山五老峰之下，初为私人读书养性之所。岳麓书院位于今湖南长沙岳麓抱黄洞下，由官府创建，书院山长又兼任官职，有一定的官学性质。应天府书院又名睢阳书院，位于河南商丘市西北，在真宗、仁宗两朝，得到朝廷的资助。嵩阳书院位于河南登封市太室山麓。石鼓书院位于湖南衡阳北二里鼓山迴雁峰下。茅山书院位于浙江江宁府三茅山后。

南宋书院的复兴。两宋书院大体约为 200～400 所。其中，北宋和南宋的书院数量比例大致为 2∶8。南宋先后创办了贸山、翁州、岱山、慈湖、甬东五所书院，主要分布在今湖南、江苏、安徽、浙江、江西、湖北、福建、四川等地区。北宋的著名书院在南宋陆续得到修复。

5. 朱熹的教育思想

朱熹是宋代理学的集大成者和主要代表人物，是南宋著名的教育家之一。朱熹从哲学本体论和认识论的高度来论述教育目的。朱熹认为，在人类社会中，封建的"三纲五常"，即所谓的"人伦"，反映了"天理"的内容。"明人伦"就是要体认天理，复尽天理。朱熹有关教育目的的论述，首先是建立在其客观唯心主义的哲学基础上的。

朱熹论教学原则与方法。居敬穷理："居敬"，就是正心、诚意、存养收敛的功夫，是"主静"涵养的方法，通过这种静养，可以澄心明志，剔除杂念，使人的心灵得到净化，使人的心性与天理相通，达到与天地同体的最高精神境界。"穷理"，反映了体认天理的过程和目的，也就是通过格物致知的功夫，达到穷尽事物之理的目的。学思力行：学与思就是《中庸》博学、审问、慎思、明辨的功夫，包括学习过程中读书、获取知识、提出问题、分析思考等各个环节，这也是一个格物穷理的过程。力行管行：是一个实践过程。因材施教：不仅仅是根据学生的专长或材质的高下施行不同的教育，也要求教师把握恰当的时机进行适时的教育，就像时雨化生草木一样深得自然生长的奥妙。循序渐进："事有大小，理无大小，故教人有秩而不可躐等"，"君子教人有序，先传以小者近者，后传以远者大者"。

朱子读书法：循序渐进、熟读精思、虚心涵泳、切己体察、着紧用力、居敬持志。

朱熹把学校教育明确划分为大学与小学两个阶段，并规定了大学、小学各自的入学年龄及教学内容。他在《大学章句序》中指出："人生八岁入小学"，学习日常生活礼节及六艺之文。"十五岁入大学"，学习穷理正心、修己治人之道，并多次强调，小学以"教事为主"，大学明理。

6. 辽金元的教育

辽金的教育。辽朝是以契丹族为主体建立的少数民族政权。在教育制度方面，辽代大体参照北宋的教育模式，稍有变化。中央官学也设有国子学和太学，但却分设于辽代的五京（上京、东京、南京、西京和中京），故号称"五京学"。五京学的教学内容以儒家的经典著作为主，学习经传注疏，同时依照唐制设立了科举考试制度，但对科举并不重视，录取的人数很少，每科最多录取6人，并且只录取汉族考生，禁止契丹人应举。

金代的教育。金朝是以女真族为主体建立的少数民族政权，其汉化的程度比辽代更深，文化教育的水平也远远超过辽代。金代在太宗时期就创制了女真文字，翻译汉族的经史著作，教女真人学习。金代的中央官学采用汉学与女真学并立的双轨制，设立了以宗室权贵子弟为招生对象的国子监和招收三品以下官僚子弟的太学，学习内容包括经义、辞赋与策论三类课程，完全是汉族的文化知识。此外，还设立了专门以本民族语言施教的女真国子学与女真太学，以教育女真族子弟。金代的地方官学分为京府学与州县学两大类型。金代在京府一级行政区域设立的官学为京府学，全国设有 17 所，招生对象主要是宗室子弟、皇家五服之外的远亲及落第举人。金代的科举制度实行南北两科分立制，在辽、宋故地分设南北科。

元代的文教政策。实行尊孔崇儒、以文治国，遵用汉法，推崇理学，民族歧视、尚文禁武的政策。教育制度上，采取管理机构的多重化，官学的最高管理机构为集贤院，掌管学校；礼部掌管贡举。官学为三种类型：汉文教学的儒学教育机构——国子学，少数民族文字教学机构——蒙古国子学、回回国子学，专业技术教育机构。国子学实行升斋积分制，每季考其学行，依次递升。这些举措根据学业程度的深浅不同加以划分，对每一等级教学内容的规定更加严格规范，已接近现代班级授课制的模式。元代教育全面实行了书院官学化的政策。

四　明清（鸦片战争前）

1. 明清（鸦片战争前）的文教政策和科举制度

明清（鸦片战争前）的文教政策。一是尊孔崇儒，推崇理学。为了进一步提高程朱理学的地位，明朝曾多次表彰程朱后裔及其门人。清朝注重学习中原文化，对儒学也采取尊崇的态度，利用它来巩固统治基础。乾隆曾为孔庙御书匾额，还多次到曲阜朝圣。清朝统治者推崇程朱理学，把它作为指导人们思想和行为的最高纲领，要求人们只准学习和奉行，不得有一丝一毫的违背。清朝统治者和明朝一样，优待朱熹的后裔，进一步提高朱熹的地位。二是网罗士人，禁锢思想。统治者向全国访求贤才，招纳明经儒士，给予高官厚禄，所设的荐举科目有聪明正直、贤良方正、儒士、孝廉、秀才等；创设了八股取士，题目只能出自《四书》《五经》，必须以固定的格式"八股文"作文，而且不能发挥己意，必须以古人语气，代圣贤立言。明代文教政策的精髓均为清朝所承袭。

明清（鸦片战争前）的科举制度。明朝科举常科只有进士一科，每三年举行一次。考试为乡试、会试和殿试三级。清代沿袭此制。乡试在各省城举行，乡试场所称"贡院"。考期在秋八月，考生为经过府、州、县考试合格的"秀才"。乡试考中者统称"举人"，第一名为"解元"。举人有参加会试的资格，也可以就任小京官、州县属官或教官。会试是由礼部主持的全国考试，于乡试的第二年在京师举行。考中者称为"贡士"，第一名称为"会元"。乡试和会试的考试内容大致相同。殿试由皇帝亲自主持，考期在会试一个月以后。殿试没有淘汰，只是通过考试把应试者（即贡士）排出名次。应试者均被正式赐出身"进士"。"进士"一般分为三甲：一甲有三名，赐"进士及第"，一甲第一名曰"状元"，第二名为"榜眼"，第三名为"探花"；二甲若干名，赐"进士出身"；三甲有若干名，赐"同进士出身"。兼解元、会元和状元于一身者，称"连中三元"。殿试放榜后，皇帝赐诸进士"恩荣宴"，一甲的三名进士放榜后即授予官职，状元授予翰林院修撰，榜眼、探花授予翰林院编修。

2. 明清的官学和书院

中央官学。明清时期的中央官学有国子监、宗学、武学等。明朝国子监有南、北两监之分。清代国子监沿袭明代旧制，只是取消了南监。明清时期，国子监既是中央教育行政机关，也是全国最高的学府。明国子监隶属于礼部，清以后成为朝廷独立设置的机构。国子监的学生通称"监生"，依其来源分为四类：一为"荫监生"，也称官生，是三品以上京官的子弟或皇帝恩准入监的子弟以及土司子弟和留学生；二为"贡监生"，是由地方官学选拔入监的生员；三为"举监生"，是在京师会试下第的举人，由翰林院择其优者送入监内读书；四为"例监生"，是通过捐纳钱物而获得监生资格者。清代依据是否具有府、州、县学生员的身份，分为贡生和监生两大类，前者的地位和待遇高于后者。

地方官学。明清时期，地方官学的设置比较普遍，府、州、县均有学校，乡村设有社学、义学，连成边的卫、所都普遍设学。明清地方官学由中央任命各省提学官（清叫学政或学院）负责领导。明朝规定，参加科举考试者必须由学校出身，只有取得府、州、县学生员的资格，才能参加科举考试。而要取得地方学校生员的资格，必须经过严格的考试，这种考试称为"童试"。应童试者，无论年龄长幼都称"童生"。童试又分"县考"、"府考"和"院考"三步进行：县考由知县主持，优秀者送至府

（州），由知府主持府考，府考取中者参加院考，院考也在府城举行，由各省学政（清也称学院）亲临主持，然后按规定的学额，录取优等者，取中者称为"秀才"。

明清的书院。明清书院的发展经过几度兴衰，基本上已失去高层次私学的办学特点，逐步官学化。明初，书院极不发达，沉寂了100多年后，才逐渐发展起来，嘉庆、万历朝时达到极盛。明朝中后期，政治日益腐败，文化专制越来越加强，不许自由讲学，从嘉庆、万历以后，朝廷先后四次下令禁毁书院，不久又得以恢复，在江南形成一个全国著名的学派——东林学派。东林书院遂逐渐成为全国的学术中心和议政中心。

3. 蒙学和蒙养教材

在我国古代蒙养教育主要是由私学来承担的。明清时期，在民间普遍设置的蒙学主要是私塾。私塾一般按其设立的情况分为三种：塾师在自己家里，或借祠堂、庙宇，或租借他人房屋设馆招收附近学童就读，称"门馆""家塾"；由一族一村延请教师择址建馆教其子弟，称"村塾""族塾"；由富裕人家独自聘请教师在家设馆专教自家子弟及亲友子弟，称"坐馆""教馆"。明清时的蒙学，不仅有专门的写字教材，而且有一套写字的教法。

蒙学教材的发展。蒙学教材大致有以下几类：一是以识字为主的教材，如《三字经》和《千字文》等；二是以伦理道德教育为主的教材，如《弟子规》；三是诗歌类教材，以《千家诗》《神童诗》为代表；四是综合知识类教材。

4. 王守仁的教育思想

"致良知"的教育目的。王守仁认为，万事万物都是靠心的认识而存在；万事万物都不在心外，而在心中；心的本体就是"良知"，"良知"是道德生成的根本及人的本质所在。要想除掉物欲、邪念，恢复本心，必须做为善去恶的功夫，即"致良知"。

"知行合一"的道德修养原则。王守仁所说的"知"，是"知善知恶"，即人们的道德意识；"行"是"为善去恶"，即人们的道德实践，包括人内心的欲念。王守仁的"知行合一"，一是指"知"和"行"密切相连，不可分割；二是指"知"和"行"是并进的，缺一不可。

儿童教育论。王守仁对儿童教育提出了以下改革主张：第一，教育方法上，采取"诱""导""讽"的"栽培涵养之方"；第二，在教学内容上，发挥诗、书、礼等各门课程多方面的教育作用；第三，教学活动要注意多种形式搭配进行。

5. 王夫之的教育思想

论性与习。王夫之把人"性"分为"先天之性"和"后天之性"。所谓"先天之性"，主要指耳、目、口、鼻、心等感官。所谓"后天之性"，即通过后天的"习"获得的"习性"，指人的非先验的知识、才能和道德观念，包括"恶习"在内。人"性"的生长、发展，是环境和教育影响的结果。

论学与思。王夫之反对"生而知之"，主张"学而知之"。他主张在教学过程中，要学思结合。学的知识愈渊博，思就愈深远，可融会贯通；思遇到困难，就更知道博学的重要。为学教人都必须重视学与思的结合。

论理与欲。王夫之坚决反对理学家们"存天理，灭人欲"的道德教育观。他认为"理"与"欲"是统一的，"天理"就在"人欲"之中，没有脱离"人欲"的"天理"。人欲是人类生存的自然要求，是保证人类生存的合理要求，"灭人欲"是违反人性的。

论知与行。王夫之主张"行先知后""知行并进""相互为用"。他不同意"知先行后"说。他也不同意"知行合一"说，他强调在教学过程中，必须着重力行实践，即"教必著行"。教的知识，虽不能完全付诸行，但是教师必须要求学生努力实行；学以致用，才能达到教学的目的。

论师与生。王夫之指出，教学过程是教师教与学生学的双边活动过程，教师只起指引的作用，进德修业，则靠学生"自悟"。学生勤勉，不能要求教师降低要求来俯就自己，否则将使自己终身"不知不能"；学生要"立志"。教师须是"善教者"，要"躬行谨教"，即教师要以身作则，言传身教；教师要有丰富的、正确的知识。

6. 颜元的教育思想

关于教育的作用。颜元认为，教育的作用主要在于预防和去掉"引蔽习染"。在人性论上，颜元认为人性善，"恶者，引蔽习染也"，去掉引蔽习染，恢复人的善性，正是教育所应起的作用。然而更重要的是，教育要发挥"习善"的作用，预防引蔽习染。

"实学"的教育内容。颜元强调"实学"，提倡以"六艺"为中心的"三事""六府""三物"。"三事"指正德、利用、厚生；"六府"指金、木、水、火、土、谷；"三物"指六德、六行、六艺。"六德"指智、仁、圣、义、中、和；"六行"指孝、友、睦、姻、任、恤；"六艺"指礼、乐、射、御、书、数。颜元还提出教育要"文武兼备"，"教文即以教武"，强调重视劳动教育。

关于"习行"教学方法。"习行"，是指"躬行而实践之"，去"实做其事"，以获得真知。颜元认为，人们获得知识的目的完全在于"实行""实用"，在于帮助人们"办天下事"。在他看来，"习行"不仅是获取真知、培养"经世致用"人才的主要途径和教学方法，而且是教育的目的。

第二节　近代学习文化

鸦片战争后，外来文化冲击着封建社会制度，学习西方文化成为我国近代学习文化的显著特征。20世纪初，在"五四"新文化运动中，发端于文艺领域的创新风潮对社会变革产生了重大影响，成为中华民族思想解放运动的重要引擎。以马克思主义理论与中国革命实践相结合的学习文化为新中国的诞生奠定了基础。

一　教会学校

1. 教会学校的兴办

1594年，葡萄牙殖民者在澳门建立了圣保禄学院培训西方传教士。1818年，马礼逊在马刺甲创办英华书院面向当地华人教学，1839年该书院被命名为"马礼逊学堂"，第一批共招收6名穷人子弟，其中就有我国近代早期著名的留学生容闳和我国近代第一个留英医学生黄宽。

1844年，英国东方女子教育协进社在宁波创办女子学校。到19世纪70年代，我国已有少量教会中学出现，教会学校由主要收贫穷子弟转向注重招收富家子弟特别是新兴买办阶级子弟入学。教会学校到1899年增至 2000 所左右，学生达 4 万人以上。一些学校后升格为大学，如苏州博习书院 1901 年改为东吴大学，上海圣约翰书院 1905 年改为圣约翰大学，广州格致书院 1916 年改为岭南大学，还有杭州之江大学、武昌华中大学、南京金陵大学和金陵女子大学、北京燕京大学等。天主教会办的大学有上海震旦大学和北京辅仁大学。民国初年，国立大学只有北京大学、山西大学和北洋大学 3 所，私立大学 5 所，而教会大学有 14 所。

"庚款兴学"。始于英国传教士李提摩太（Timothy Richard）提议将山西省应摊派的庚子赔款银 50 万两用于设立学堂，"教导有用之学，使官商士庶子弟肄习，不再受迷惑"，并于 1902 年建立山西大学堂。1908 年，美国政府决定将应得的赔款的一半，即 1078 万美元"退还"中国，作为派遣留学生赴美之用，并在北京创办了一所留学预备学校，即清华学堂。

2. 教会学校的教学

教会学校中小学程度的课程可分为三类：第一类是宗教课，通常都是教会学校的主课；第二类是传统的中国经学课，如《三字经》《四书》《女儿经》；第三类是近代的科学文化课，如数学、物理、化学、生物、生理卫生、地理、历史、音乐、美术、体育等，绝大部分学校开设外语课程，而且分量很重，到高年级已可用外语进行教学了。

二　中国教育变革的萌动

鸦片战争后，国人在痛感旧教育空疏无用的同时，还意识到知识的闭塞狭隘。近代教育改革的思想就是在这种环境下萌发起来的。

1. 龚自珍的反思

龚自珍察觉到当时的清王朝危机四伏，他把吏治腐败的原因归结于教育不良，其弊端主要表现在三个方面：内容陈旧、空疏；学非所用，用非所学；培养出来的人胸无大志。他作《己亥杂诗》大声疾呼："九州生气恃风雷，万马齐暗究可哀。我劝天公重抖擞，不拘一格降人才！"

2. 魏源"师夷长技以制夷"思想

魏源也将朝政衰败、吏治腐败归于教育不良。他抨击当时的学者虽然"毕生治经"，却"无一言益己，无一事可验诸治者"，既然"不识兵、农、礼、乐、工、虞、士、师为何事"，又让他们充任各级官职，国家怎能治理得好？他强调教育必须注重实用，做到"综核名实"，为此他提出学习西方的主张。魏源清楚地意识到，西方在工艺技术方面确实有许多先进于中国之处，正是靠这些先进技术武装，他们才能入侵中国。因此，国人要承认自己有落后之处，勇于学习对方的先进技术。"师夷之长技以制夷"的主张，在思想史上的意义可以说是划时代的。魏源是中国最早提出要了解西方、学习西方的思想家，在教育方面也成为近代教育改革在观念上的先导。

3. 太平天国对旧教育的冲击

太平天国定都天京后，出于策略的考虑，不再一概反对孔孟之道，而是采取改定《四书》《五经》的做法，将其中不适应太平天国利益及教义的内容删除后，允许作为学校和科举用书，但只是用来吸引旧士人而已。同时，太平天国编写了一些新教材，如宣传拜上帝教义的《原道救世歌》《原道醒世训》《原道觉世训》及《天条书》。还有作为蒙养教材的《幼学诗》《三字经》《御制千字诏》等，利用传统的《三字经》《千字文》的形式，改换成新的内容，对儿童进行有关太平天国的思想道德、识字和生活知识方面的教育。

在教育制度上，太平天国强调普遍的平等教育。成人每礼拜日到礼拜堂，"分别男行女行，听讲道理"。儿童则每日到礼拜堂学习。太平天国还设有育才馆，收容干部子弟及战争中的受害儿童，给予衣食和教育。群众教育，特别是妇女教育和儿童教育的广泛开展，是太平天国教育的特色所在，这项举措使教育真正成为全体民众的权利和义务。

4. 洪仁玕"学习西方"的教育主张

洪仁玕是洪秀全的族弟，被洪秀全封为干王并总理朝政，他在《资政新篇》中提出了许多借鉴西方资本主义制度的改革主张，包括兴办交通、银行、采矿、邮政、新闻、医院、学馆和各类慈善事业以及开辟新的专利、保险、财税等。他首推学习太平天国革命教义，其次则是西方的先进制度和科学技术。他认为，"火船、火车、钟表、电火表、寒暑表、风雨表、日晷表、千里镜、量天尺、连环枪、天球、地球等物，皆有夺造化之巧，足以广闻见之精"，是有利于国计民生的好东西。他主张让外国人来中国传授这些新科技、新知识，在国内要鼓励人们力学求新。洪仁玕可以说是近代中国第一个系统提出学习西方教育体制的人。

三　近代教育和中体西用

1. 近代新式学校的创办

从 19 世纪 60 年代开始，中国人自办的新式学校出现了。最早创办新式学校的是清统治集团中的洋务派。当时，与洋人打交道迫切需要大批外事翻译人才。中国近代第一所新式学校是京师同文馆，1862 年成立。它最初是一所外国语专门学校，隶属于清政府新建立的外交机构——总理各国事务衙门。京师同文馆首开英文班，次年开法文、俄文班，后又设德文班和日文班。1867 年以后陆续增设近代学科，成为名副其实的近代学校，但仍以外语为主，强调"洋文洋语已通，方许兼习别艺"。最初限收八旗子弟，后来也招收其他学生。学制 8 年，对年龄大免学外语的学生学制为 5 年。

中国最早的近代技术学校是 1866 年底左宗棠和沈葆桢设立的福建船政学堂，培养造船和驾驶人才。分前堂、后堂两部，实为两个专业。前堂学法语，习造船技术；后堂学英语，习驾驶技术，分别聘用法、英两国的师资和技术人员担任教师，学制 5 年。

2. 留学教育的创办

1847 年，马礼逊学堂选派 6 名学童赴美国读中学，其中就有容闳（1828－1912）。1872 年，第一批官派留学生赴美国学习。按计划每年派出 30 人，4 批共 120 人。学生从十三四岁到二十岁止，多为南方子弟。在美国学习 15 年，主要学习军政、船政、制造、测算等专业。1876 年，清廷派留学生到欧洲学习造船和航海技术。计划共派 30 人，其中，18 人赴法国学习制造，2 人赴英国学习驾驶兵船，期限为 3 年。1890 年，总理各国事务衙门奏准，出使英、美、法、德、俄五国的大臣，每届可带学生数人，一边在使馆工作，一边向驻在国学习。1896 年，首批 13 名官派留学生赴日，此后清政府将从各省选派学生赴日留学作为一项固定的事务。私人自费留学也多是去日本。到 1907 年，赴日留学生达到 1.5 万人，远超过赴欧美留学生的总和。

早期的留学活动都是一次性的政策，学生多是平民子弟。随着西方文化的影响越来越大，中国上层及传统知识界才由以留学为耻转向以留学为荣，官僚亲贵子弟占据了官派留学生的很大部分，同时自费出国留学的人也越来越多。虽然清政府选派留学生的目的是培养洋务人才，列强接受中国留学生，首先也是着眼于培养他们在中国的代理人，但留学教育造就了一批新型科技人才和管理人才，其中还涌现出许多资产阶级改良派和革命派志士，同盟会就是在留日学生中建立的华兴会等组织的基础上形成的。至于后来的赴欧勤工俭学活动，更造就了我国最早的一批无产阶级革命家。另外，留学生从欧美、日本的教育制度中直接吸取了很多经验，对促进中国近代教育改革发挥了重要作用。

3. 中学为体，西学为用

张之洞（1837－1909）在多地主持地方政务，致力于兴学办教育事业。晚年入朝执掌学务后，他主持制定了第一个近代学制系统——癸卯学制，促成了科举制度的最终废除。他于1898年发表的《劝学篇》主要谈"中学为体，西学为用"，奠定了近代半封建半殖民地社会文教政策的基础。

张之洞所言的"中学"，是指"《四书》、《五经》、中国史事、政书、地图"。强调"中学为体"，目的就是要维护封建统治的根本制度框架。张之洞所言的"西学"，包括"西政"和"西艺"两部分，"西政"即西方各类具体的制度和行政管理措施，"西艺"即西方各类科学技术。他认为，这些新学确有实用之效，"此教养富强之实政也"。

四　维新运动与教育改革

1. 变法改革

1898年的戊戌变法，史称"百日维新"。变法图强必须放手学习和引进西方近代科学文化，教育改革必然成为变法维新的中心内容之一。不触动旧的封建教育体系、仅靠兴办一些专业技术学校作为补充和点缀显然是不行的了，在普通教育领域的改革已是势在必行。

维新派较全面地倡导学习西学，既包括科学技术，也包括资本主义政治制度和社会思想。维新派批评洋务派专重"西艺"，避讳"西政"。由此可见，维新派实际上是主张全面引进西方近代教育体制，彻底改革传统的封建教育，中国教育于是进入真正意义上的改革阶段。这其中，最早对旧式教育进行改革的领域是书院。

2. 书院的改革

旧书院改革。1896 年 7 月，首先实施改良的是山西令德书院。同年 10 月，江西友教书院增设算学科，并于省城各书院颁发京师同文馆所译各国史略、西艺新法等书。随后，礼部奏报整顿各省书院，提议仿效山西、江西的做法，增设实学课程，同时改善书院管理和经费收支制度。

另建新型书院。最早是 1876 年开设的上海格致书院，它由中西人士共同集资筹建，聘请西方学者教授格致之学（即自然科学技术），后分为矿务、电务、测绘、工程、汽机、制造六学，学生可任取某学。书院建有藏书楼，还有博物院陈列模型和样品。书院管理采用董事制度。1878 年上海创办正蒙书院。1896 年陕西创办崇实书院，1897 年杭州创办求是中西书院等。

将旧书院改造为新式学堂。戊戌变法期间，维新派要求普遍建立新式学堂，守旧派则反对，折中解决的办法是将现有的书院改成学堂。变法期间，清政府下令"各省、府、厅、州、县现有之大小书院，一律改为兼习中学西学之学校"。

《辛丑条约》签订后，清政府内外交困，不得不议决恢复新政。清廷于 1901 年下令将各地所有书院一律改为学堂。至此，延续千年之久的中国书院即告结束。

3. 新式大学、中学、小学的出现

中国古代虽有大学、小学之分，但在学业上并无必然的系统衔接。1895 年，天津西学学堂（又称中西学堂）开学，其已具有近代班级授课制的雏形，1902 年改建成北洋大学（现天津大学前身）。1897 年，上海筹办南洋公学，先是设师范院，这是中国近代师范教育的开始。南洋公学是中国最早包含大学、中学、小学和师范学校的教育机构，民国时改建为上海交通大学。这些"公学"为我国普遍设立新型大学、中学、小学提供了办学经验和范例。

京师大学堂。1898 年百日维新期间，京师大学堂正式建立，参照日本学规起草了学堂章程，规定除大学外，兼有中学堂、小学堂，分列班次，循级而升。同时副设师范斋（实建于 1902 年），课程分为普通学和专门学两类。普通学包括经学、理学、中外掌故学、诸子学（以上为传统学科）、初级算学、初级格致学、初级政治学、初级地理学、文学、体操学（即体育——以上为近代学科）10 门，专门学包括高等算学、高等格致学、高等政治学、高等地理学（含测绘学）、农学、矿学、工程学、商学、兵学、卫生学（含医学）10 门，还有语言文字学 5 门：英、法、俄、德、日。普通学结业后，每个学生各学 1～2 门专门学。京师大学堂建立的目的就是要创全国学堂的表率，最初还兼有统辖各省学堂的职责，是最高学府与教育管理机关合一的机构，为在全国确立近代新型教育体制奠定了基础。

4. 康有为的教育改革思想

论教育与变法改革。康有为指出："尝考泰西之所以富强，不在炮械军器，而在穷理劝学。"他强调："欲任天下之事，开中国之新世界，莫亟于教育。"

废八股、兴学校的主张。康有为认为，要改良教育，一是要废除八股文，先以切近时务的策论取士，再进一步谋求彻底变革科举；二是要普建学校，提议"远法德国，近法日本，以为学制"。乡立小学，县立中学，省、府立专门高等学校或大学，京师设立大学堂作为最高学府。

《大同书》中的理想教育体制。《大同书》包括一个完整而系统的理想教育体制的蓝图，包括四个部分：人本院和育婴院，属于学前教育；小学院，儿童 6 岁入学，"养体为主，而开智次之"；中学院，学生 11 岁入学，"一生之学根本"；大学院，招收 16 岁以上中学毕业生，"于育德强体之后，专以开智为主"。大学应特别重视实验，因此必须有自己的工厂、农场、商店、医院等。

5. 梁启超的教育改革思想

论培养新式国民。梁启超认为，随着时代的发展，国家之间的竞争已由"力"而趋于"智"，他指出，"言自强于今日，以开民智为第一义"。他说："欲求新政，必兴学校，可谓知本矣。""教育之意义，在养成一种特色之国民。使结团体，以自立竞存于列国之间，不徒为一人之才与智也。"

论变科举、兴学校。梁启超提出三种方案：上策是"合科举于学校"，使学校毕业生具有相当于科举及第的身份（如小学毕业生相当于秀才，中学毕业生相当于举人，大学毕业生相当于进士）；中策是"多设诸科"，例如明经、明算、明字（中外语言文字）、明法（中外刑律）、绝域（各国公法）、通礼、技艺、学究（师范）、明医、兵法等科目，以选拔各种专门人才；下策是"略变其取士之具"，即在维持现有科目的情况下，加试一些实学知识，使应试者能够改善自己的知识结构。他认为，行上策国强，行中策国安，行下策国存。

论小学教育、师范教育和女子教育。梁启超认为："今日中国不欲兴学则已，苟欲兴学，则必自以政府干涉之力强行小学制度之始。"梁启超撰写的《论师范》指出："师范学校立，而群学之基悉定。"他撰写的《论女学》认为，中国女子不学也是造成国家贫弱的重要原因，女子应与男子接受同等教育。

6. 严复的教育改革思想

论教育救国。严复从进化论的观点出发，认为一个国家兴衰存亡的主要原因取决于自身状况——"民智不开，不变亡，即变亦亡"。所以，"为今之计，惟急从教育上着手，庶几逐渐更新乎"。

论学习西学。严复在《论世变之亟》中比较了中西之学，他认为要想富强，"非讲西学不可"。严复强调要从整体上来看待和学习西学，抓住其民主和科学的实质，而不是取其皮毛。

论"三育并重"。严复是中国最早论述"三育并重"的教育家。他说："讲教育者，其事常分三宗：曰体育，曰智育，曰德育，三者并重。"

五　近代教育制度

1. 癸卯学制

1904 年，清政府正式颁布《奏定学堂章程》，史称"癸卯学制"，这是中国开始实施的第一个近代学制。癸卯学制包括各级各类学堂章程，还附有学校管理法、教授法等。整个学制分为初等教育、中等教育和高等教育 3 段，3 段又分为 7 级：初等教育有蒙养院（4 年）；初等小学堂（5 年）；高等小学堂（4 年）；中等教育有中学堂（5 年）；高等教育有高等学堂（3 年）、分科大学堂（3～4 年）、通儒院（5 年）。与中间 3 级并列的还有同级实业学堂和师范学堂。

2. 近代教育行政体制建立

中央教育行政机构的建立。1905 年底，清政府效仿日本文部省正式建立学部，作为中央教育行政机构，内设总务、专门、普通、实业、会计 5 司。学部的直属单位还有编译图书局、京师督学局、学制调查局、教育研究所、高等教育会议所。原国子监归并学部。

地方教育行政机构的建立。1906 年 5 月，学部奏定，在各厅、州、县建立劝学所，管辖本地学务。采取划分学区的方式，以城关为中区，次第扩展到四方乡镇村坊，约三四千家划为一区。各村推举学董，负责就地筹集款项，按学部规定的程式办学。至此，从中央到基层的教育行政体制遂告建立。

六 辛亥革命时期的教育改革

1. 资产阶级革命派的教育活动

1902 年 4 月，蔡元培与上海教育界人士发起成立中国教育会，同年，由中国教育会出面，创办了爱国女校。为支持国内外学生的反迫害斗争，中国教育会为这些退学的学生成立了爱国学社，爱国学社还创办了一些进步刊物，如《童子世界》《学生世界》，后又接管了《苏报》。1905 年 9 月，大通师范学堂成立。

2. 南京临时政府成立之初的教育改革

辛亥革命成功后，中华民国于 1912 年元旦宣告成立。民国政府成立教育部，颁布《普通教育暂行办法》规定，"初等小学可以男女同校""小学读经科一律废止""小学手工科，应加注重""初等小学算术科，自第三年起兼课珠算""中学校为普通教育，文、实不必分科""废止旧时奖励（科举）出身"，规定"凡各种教科书，务合乎共和民国宗旨，清学部颁行之教科书，一律禁用"，并立即着手编写新教科书。同时颁布实行民国元年教育方针。其内容为："注重道德教育，以实利教育、军国民教育辅之，更以美感教育完成其道德。"

3. 壬子癸丑学制

1912 年，民国政府教育部正式颁布《学校系统令》，即"壬子学制"。后又陆续公布了《小学校令》《中学校令》《师范教育令》《专门学校令》《大学令》《小学教则及课程表》《中学校令施行规则》《师范学校规程》《高等师范学校规程》《公私立专门学校规程》《大学规程》《实业学校令》等法令，形成了一个新的学制系统，统称"壬子癸丑学制"。学制构成：初等小学校 4 年；高等小学校 3 年，均设补习科；中学校 4 年；大学预科 3 年（附设于大学，不得独立设立），本科 3 年，法科和医科 4 年。小学之下有蒙养园，大学之上有大学院。

袁世凯上台后，于 1912 年 9 月下令"尊崇伦常"，提倡孔教。他认为，"中华立国，以孝悌忠信礼义廉耻为人道之大经，政体虽更，民彝无改。"并于 1913 年下令恢复学校祀孔典礼。在同年宪法草案里规定："国民教育，以孔子之道为修身之大本。"1915 年，袁世凯政府对学制进行调整，形成 4 年制的国民学校与 7 年制的完全小学并立，实际上成为双轨制。袁世凯死后，民国政府仍然执行民国元年的教育方针。

七　新文化运动时期的教育改革和 1922 年学制

1. 新文化运动

新文化运动对封建主义的批判最为彻底，喊出了"打倒孔家店"的口号。"五四"前后，昔日圣人的神圣光环荡然无存，这是新文化运动最有影响的一个方面。新文化运动的另一个影响就是以白话文取代文言文。白话文的推行使口语和书面语一致，从而大大减轻了学习、阅读和写作的负担，为真正在民众中普及教育创造了一个基本条件。推广全国通行的语言不仅有利于全国不同地方人士的交流，而且有利于提高教育的规范性。1918 年，教育部正式公布注音字母。新文化运动还推动了女子受教育权利的普及和推广。"五四"前后，除了教育部所属的有关教育改革的组织，如教育调查会外，还先后出现了很多具有民间性质的教育社团，影响较大的有全国教育会联合会、中华职业教育社、中华教育改进社、中国科学社等。

2. 杜威实用主义教育思想在中国的传播

从 1916 年起，中国的教育报刊已经有不少介绍杜威学说的文章。杜威的《民本主义与教育》，更是师范院校教育系科的教育学教科书和教育理论研究的重要参考书。杜威的一些重要教育观点，如"教育即生活""学校即社会""从做中学"等，几乎成了教育界的口头禅。1919 年 4 月底，杜威来华讲学，在中国的时间长达 2 年多，其足迹遍及 11 个省及北京、上海等大城市，前后讲演 87 场，在中国教育界掀起了宣传、介绍并运用实用主义教育理论的高潮。

3. 蔡元培教育思想

完全人格的教育思想。蔡元培教育思想的核心就是"完全人格"。他认为人具有三个方面的本性：一是具有知、情、意的心理现象，二是兼有个性和群性，三是兼有肉体和精神方面的需要。健全的人格就是要在这三个方面都得到充分、和谐的发展。完全人格教育可以分为五项：属于现象世界的有国民教育、实利主义教育和公民道德教育，分别相当于体育、智育和德育；属于实体世界的有世界观教育，而美育则是联系二者的桥梁。

对北京大学的改革。1917 年 1 月，蔡元培就任北京大学校长后，逐步对北大进行了大刀阔斧式的改革，主要措施有：推行思想自由、兼容并包的方针；调整系科结构，改革教学制度；改革管理体制，实行教授治校；提高学生的品德水平和活动能力。经过改革，北京大学的面貌发生了根本变化，民主气息极浓，成为全国著名的学术中心和新思潮的发源地。

论教育独立。1922 年 3 月，蔡元培发表《教育独立议》，提出教育一是要独立于政党，二是要独立于宗教，应当完全交给教育家去办，保持独立的地位。教育独立应该包括：第一，经费独立，要求政府划出某项固定收入，专作教育经费，不能移用；第二，行政独立，专管教育的机构不能附属于政府部门之下，要由懂得教育的人充任，不能因政局而变动；第三，思想独立，不必依从某种信仰或观念；第四，内容独立，能自由编辑、自由出版、自由采用教科书；第五，以传教为主的人，不得参与教育事业。

4. 黄炎培的教育思想

黄炎培 1917 年在上海发起成立中华职业教育社，从事职业教育，并进行了农村教育改进实验。抗战时期，随中华职教社迁往内地，继续开展职业教育实践。

论教育的本质和功能。黄炎培认为，教育的本义在于培养学生的能力，这种能力是切合实际的能力，必须有助于生活和生计，"不必专在书籍文字上下功夫"。他认为，"务须供给其生活需要，扶助其生活改进，才能表现教育的实际效能。"按这一定义，职业教育并不是一种"特殊"的教育，而是教育的本质所在。

论职业教育的作用和目的。黄炎培对职业教育下的定义是："用教育方法，使人人依其个性，获得生活的供给和乐趣，同时尽其对群的义务，名曰职业教育"。

大职业教育主义。1925 年底黄炎培提出的"大职业教育主义"基本思想有两点：一是"办职业学校的，须同时和一切教育界、职业界努力沟通和联络"；二是"提倡职业教育的，同时须分一部分精神参加全社会的运动"。"职业教育只有在民族解放、民权平等、民生幸福的国家社会里，才能实现他的造福人群的理想。"

5. 壬戌学制

1922 年，北洋政府召开全国学制会议，制定了《学制改革案》，颁布"新学制"，或称"壬戌学制"。学制的指导原则有七项标准：发挥平民教育精神；注意个性之发展；力图教育普及；注重生活教育；多留伸缩余地，以适应地方情形与需要；顾及国民经济力；兼顾旧制，使改革易于着手。学制采用"六三三学制"，小学 6 年，初小和高小 4—2 分段；中学 6 年，初中和高中 3—3 分段；大学 4～6 年。小学之下有幼稚园，大学之上有大学院；与中学平行的有师范学校和职业学校。

八　大革命时期的教育

1. 早期共产主义者的教育观和教育活动

马克思主义的传播与教育观点。1920 年出版的《新青年》第 8 卷刊登了《苏维埃的平民教育》《俄罗斯的教育状况》《革命的俄罗斯底学校和学生》《俄国社会教育》等介绍第一个社会主义国家苏联教育状况的文章。李大钊认为："政治不好，提供教育是空谈的。"李大钊认为，"教育家为社会传播光明的种子"，充分肯定了教育在社会革命、社会改造中所起的重要作用。毛泽东也明确提出，无产阶级不夺取政权，"安能握得其教育权"，以教育为工具的温和的改良主义"事实上做不到"。恽代英则强调"教育确是改造社会的有力的工具"，要以社会改造的目的来办教育。

参与留法勤工俭学。"五四"以后，由于一批早期共产主义者的参与，勤工俭学运动的性质和内容发生了变化，规模也扩大了，国内办起了一批预备学校。从 1919 年到 1920 年，留法勤工俭学的中国留学生共 1600 人左右。

开展工农教育和共产党人办学。1919 年 3 月，北京大学平民教育讲演团成立，1920 年，在京汉铁路长辛店铁路工场成立的劳动补习学校，是中国教育史上第一所工人阶级自己的学校。中国共产党成立后，于 1921 年在沪西小沙渡开办了劳动补习学校；1921 年 8 月，毛泽东于长沙创办湖南自修大学；随后，共产党人在上海创办了一所培养妇女革命干部的平民女学；1921 年，毛泽东到安源建立了路矿工人补习学校；1922 年到 1923 年，彭湃领导海陆丰农民运动，创办了"农民学校"。

2. 新民主主义教育纲领的提出

1921 年 7 月，中国共产党"一大"提出："党应向工会灌输阶级斗争精神"，要求设立"劳工补习学校""劳动组织讲习所"等。1922 年 7 月，中共"二大"《大会宣言》涉及教育纲领的有：第一，"废除一切束缚女子的法律，女子在政治上、经济上、社会上、教育上一律享受平等权利"；第二，"改良教育制度，实行教育普及"。1924 年 1 月，国民党"一大"召开，大会宣言中关于教育方面的规定是，"于法律上、经济上、教育上、社会上确认男女平等之原则，助进女权之发展"，"厉行教育普及，以全力开展儿童本位之教育，整理学制系统，增高教育经费，并保障其独立"，"施行军队中之农业教育及职业教育"等。

3. 大革命时期的革命教育

第一次国共合作时期，在中共的积极支持和直接参与下，建立了许多培养革命干部和革命骨干的学校，其中著名的有上海大学、农民运动讲习所和黄埔军校。上海大学于 1922 年 10 月由原东南高等师专改名而来，是国共两党合作创办的学校。上海大学设社会科学院和文艺学院，还有附属中学，创办的目的在于培养社会科学及新文艺两方面的人才。农民运动讲习所是第一次国共合作时期培养农运干部的学校。为适应日益高涨的农民运动的需要，讲习所采取短训班的形式，从1924年到1926年共在广州举办了6届。国民政府从广州迁到武汉后，在武昌办了第7届短训班，总共培养了近1600名毕业生，为中国农民运动做出了卓越贡献。黄埔军校创立于1924年5月，在国共合作期间共办5期，毕业生近7000人，为中国革命培养了一大批军事人才和政治人才。

4. 收回教育权运动

自鸦片战争后，西方列强教会在华兴办了许多学校。这些教会学校不向中国政府注册，自行开展教学和管理，严重侵害了中国主权。五四运动掀起了中国人民的爱国主义浪潮，教育领域的反帝斗争也进入高潮。1922年，"世界基督教学生同盟"要在中国的清华学校举行第十一届大会，这是对中国日益增长的反帝情绪的公然挑衅。中国社会主义青年团针锋相对，在上海发起组织"非基督教学生同盟"，通电全国，控诉帝国主义利用宗教为"殖民之先导"，得到各界进步人士的支持。这场运动进而发展成收回教育权的运动。1925年，教会学校的联合组织——中华基督教教育会不得不认可"应向政府注册，遵守政府之规定，受政府之监督指导"。北洋政府随之也颁布了《外人捐资设立学校请求认可办法》，规定外国人出资办学应作为私立学校请求政府认可，校长须为中国人，学校不得以传播宗教为宗旨，宗教科目不得列为必修科。

九　国民党统治区的文教政策与教育制度

1. 教育方针政策

1929年，南京国民政府公布教育宗旨为："中华民国之教育，根据三民主义，以充实人民生活，扶植社会生存，发展国民生计，延续民族生命为目的。务期民族独立，民权普遍，民生发展，以促进世界大同。"实施方针强调"以集团生活训练民权主义之运用"，以"忠孝仁爱信义和平"养成青年与儿童之国民道德，并要求中等及大学专门学校接受"相当之军事训练"。1938年4月，《抗战建国纲领》在教育方面主要是推行战时教程，训练各种专门技术人员以适应抗战需要；另外强调维持现行学制，加强管理等。1947 年《中华民国宪法》规定，教育要发展国民之民族精神，自治精神，国民道德，健全之体魄，科学及生活技能；国民受教育之机会一律平等。

2. 封建主义和法西斯主义的教育措施

1930 年，国民党政府教育部颁布《整顿学风令》，训令学生"惟当一意力学，涵养身心，禀古人思不出位之训戒"。教职员在任职前要宣誓"信仰三民主义，拥护国民政府，服从蒋委员长之领导"。后来更推广到高中以上学生入学后也要宣誓。

国民党政府在各级各类学校中开设"党义课"（后改为公民课），国民党政府规定各校均需将封建说教制匾悬挂，"以资启迪"，"匡正人心"。1932 年，蒋介石亲自发动所谓"新生活运动"，要求"把礼义廉耻贯穿在衣食住行之中"。1934 年 7 月，国民党政府通令全国，将每年 8 月 27 日定为孔子诞辰，这一天，各地均要举行仪式，唱赞孔歌、国民党党歌等。

3. 教育制度的调整

国民党政府于 1932 年废除综合中学制，普通中学、师范学校、职业学校分立并行。国民党政府陆续制定了《小学法》《中学法》《师范学校法》《职业学校法》《大学法》《专科学校法》等，基本完成了学校教育的法规建设。抗日战争时期，学制一度做过一些变通。

4. 教育行政的改革

1927 年 6 月，国民党政府决定试行大学院和大学区制的教育行政改革，以大学院为全国最高的学术机构和教育管理机构。大学院院长总管行政事务，设大学委员会作为议事立法机构，下设高等教育、普通教育、社会教育、文化事业等若干委员会，设中央研究院为最高学术研究机关；与大学院相对应，全国分为若干大学区（实际上仍是按省设立），每区设大学一所，兼管本区内教育行政及学术事业。大学院和大学区制的构建，旨在使教育能独立于一般官僚体制之外，克服单纯以行政方式管理教育之弊病，加强学术研究与教育实施的联系。

20 世纪 30 年代，国民党政府推行以县长为教育事业的负责人，教育行政部门变成县政府的教育科。基层则以乡镇长（保长）兼国民学校校长兼壮丁队长，所谓"三位一体"，"管教养卫合一"。

5. 各级各类教育实施

初等教育。1928 年 5 月，在大学院召集的第一次全国教育会议上，通过了实行国民义务教育的决议。以后在 1929 年、1935 年又多次提出实施小学义务教育，并制订了全国扫盲计划。此外还决定要办民众学校、民众教育馆，也是为了普及小学教育。1937 年，国民党政府教育部又颁布了《学龄儿童强迫入学办法》，但由于抗战开始，未能实施。1947 年制定的《宪法》将"6～12 岁之学龄儿童一律得受免费之教育"写入条文。

中等教育。1932 年废止综合中学制以后，国民党政府陆续颁布了有关普通中学、师范学校、职业学校课程设置等方面的规定。《中学法》允许省立、市立、联立和私立多种形式办学；1936 年规定初中课程和高中课程。1932 年起，中学实行会考制度。《师范学校法》规定师范学校由政府办理，不收学费，并提供膳宿，毕业生由政府分派到学校任教。《职业学校法》规定，职业学校分为初、高两级，初级职业学校招收小学毕业生，高级职业学校招收初中毕业生。

高等教育。1929 年，国民党政府先后颁布了《大学组织法》和《大学规程》，规定大学"以研究高深学术、养成专门人才为目标"，实行国立、省立、市立和私立多种形式办学；规定大学实行学院制，分为文、理、法、教育、农、工、商、医各学院，设有三院以上者方可称为大学，其余则为独立学院；大学可设研究院。1931 年，又规定大学采用学年学分制。抗日战争爆发后，国民党政府将陷入敌占区的一批高等学校迁到后方。

社会教育。民国成立初期，教育部设社会教育司，在地方设立公众补习学校、半日学校，主要任务是为失学成人进行文化补习。民众学校、民众教育馆和主业补习学校是实施社会教育的主要机构。民众学校由县、市政府分区设立，私人团体也可办理。

民族教育。20 世纪 20 年代以后，回民学校在各地大量兴办。1937 年，新疆维吾尔文化促进会办的小学有 1300 所，是当地公立小学的 5 倍；中等学校增加到 11 所，省立一中、迪化师范还专门招收维吾尔族班。西藏的寺院教育高度发达，藏医学校也由来已久。蒙古族地区的教育在清末兴学时即已发展起来，在京师还建立了蒙藏学堂，"分蒙部、卫藏两科，三年毕业，养成蒙藏专门人才"。青海西宁的蒙藏学校，1919 年扩充为蒙藏师范学校。

十　乡村教育运动

1. 乡村教育运动产生的原因

乡村教育运动是指 20 世纪 20 年代开始以农村为基地开展的教育改革和实验活动。乡村教育的实施，旨在探求一条教育救国的改良主义道路。据《第二次中国教育年鉴》统计，乡村教育实施从 1925 年开始，到 1935 年止，全国各地共建立了各种形式的实验区 193 处。

2. 中华职业教育社的农村改进实验区

1925 年 8 月，黄炎培提出的《山西划区试办乡村职业教育计划》成为第一部开展农村改进实验的方案。随后，中华职业教育社又提出《试验农村改进计划》。在实验区的 21 项事业中，前四项内容分别为："研究改良农事，推行试验有效之农会工作方法"；"研究增进工艺效能"；"推行义务教育，凡学龄儿童不论男女设法使之就学"；"对年长失学者，施以平民教育"等。

1926 年 7 月，中华职业教育社将沪宁线上的昆山徐公桥村列为第一个试办区域，于 1934 年交地方办理。

3. 陶行知创办的乡村师范和山海工学团

陶行知于 1927 年写了《中国乡村之根本改造》一文，批评旧的乡村教育，"它教人离开乡下向城里跑，它教人吃饭不种稻，穿衣不种棉，做房不造林。它教人羡慕奢华，看不起务农这不是真正意义上的农村教育，而是为了脱离农村的教育！"1927 年他在南京郊区的晓庄办起小学并创办了乡村师范学校，1930 年 4 月被国民党政府查禁关闭。

1931 年，陶行知提出以学校为中心改造社会的设想，提出要把"全国的家庭、商店、工厂、学堂、军队、乡村，一个个都变成工学团！人人生产，人人长进，人人平等互助，人人自卫卫人……中华民族的新生命是在工学团的种子里潜伏着"。工学团既是生产单位和生活单位，又是教育单位，工学团成员一面做工，一面学习，同时也参加社会活动，实现学校、工场（农场）、社会三者合一。1932 年 9 月，陶行知在上海与宝山交界的大场创办了山海工学团。

4. 晏阳初的平民教育定县试验区

晏阳初是毕生从事平民教育事业的著名教育家，中华平民教育促进总会（简称平教会）的总干事。1926 年 10 月，晏阳初选择河北定县翟城村为试验区，以后逐渐扩展到 62 个村，主要是开办平民学校、平民职业学校和平民教育讲习所，基本采用过去在城市搞的"除文盲""作新民"模式。1928 年以后，平教会得到美国一些团体的资助，活动内容扩充，理论也逐渐成形。

1930 年，平教会总会成立定县实验区。1932 年，晏阳初替蒋介石拟定了《县政改革方案》。1933 年，河北省政府将定县作为河北省县政建设实验区，晏阳初为县政建设研究院院长，定县县长为县政建设研究院实验部主任。这样，平教会乡村教育也就被纳入国民党政府搞"农村政教合一"的轨道，试验完全官方化了。定县实验搞了近 10 年，在扫盲、改良农业、普及卫生知识和提高村民的团体意识和公益精神方面还是取得了一些成就的。

5. 梁漱溟的乡村建设

梁漱溟认为，使农村摆脱目前困境的良方在于恢复传统的"伦理本位，职业分途"的社会秩序。1929 年，河南省政府决定让梁漱溟在辉县创办河南村治学院，培养基层政权人员和乡村教育人员。1931 年在山东省政府的支持下，他又在邹平创办乡村建设研究院。1933 年 3 月，山东省政府将邹平、菏泽两县列为梁漱溟的县政建设实验区兼乡村建设实验区。将全县划为若干区，各区开办乡农学校。乡农学校分初、高两级，对象主要为 18 岁以上的成年人，时间在冬季的 3 个月。梁漱溟的乡村建设的特点是政教合一。

十一 革命根据地的教育

1. 第二次国内革命战争时期的革命根据地教育

1934 年 1 月，在第二次全苏区工农兵代表大会上，毛泽东在工作报告中正式提出了苏维埃文化教育建设的总方针，即在于以共产主义的精神来教育广大的劳苦民众，在于使文化教育为革命战争与阶级斗争服务，在于使教育与劳动联系起来，在于使广大中国民众都成为享受文明幸福的人。当时提出的文化建设的中心任务，"是厉行全部的义务教育，是发展广泛的社会教育，是努力扫除文盲，是创造大批领导斗争的高级干部"。1931 年苏区临时中央人民政府设立教育人民委员部，下设初等教育、高等教育、社会教育和艺术四个局。

在苏区影响最大的军事干部学校是创立于 1931 年的红军学校。最重要的培养党政干部的学校是 1933 年 8 月创办的苏维埃大学。还有培养红军基层干部的彭杨步兵学校和红军公略步兵学校，有训练炮兵和工兵等部队干部的特科学校，有训练地方革命武装干部的游击队干部学校，有训练前方通信技术干部的红色通讯学校，有培养军队中医护人才的红色医务学校和护士学校。此外还有马克思共产主义大学、中央农业大学、中央列宁师范学校、高尔基戏剧学校等。据 1934 年第二次全国苏维埃代表大会的报告，江西、福建、广东三省的根据地共有 32388 个识字班，参加学习的群众有 155371 人。苏区《小学课程教则大纲》规定，小学学制最初定为 6 年，1933 年改为 5 年，初高小三二分段。

2. 抗战时期抗日根据地的教育

1938 年，中共提出了抗战时期的教育政策：第一，改订学制，废除不急需与不必要的课程，改变管理制度，以教授战争所必须之课程及发扬学生的学习积极性为原则；第二，创设并扩大各种干部学校，培养大批抗日干部；第三，广泛发展民众教育，组织各种补习学校、识字运动、戏剧运动、歌咏运动、体育运动，创办敌前敌后各种地方通俗报纸，提高人民的民族文化水平与民族觉悟；第四，发展义务的小学教育，以民族精神教育新后代。1940 年，毛泽东发表《新民主主义论》，指出新民主主义的文化教育应该是无产阶级领导的、人民大众的、反帝反封建的文化教育。

中国人民抗日军政大学，简称抗大，1937 年命名，它的前身是红军大学。抗大于 1938 年底在敌后抗日根据地开办了 12 所分校。八年抗战中，抗大总校共办了 8 期。陕甘宁边区还成立了培养民政干部的陕北公学，培养医务干部的医科大学，培养文艺干部的鲁迅艺术文学院，培养翻译干部的俄文学院，培养民族干部的民族学院，以及培养青年干部的泽东青年干部学校等。1941 年，中共中央决定将陕北公学、中国女子大学、泽东青年干部学校合并成立延安大学，1944 年，行政学院、鲁艺等学校也并入延安大学。1939 年在晋察冀边区成立了华北联合大学。1939 年 8 月颁布了《陕甘宁边区各县社会教育组织暂行条例》，社会教育组织形式包括识字组、识字班、夜校、半日校、冬学和民众教育馆 6 种。抗日根据地的普通教育也是小学教育，学制 5 年，三二分段。在陕甘宁边区，1937 年春有初小 320 所，到 1940 年学校有 902 所，其中五年制的完全小学在 1940 年发展到 30 所。

3. 解放战争时期解放区的教育

1947 年，中共及时制定了有利于新解放区教育恢复发展的政策，要求各部队在战争进行中要注意保护各类学校和教育机关；对所接管的学校要建立新的领导体制，取消训导制度，废除"党义""公民""军训""童子军训练"等课程及有法西斯毒素和封建迷信的教材；对原有教职员，除少数反动分子和破坏分子外，一律采取团结、教育、改造的政策；开展政治思想教育，使广大师生通过学习革命理论和党的方针政策，认清中国革命的任务和前途，明确思想改造的必要性和个人努力的方向。以上政策的贯彻执行，使新解放区的学校教育得以最大限度地避免战乱的破坏，并使师生能够及时地转向人民的立场。

自 1948 年到 1949 年，一些解放区分别召开了教育工作会议，重点讨论了中等教育问题，决定改变中学干部训练的性质，确定中学为普通教育，学制采用三三制，并建立入学和毕业考试制度，加强文化课学习，重视课堂教学等。

当时，晋冀鲁豫解放区有各类干部学校 30 余所、中等学校 50 所，还有抗战胜利后新建的新华大学（后改名北方大学）。1948 年 8 月，华北联大与北方大学合并为华北大学。苏皖解放区在 1946 年初有 94 所中等以上的学校，包括建设大学、教育学院、工业专科学校、军事学校等。苏北解放区建立了华中公学，1948 年 12 月改组为华中大学。此外还有西北军政大学、东北军政大学等也在这一时期建立。

第二章 近五十年影响我国的世界学习文化

  任何一个民族、任何一个国家都需要学习别的民族、别的国家的优秀文明成果。中国的近现代史就是一部向先进文化学习的历程，如五四运动时期学习民主和科学，改革开放以来学习经济发展、学习现代技术。

  第二次世界大战后，人们本着追求和平发展的愿望成立了联合国，继而成立了联合国教科文组织。我国在恢复联合国合法席位后，积极与联合国教科文组织合作，引进和宣传该组织的终身教育、终身学习和学习型社会的先进理念，参与该组织的活动，承担一个负责任大国应负的责任，为世界成人扫盲和发展中国家义务教育的全面实施树立了榜样，做出了贡献。进入21世纪以来，我国在积极推动学习型社会建设的理论研究、社会实践等方面表现突出，为世界全民终身学习和学习型社会建设提供了典范。中国要永远做一个学习大国，不论发展到什么水平都要虚心向世界各国人民学习，以更加开放包容的姿态，加强同世界各国的互容、互鉴、互通，不断把对外开放提高到新的水平。

第一节 终身学习文化

  20世纪下半叶以来，和平和人的发展成为世界发展的主旋律，终身教育与终身学习文化从发达国家兴起，向全球蔓延。联合国教科文组织和经济合作与发展组织（Organization for Economic Cooperation and Development，以下简称OECD）积极研究、宣传和推动终身教育和终身学习理念在世界的普及，鼓励各国政府参与实践。我国政府、学界、教育组织和民众积极参与，在扫除文盲、普及义务教育、高等教育大众化、职业教育体系建设和成人继续教育发展以及终身学习文化氛围建设方面取得了巨大的成就。特别是改革开放以来，我国吸收世界发达国家终身学习的先进理念，使全民终身学习逐步深入人心。

一 终身学习文化的影响

1. 学习文化

学习文化是指构成学习的诸要素相互作用形成的文化。具体而言，即由学习理念、学习态度、学习内容、学习形态和形式、学习途径、学习物质条件、学习行为和习惯、学习政策与制度、学习成果等要素相互作用、相互影响而形成的文化。

2. 终身学习文化

终身学习文化是指以终身学习为导向的新学习文化。终身学习文化是学习型社会之"魂"。德国学者特里尔（Trier）指出，学习文化的改变，唯有通过终身学习方能有所进展。华东师范大学叶忠海教授认为，所谓终身学习文化就是传统学习文化的新变革、新突破、新发展和新高度，其以终身学习为核心理念，创新与能力发展处于中心地位，以发展为导向的新学习文化。终身学习文化的形成，既是学习型社会的根本性标志，也是学习型社会的功能体现。

成熟的终身学习文化具有精神范畴和形象范畴，或者说具有无形的和有形的两个层面。精神范畴或无形的终身学习文化，即深层次的终身学习文化，主要是指终身学习的价值观、道德观和信念精神等；形象范畴或有形的终身学习文化，即浅层的终身学习文化，是指终身学习的行为规范、规章制度、有助于终身学习的物质条件等。两者统一构成了终身学习文化。它既是学习型社会的基本特征，也是学习型社会的内在孕育力，是学习型社会发展的灵魂。我们应以终身学习文化引领学习型社会建设。

成熟的终身学习文化所聚合形成的"终身学习文化能"，根植于社会深层次之中，深植于社会成员的头脑之中，指导、制约着学习型社会建设及其全体社会成员的行为，对学习型社会发展具有全程性、穿透性的影响力。

二　《学会生存——教育世界的今天和明天》

《学会生存——教育世界的今天和明天》（以下简称《学会生存》）是以埃德加·富尔为首的国际教育发展委员会于 1972 年向联合国教科文组织提交的报告。

1. 《学会生存》的历史地位

《学会生存》是世界公认的具有里程碑意义的教育著作。该报告首先回顾了教育发展的历史，然后阐述了教育面临的挑战，指出了走向学习型社会的重要性，最后论述教育的国际合作问题。该书虽已问世 40 余年，但是其中涉及的诸多经典教育理论，时至今日，依然具有极大的现实意义和指导作用。

《学会生存》认为，在旧教育体制下，教育发展脱离时代需求应该变革；教育理念奉行精英主义需要变革；西方主导型教育模式需要变革；教育的可持续发展存在问题需要变革。报告概括了 20 世纪教育发展出现的"三种新现象"：首先，人类社会历史上"第一次"出现了教育发展先于经济发展的现象，即所谓"教育先行"；其次，在人类历史上"第一次"出现了教育面向未来社会而不是传统社会培养新人的现象，即所谓"教育预见"；最后，人类历史上"第一次"出现了社会拒绝接受教育系统所培养的人才的现象，即所谓"教育失衡"。在这种情况下，教育发展可持续性问题便无可回避。

2. 《学会生存》的三个理念

在对旧教育体制进行尖锐批判的基础上，报告提出"教育民主"、"终身教育"及"完人教育"理念。

"教育民主"是第二次世界大战结束以来世界教育出现的重大趋势之一。自 20 世纪 50 年代以来，世界教育发展出现了重大变化，教育事业取得了前所未有的重大进展，具体表现在教育规模迅速扩张，教育普及速度加快，教育资源迅猛增加，教育结构显著调整。然而，发达国家与发展中国家之间、各国内部各级各类教育系统之间、不同群体不同性别受教育机会之间，都存在着巨大的不平等和不平衡。报告认为，支持教育民主的重大意义在于，它是使人免于成为机器奴隶的唯一途径，也是人类在智力成就上获得尊严的唯一条件。

终身教育是报告最鲜明的主题。报告有关终身教育的论述达到了一个新的高度。报告认为，只有以终身教育思想为指导，教育才能变为有效的、公正的、人道的事业。从更广泛的意义上说，终身教育甚至已经成为一个有关文明本身的问题。为此，报告建议，终身教育应该作为发达国家和发展中国家制定教育政策的主导思想。贯彻终身教育原则的基本途径就是努力建设学习型社会。报告认为，学习型社会与终身教育具有密不可分的关系，终身教育是学习型社会的基石。终身教育有许多重要特征，如开放的教育体系，灵活的教育方式，民主的教育管理，多样的教育选择，注重学习者的自我实现，尊重学习者的自我选择，鼓励学习者的持续完善，主张正规教育与非正规教育、普通教育与职业教育、学校教育与社会教育的有机统一等，这一切都必须以学习型社会为载体才能得以展现。由此，报告提出了向学习型社会前进的响亮口号。

"完人教育"。所谓"完人"，指的是掌握科学方法、具有科学精神的人，是具有探索精神、积极从事创造性工作的人，是愿意承担社会义务、具备公民美德的人，是体力、智力、情感和道德得到充分发展的人。这种"完人教育"在人格分裂的传统教育中无法实现，而唯有在推崇教育民主、实践终身教育的现代社会中才能够实现。无论是实现"教育民主"，还是发展"终身教育"，其最终目的都是造就全面发展的人，这是报告另一个极为重要的基本观点。"教育民主"和"终身教育"只是手段或途径，人类发展的目的在于使人日臻完善；使人的人格丰富多彩，表达方式复杂多样；使人作为一个人，作为一个家庭和社会的成员，作为一个公民和生产者、技术发明者和有创造性的理想家，承担各种不同的责任。

3. 《学会生存》的影响

《学会生存》对国际社会深刻认识终身教育发展的必然趋势和学习型社会建设的重大性，深刻认识消除教育不平等和不均衡现象对社会进步的重大性以及深刻认识教育改革的迫切性和必要性，起到了巨大的推动作用。

报告的发表，推动国际社会真正进入终身教育时代。报告是信息时代迈向学习型社会的重要宣言。自 20 世纪 70 年代以来，各种国际组织、政府机构、学术人士和民间团体纷纷开展有关终身教育和学习型社会问题的研究，终身教育名副其实地成为世界教育发展潮流。1973 年，经合组织发表了《回归教育：终身学习的一种策略》的报告。1975 年，联合国教科文组织终身学习研究所提出了终身教育的 20 条原则，内容涵盖终身教育的概念、特点、功能、目标、条件、实施等各个方面，搭建了终身教育的基本理论框架。同一时期，美国卡耐基高等教育委员会和意大利罗马俱乐部分别发表了《迈向学习型社会》《学无止境》的研究报告。1994 年，首届"世界终身学习会议"在罗马举行，会议将终身学习确定为 21 世纪发展的核心思想。1995 年，欧盟发布了《教与学：迈向学习型社会》白皮书，将终身学习视为最重要的教育发展观，同时将 1996 年确定为欧洲"终身学习年"。

三　OECD 的终身学习策略[①]

成立于 1961 年的 OECD（经济合作与发展组织）引领了国际终身学习浪潮在 20 世纪 70 年代的兴起和 90 年代的复兴。从现状来看，OECD 所提倡的终身学习理念已成为国际终身学习发展的主流理念，其成员国已处于全球终身学习政策的理论探索和实践发展的前列。

1. 回归教育策略

OECD 于 20 世纪 70 年代初开始关注和推广终身学习理念。回归教育策略是其第一个终身学习策略。1973 年，OECD 发表《回归教育：终身学习的一种策略》报告，提出了"回归教育"的著名论点，主张在个人的生命周期中，教育应以循环交替的方式与工作、休闲、退休及其他活动轮替发生。

报告建议，将教育机会分布于人生的各个阶段，提高教育机构的开放性和灵活性，以便劳动者在有需要时随时回学校再次学习，旨在促进个体发展和推进教育机会公平。该报告第一次将回归教育与终身学习相联系，

与联合国教科文组织的《学会生存》一起成为国际终身学习浪潮兴起的标志。其后，OECD 通过举办会议、出版教育报告等继续推广回归教育，促成了成员国的相应行动，如赋予劳动者学习的权利、开发津贴的不同方案、制定"带薪教育假"等。

2. 全民终身学习策略

全民终身学习策略是 OECD 的第二个终身学习策略。它是 OECD 对其成员国迈入 21 世纪发展的一个新判断，是 OECD 推广终身学习策略的里程碑。1996 年，OECD 发布《全民终身学习》报告，提出"全民终身学习"的新理念。相对于回归教育，"全民终身学习"具有宽泛的特点，意指"每个人都应该能够被鼓励地、积极地进行终身的学习，它涵盖了所有学习形式"。同时，它也具有全系统的特点，它"关注的是所有个体所需的知识技能，既强调早期学习的需要，也强调成人学习的需要"。OECD 旨在通过实施全民终身学习策略，推动全民的终身学习意识和行动，并为全民终身参与所有学习活动提供机会和条件，以实现个人发展、社会凝聚与经济增长的目标。策略内容包括四个部分：一是加强全民终身学习的基础，如增加优质的学前教育机会、进行中小学教育改革等；二是搭建学习与工作的桥梁，如加强对学生的职业生涯指导和咨询服务、鼓励成人学习、建立认可非正规教育和非正式学习的机制等；三是重新界定全民终身学习提供者的角色，如对政府、高等教育机构、教师等在终身学习体系中作用的界定等；四是明确多元化全民终身学习的经费来源，如开发社会资金来源渠道等。

"全民终身学习"由此被确立为 OECD 教育政策的一个框架概念或首要议题。《全民终身学习》报告也与联合国教科文组织（UNESCO）的《学习：财富蕴藏其中》一起成为国际终身学习浪潮复兴的标志。此后至今，OECD 通过各种途径大力推广全民终身学习策略，并取得了丰硕成果：一是对全民终身学习策略的四大内容进行研究，形成了一系列成果。如《终身学习的经济与融资》《终身学习时代的教师教育与教学生涯》《完备终身学习基础》《促进成人学习》《资格框架：通向终身学习的桥梁》《认可非正规和非正式学习的成果》等。二是促成了成员国制定终身学习政策并对政策进行检视。自《全民终身学习》报告发布后，OECD 国家教育部长就制定与实施终身学习政策达成了共识，OECD 为此在其出版的《教育政策分析》中多次将"终身学习"列为主题，对成员国的终身学习政策进行检视。三是对成员国终身学习发展情况进行整体测评。

四 国际 21 世纪教育委员会报告：《教育——财富蕴藏之中》

教育在个人发展和社会发展中都起着基础性的重要作用。它是促成更深刻、更和谐的人类社会发展并借以减少贫困、排斥、愚昧、压迫和战争的主要手段之一。终身学习将是迎接 21 世纪挑战的"钥匙"之一。

《教育——财富蕴藏之中》是由欧洲委员会前主席雅克·德洛尔领导的"国际 21 世纪教育委员会"这一独立委员会提交给联合国教科文组织的报告，也是该委员会 3 年间在世界范围广泛咨询和分析过程的成果。该报告从新的视角探讨了学习的阶段及沟通这些阶段的桥梁——借此新的方法，教育制度将更多样化，而每种教育制度的价值将得到提升。如果说普及基础教育是一种绝对的必需，那么，中等教育在年轻人各自的学习道路上和在社会的发展过程中，就有着不可或缺的作用；而高等教育机构则应多样化，以充分发挥它们作为知识中心、专业培训场所、终身学习的关口、国际合作的伙伴的功能和使命。

1. 把终身教育放在社会的中心位置上

报告认为，我们应该采用终身教育的概念，因为它有灵活性、多样性和容易进入时间和空间的优点。应重新考虑和扩充的是持续教育的概念。因为除了必须适应职业生活的变化外，它还应是一个持续不断的培养人的过程——使人有知识、有才能，并有判断力和活动能力。它应使人认识自己及其环境，并鼓励人在工作和社区中发挥自己的作用。

终身教育概念是进入 21 世纪的一把钥匙。它超越了启蒙教育和继续教育之间的传统区别，它响应迅速变革的世界所带来的挑战。但是这种看法并不新奇，因为先前一些有关教育的报告已强调过回到学校以接受个人生活和职业生活中出现的新生事物的需要。这种需要现在依然存在，甚至变得更加强烈。每个人如不学会学习，这种需要是无法得到满足的。

人的发展的观点超出了任何极为实用的教育观念。教育不仅仅是为了给经济界提供人才，它不是把人作为经济工具而是作为发展的目的加以对待的，而是使每个人潜在的才干和能力得到充分发展。这既符合教育的人道主义使命，又符合应成为任何教育政策指导原则的公正的需要，也符合尊重人文环境和自然环境、尊重传统和文化多样性的内源发展的真正需要。特别是，尽管终身培训确实仍是 20 世纪末的一个重要思想，但更重要的是应使其超越纯粹适应就业的范围，而将其列入作为人的持续协调发展条件加以设计的终身教育这一含义更广的概念之中。

为了努力提供一个人人都能学习并且终身都能学习的机会，应当重新思考教育机构与社会之间的关系和各级教育的衔接交替问题。教育同职业生活一样，不间断的路今后必然越来越少，因为在各个学习阶段之间掺杂着工作。由于有了各种新的证明形式，也由于从一类或一级教育过渡到另一类或另一级教育更加容易，以及教育和劳动之间并不像以前那样被严格分开，这种学习和工作交替的办法应该越来越容易为社会所接受。

2. 教育的四个支柱

扩大了的教育新概念应该使每一个人都能发现、发挥和加强自己的创造潜力，也应有助于挖掘隐藏在我们每个人身上的财富。每个人在人生之初积累知识，尔后就可无限期地加以利用，这显然已经不够了。人必须有能力在自己的一生中抓住和利用各种机会，去更新、深化和进一步充实最初获得的知识，使自己适应不断变革的世界。

为了与其整个使命相适应，教育应围绕四种基本学习加以安排，可以说，这四种学习将是每个人一生中的知识支柱。支撑教育的四个支柱是学会求知、学会做事、学会共同生活、学会生存。学会求知，是获取理解的手段；学会做事，以便能够对自己所处的环境产生影响；学会共同生活，以便与他人一道参加人的所有活动并在这些活动中进行合作；学会生存，是前三种学习成果的主要表现形式。当然，这四种获取知识的途径是一个整体，因为它们之间有许多连接、交叉和交流点。在这四个支柱的基础上，所有社会都应迈向一个必然的理想王国，在这个"王国"里，每个人身上隐藏的才能都会得到充分开发而不致被埋没。

3. 学会求知

这种学习更多的是为了掌握认识的手段，而不是获得经过分类的系统化知识，既可将其视为一种人生手段，也可将其视为一种人生目的。作为手段，它应使每个人学会了解周围的世界，至少是使人能够有尊严地生活，能够发展每个人的专业能力和进行交往。作为目的，其基础是乐于理解、认识和发现。即便那种没有直接目的去学习的情况愈来愈少，但由于学习有用的知识在现实生活中变得很重要，学制越来越长，空闲时间越来越多，这将使越来越多的成人能够感受到知识和个人自学带来的乐趣。扩大知识可以使每个人更好地从各个角度来了解他所处的环境，有助于唤起对知识的好奇心，激发批判精神并有助于在独立思考的基础上去辨别是非。

从这种观点出发，每个儿童无论在哪里，都应使他们能够以恰当的方式学习科学而且终身成为"科学之友"。在中等教育和高等教育中，入门培训应向所有大中学生介绍科学进步思想，以及各种手段、概念和参照方法。如果最初的教育提供了有助于终身继续在工作之中和工作之外学习的动力和基础，那么就可以认为这种教育是成功的。学会认知，必须把相当广泛的常识与就少量问题进行深入研究的可能性结合起来。这种常识可以说是接受终身教育的许可证，因为它使人对终身学习产生兴趣并为其奠定了基础。

4. 学会做事

学会做事，除了继续学习从事一种职业外，从更广的意义上说，还必须获得一种能力。这种能力使其能够应付各种情况，其中包括某些预料不到的情况，能促进集体劳动，这是在目前的教学方法中被过于忽略的一个方面。如果中小学生和大学生能通过边学习边参加一些职业活动的方法进行自我验证和自我丰富的话，这种能力和资格在许多情况下是较容易获得的。这说明，学校与工作之间的各种可能的交替形式应占有更重要的位置。

在未来的高度技术化的组织里，关系上的困难可能造成严重的机能障碍，这就需要一种主要是基于行为表现而非基于知识的新型资格。这对那些没有文凭或学历不高的人来说可能是一个机会。直觉、觉察力、判断力和使一个集体紧密团结的能力，这些的确不一定是持有高学历的人独具的能力，如何传授这些多少有些先天性的能力以及在哪里传授这种能力呢？

我们不能简单地推断旨在培养所需能力或才干的计划内容。

确切说，不存在职业参考标准，技能往往是传统的。另外，学习的作用不限于从事什么工作，应符合正式或非正式参与发展这一更广的目标，这往往既涉及社会资格也涉及专业资格。

服务行业的发展迫使人们必须培养提高人的那些不一定是由传统教育反复灌输的素质，这些素质与在人与人之间建立稳定而有效的关系的能力方面是一致的。

雇主们越来越注重能力方面的要求，而不是资格方面的要求。在他们看来，资格与实际技能的概念仍然过于密不可分，而能力则是每个人特有的一种混合物，它把通过技术和职业培训获得的严格意义上的资格、社会行为、协作能力、首创能力和冒险精神结合在一起。

5. 学会共同生活

这种学习可能是今日教育中的重大问题之一。当今世界充满暴力，它与一些人对人类进步寄予的期望背道而驰。人类历史始终是一部冲突史。但是，一些新的因素，特别是人类在 20 世纪创造的奇特的自毁能力，正在增加冲突的危险。通过传播媒介，广大公众成为那些制造冲突或维持冲突的人的软弱无能的观察者，甚至成为他们的人质。迄今，教育未能为改变这种状况做多少事。能否设计出一种能使人们通过扩大对其他人及其文化价值和精神价值的认识，来避免冲突或以和平方式解决冲突的教育呢？

教育的使命是教学生懂得人类的多样性，同时还要教他们认识地球上所有人都具有相似性而且是相互依存的，可能为实现共同目标而努力。当人们为一些能使自己摆脱日常习惯、值得一做的项目共同努力时，人与人之间的分歧甚至是冲突就会逐步减弱，甚至会消失。从这些有助于人们超越个人陈规和突出共同点而不是不同点的项目中，能产生出一种新的鉴别方式。

在此基础上，还要树立这样一种新的精神：它基于对我们之间日益增加的相互依赖性的认识，借助于对未来的风险和挑战的共同分析，促使人们去实现共同的计划，或以理智的、和平的方式对不可避免的冲突进行管理。有人认为这是乌托邦，然而这是必要的乌托邦，甚至是至关重要的乌托邦，如果我们想要摆脱由犬儒主义或听天由命思想加剧了的危险循环的话。

6. 学会生存

教育的基本作用，似乎比任何时候都更在于保证人人享有他们为充分发挥自己的才能和尽可能牢牢掌握自己的命运而需要的思想、判断、感情和想象方面的自由。个性的多样性，自主性和首创精神，甚至是爱好挑战，这一切都是进行创造和革新的保证。在减少暴力或同影响社会的各种灾害做斗争方面，从实际经验中产生的新方法已很有成效。

发展的目的在于使人日臻完善，使人的人格丰富多彩，表达方式复杂多样；使人作为一个人，作为一个家庭和社会的成员，作为一个公民和生产者、技术发明者和有创造性的理想家，去承担各种不同的责任。人的这种发展从生到死是一个辩证的过程，从认识自己开始，然后打开与他人的关系。从这种意义上说，教育首先是一个内心的旅程，它的各个阶段与人格不断成熟的各个阶段是一致的。因此，教育作为实现成功的职业生活的一种手段，是一个非常个人的过程，同时又是一个建设相互影响的社会关系的过程。

"学会生存"虽然是 1972 年在联合国教科文组织主持下出版的埃德加·富尔的报告的主题，但其建议仍具有强烈的现实意义。因为 21 世纪要求人人都有较强的自主能力和判断能力，同时要求加强每个人在实现集体命运过程中的责任；而且也因为该报告强调了另外一种迫切需要：要让像财富一样埋藏在每个人灵魂深处的所有才能都发挥出来。

五　联合国教科文组织第五届、第六届国际成人教育大会

联合国教科文组织分别于 1997 年举办的第五届国际成人教育大会和 2009 年举办的第六届国际成人教育大会都对我国终身学习产生了重大影响。

1. 成人学习：21 世纪的关键——第五届国际成人教育大会与《汉堡宣言》

1997 年 7 月 14 日至 18 日，联合国教科文组织在德国汉堡召开了第五届国际成人教育大会。会议的主题是"成人学习：21 世纪的关键"，会议的目标是从全民终身教育的角度，阐明成人教育的重要性，动员世界各国

政府和有关方面从全民终身教育的角度推动成人教育和继续教育的发展，就未来的政策和行动方针提出建议，促进成人教育的国际合作。

会议通过了《汉堡宣言》和《成人教育的未来议程》两项基本文件。前者是一项政策性文件，后者为包括具体行动建议的工作计划。《汉堡宣言》认为，以经济全球化和信息技术广泛应用为标志的知识经济社会正在出现，对经济社会结构、工作模式、生活方式以及国家作用等方面将产生巨大的影响。信息量的迅速膨胀，使获取和使用信息成为人们生存的重要能力。《汉堡宣言》认为，唯有教育，特别是对成人的教育，是帮助人们面对这些变革的有效手段，是迈入21世纪的一把钥匙。人们应从目标、内容、方法等方面重新认识成人教育。成人教育是一项个人权利，同时也是个人对社会和他人的一项义务。成人教育不仅是传统意义上的"第二次学习机会"或学习某种技能的手段，同时也是提高个人修养、塑造个性和公民意识，平等和自主参与社会和经济生活的需要。

《未来议程》包括以下10项主题：成人学习和民主；21世纪的挑战；提高成人学习的质量和改善条件；保障基础教育的普遍权利；成人学习中的性别平等和提高妇女的能力；成人学习和变化着的工作世界；与环境、健康和人口相关的成人学习；成人学习与文化、媒介和新信息技术；全民成人学习；不同群体的愿望和权利；成人学习的经济因素；增强国际合作。

此次会议从"全民终身教育"的观念出发，重新认识和界定包括扫盲和继续教育在内的成人教育。会议认为，成人教育的概念包括两部分：一是学校教育完成后的继续教育；二是包括基础扫盲和功能扫盲在内的扫盲教育。

会议提出的政策和行动建议指出，成人教育与正规教育一样，是"与人的生命有共同外延"的全民终身教育概念的组成部分。会议建议在制定政策时重新考虑成人教育的内容及其与其他各种形式和类型教育的互补性和相互衔接，加强它们之间的对话，使不同的学习环境之间互相沟通，形成新的获取知识的方法和有活力的终身学习环境。

会议进一步提出"全民终身学习"的概念，强调学习权、终身学习及学习型社会的重要性，把成人教育和继续教育确定为应引起全球关注的重要事业。会议认为，对扫盲和成人教育的投资是一种有效益的投资，对这个效益的观察不仅要看它对经济增长的直接作用，而且也要看它在提高人的生活质量和促进社会全面发展中的作用。各国政府应摒弃把它视为负担的观点，把扫盲和成人教育纳入社会经济发展的计划之中。

会议指出，在成人教育的各参与者中，政府处于主导地位，必须保证起码的政府投入。会议认为发展成人教育应采取政府与民间相结合的方法，动员全社会力量共同办学，让各类非政府组织和公民等各方面参与制定、组织、管理和评估成人教育计划的全过程。

会议建议，充分利用图书馆、博物馆等文化机构以及传统社区组织的作用，以形成大众学习服务的网络。会议强调，成人教育要特别注意特殊群体的需要，尤其是妇女、残疾人和少数民族的需要，使政府在制定扫盲和成人教育的计划时充分考虑他们的想法和需要。成人教育应帮助人们更好地把握自己的生存环境和生活质量。会议还建议，在探讨成人教育中引用新的信息和传播技术的可能性，开辟新的形式和途径。会议还建议发起联合国"成人学习周"活动和支持"每日一小时学习运动"等。

2. 第六届国际成人教育大会与《贝伦行动框架》

第六届国际成人教育会议于 2009 年 12 月 1～4 日在巴西帕拉州贝伦市举行，这是第一次在南半球发展中国家举办的会议，超过 1500 名代表与会，154 个国家派出代表团。超过 200 个国家按照联合国教科文组织的统一要求提交了报告。参与会议的国家数和议题的丰富程度都是历届之最。

这次会议有三个目标：第一，大会将促进国际社会进一步认识成人学习和教育是终身学习的重要组成部分和有利因素；第二，突出成人学习和成人教育在实现当前国际教育和发展议程等方面的关键作用，将成人学习和教育与现有国际和国家政策议程结合起来；第三，做出承诺，制定各种执行工具，以便从口头转向行动。大会再次强调，教育也是成年人的人权。

重要的会议文件有《全球成人教育报告》和《贝伦行动框架》。根据《全球成人教育报告》，126 个国家（占 82%）表示已经有了直接或者间接的关于成人教育与学习的政策。根据《贝伦行动框架》的背景陈述，全球性的挑战在于"不平等的日益扩大已成为我们时代的主要特征"。

在《贝伦行动框架》中，各会员国做出了四点承诺：创建并维持使各级公共行政当局、民间社会组织、社会合作伙伴、私营部门、社会和成人学习者和教育者组织参与制定、实施和评价成人学习和教育政策及计划的机制；采取能力建设措施，以支持民间社会组织、社会和成人学习者组织建设性地和有根据地参与政策和计划的制订、实施与评价；促进和支持部门间和部委间的合作；促进跨境合作，实施和构建实用知识共享和创新实践方面的项目与网络。

六　联合国教科文组织《教育 2030 行动框架》要点

2015 年 11 月 4 日，在联合国教科文组织举行的第 38 次教科文组织大会上，《教育 2030 行动框架》发布，教育的使命被扩大至全纳、公平、有质量的教育和增进全民终身学习的机会。

1. 给每个人公平的机会

《教育 2030 行动框架》的创新点在于，通过终身学习增加或扩大教育机会，保证全纳与公平、教育质量和学习成果。通过《仁川宣言》，教育界根据整体的发展框架树立了新的教育目标。新教育议程关注全纳与公平，即给每个人一个公平的机会，不让任何人掉队。所有人，不论性别、年龄、种族、肤色、民族、语言、宗教、政治及其他政见、国籍或社会出身、财产状况，无论是残障人士、移民、原住民，还是青年和儿童，尤其是处于弱势或被边缘化的人，都应当有机会接受全纳与平等的优质教育，并享有终身学习的机会。

到 2030 年，教育体系将招收数以亿计的儿童及青少年来完成基础教育（学前教育、小学教育及初中教育），并为全民提供平等接受高中及高等教育的机会，同时提供儿童早期教育和保育来确保他们日后长期的发展、学习及健康。教育还要确保所有儿童、青年及成人学习并掌握读写等相关技能。目前，迫切需要开发贯穿一生的灵活技能与能力，因为人们需要在一个更加安稳、可持续、相互依存的知识型及技术驱动型的世界里生活和学习。

《教育 2030 行动框架》建立的原则：教育是一项基本人权和适应性

权利。为了实现这项权利，各国必须确保每个人公平地接受全纳的优质教育和学习，接受免费义务教育。教育应当致力于个性的全面发展，增进相互理解、包容、友谊及和平。教育是一项公益性事业，国家是责任的主体，国家的作用是制定和调整规范及标准。民间团体、教师及教育工作者、家庭、青年及儿童在实现优质教育中都起着重要作用。性别平等与全体教育权利密不可分。实现性别平等要以权利为途径，来保证女童和男童、妇女和男人获得完整的教育，且公平地完成教育。

2. 2030 年七大目标

目标 1：确保所有青少年完成免费、公平及优质的小学和中学教育，并获得有效的学习成果。各国应落实政策和法规，确保提供 12 年免费的、公共资助的、全纳的、公平的、有质量的初等教育和中等教育，其中至少包含 9 年义务教育。

目标 2：确保所有儿童接受优质的儿童早期发展、保育及学前教育，从而为初等教育做好准备。

目标 3：确保所有人负担得起优质的职业技术教育和高等教育。国家应制定职业技能发展和高等教育间的跨部门政策；建立有效的伙伴关系，特别是公共部门和私营部门之间的合作；确保高等教育资格的可比性及认可度，促进高等教育机构间的学分转换；利用资助和技术运用，制定提供优质的高等教育远程学习政策及计划，包括互联网在线课程及其他符合公认的质量标准的方式；制定促进高等教育研究能力发展的政策，鼓励学生尽早接触科学、技术、工程和数学（STEM）等领域；加强高等教育及研究项目的国际合作，这包括在全球及区域公约框架内互认高等教育资格；发展职业教育、高等教育及成人教育，为所有年龄段的人提供教育培训机会；包括大学在内的高等教育机构应当支持和促进政策的发展。

目标 4：全面增加拥有相关技能的人员数量，该技能包括为就业、获得体面工作及创业的职业技术技能。确保工作者和学习者的流动性，保持培训计划与变化的劳动力市场需求同步；创建在正式及非正式场景中灵活的学习途径，并设置相应的衔接课程、职业指导和咨询服务。

目标 5：消除教育上的性别差异，确保残疾人、原住民和弱势儿童等弱势群体享有平等接受各层次教育和职业培训的机会。提供远程教育、信息通信技术培训,并建设必要的基础设施;确保使用多源数据和信息,包括来自教育管理信息系统和相关学校及家庭的调查;收集关于残疾儿童的数据,对不同的残疾和障碍人群进行分类和评估,并利用数据来建立制订计划和政策的指标体系。

目标6:确保所有青年和绝大部分成年人具有读写和计算能力。扩大有效的成人读写能力和技能项目,并建立在他们丰富的经验和实践之上;促进信息通信技术的使用;开发读写能力评估框架和工具,来评估学习成果。

目标7:确保所有学习者获得必要的知识和技能以促进可持续发展,确保教育为可持续的生活方式、人权、性别平等、促进和平和非暴力文化的发展、文化多样性及可持续发展做出贡献。让学习者和教育者参与社区和社会;确保教育承认文化在实现可持续发展中所起的关键作用;支持可持续发展教育和全球公民教育;确保可持续发展教育和全球公民教育存在于所有教育形式之中,促进和平和非暴力文化的发展。

3. 保障终身受教育权

全民全纳教育应该得到基本的保障,应该通过实施具有变革性的公共政策,应对学习者的多样性需求,解决教育机会不平等、少数人群被边缘化、教育质量不一致和人群歧视等问题。

关注教育质量和学习质量。各国必须通过具体措施来提高教育质量,增加教育机会。各国教育机构应该有充分公平的教育资源,有安全便利、环境友好的教育设施,有足够的优质教师和教育者,使用以学习者为中心的教学方法,有各种书籍和学习材料,有开放的教育资源和技术。这些都能促进全球学习者接受全纳教育。各国应当制定学习质量评估体系,保证教育评估的监测过程和结果的有效性。在认知和非认知领域,教育部门必须明确相关的学习成果指标,并将其作为教学和学习过程的一部分来持续评估。

促进终身学习。所有年龄群体都应该有机会接受教育。各国应通过制度策略和政策,将所有人的终身学习嵌入教育系统,并渗透教育的各个层级,这要求政府要为所有年龄段和各个教育层级的人提供多样、灵活的学习途径、入学机会和重新入学的机会,加强正式教育机构和非正式教育机构之间的联系，加强通过非正式教育机构获得知识、技能和能力的验证和认证。终身学习还包括接受优质技术、职业教育和培训的公平机会，接受高等教育和研究的公平机会，并得到相应的质量保证。

第二节　学习型社会文化

学习型社会文化是在终身教育与终身学习文化以及学习型组织文化基础上发展起来的。良好的学习型社会文化为学习型社会建设提供了有利的发展环境，能促进社会的可持续、包容性健康发展。在学习型社会文化中，学习型城市文化占有重要的地位。联合国教科文组织分别联合中国教育部和北京市人民政府、墨西哥城市政府举办了两次学习型城市国际大会，积极推动全球学习型城市建设，在我国产生了很好的社会影响。

一　学习型社会

学习型社会（Learning Society）一词在中国曾被翻译成"学习社会"和"学习化社会"。

1. 赫钦斯的《学习型社会》

1968 年，美国芝加哥大学前校长、著名学者罗伯特·赫钦斯（R. M. Hutchins）出版了《学习型社会》（*Learning Society*）一书，该书首次提出了"学习型社会"的概念。书中指出，对所有成年男女，仅经常为他们提供定时制的成人教育是不够的。除此之外，还应以成长及人格的构建为目的，并以此目的制定制度，还要以此制度来促使目的实现，由此建立一个朝向价值的转换及成功的社会。这个社会便是学习型社会。

赫钦斯将学习型社会理解为"自我实现的社会"，"人得以成为人的社会"。他认为，机器能够完成古希腊雅典的奴隶成为少数幸运者所做的一切，使每一个现代人都成为真正意义上的自由民。学习型社会的美好前景一定能够实现。一个经由教育而走向文明、人得以成为人的世界共同体最终是有可能的。

赫钦斯对学习型社会的界定主要体现在四个方面。一是在教育时间观上，学习型社会要求人人都必须终身学习。在赫钦斯看来，教育是使人成为人的过程，这是需要每个人终身不断地学习才能实现的。二是在教育对象观上，学习型社会不把成年男女排除在教育对象之外。在学习型社会，接受教育是每个人的基本权利，而且人人都能无差别地享有自由教育。把自由教育的对象扩大到每一个人，这是赫钦斯作为一个自由教育思想的忠实倡导者和践行者的理想。三是在教育目的观上，学习型社会以培育人性为目标，人力居于次要地位。赫钦斯认为，经验应该由生活来提供。四是在教育社会观上，学习型社会的教育要超越社会并引导社会。在赫钦斯看来，唯有人才是教育与社会发展的主题。

赫钦斯在《学习型社会》第一章中得出的结论是：现在可以有把握地说，最实用的教育就是最理论化的教育。此外，赫钦斯关于学习型社会的主张还与闲暇时间增多这一社会现象相关。他认为社会急剧的发展变化使得学习型社会成为必要，而闲暇时间增多则使学习型社会成为可能。正是美国的社会发展状况使赫钦斯充满信心地在《学习型社会》一书中写道："在 21 世纪，教育或许可以最终实现自身的目的。"所谓教育自身的目的，赫钦斯在《学习型社会》一书的引言中再次明确了自己的观点，"教育没有实用的目的，教育不把生产基督教徒、民主斗士、共产主义者、工人、市民、法国人或商人作为自己的目标。教育的兴趣在于通过发展人的心智而促进人的发展，教育的目的是人性，而非人力。"在赫钦斯看来，新的社会条件不仅使任何人能够平等享有自由教育，而且对社会现实需要和社会长远发展趋势来说，自由教育将被证明是最为实用的教育。

2. 兰森的学习型社会观点

兰森是英国伯明翰大学教育学院教育学教授。第二次"学习型社会"研究的高潮出现在英国，兰森的研究应该说是其中最具典型性的。他研究学习型社会的主要成果集中在 1998 年他主编的《处在学习型社会》（Inside the Learning Society）一书中。在他为该书专门撰写的论文《学习型社会研究综述》中，兰森较为系统地分析了前人的研究成果，将学习型社会的基本内涵概括为以下四个方面。

首先，学习型社会是一个需要了解其自身特点和变化规律的社会。兰森认为，学习型社会就是一个不断变化的社会。为了适应社会的快速变化，人们就必须把学习放在生活的中心位置，知道怎样学习才能超越在传统社会秩序下所形成的追求稳定感的心理倾向，社会及其组织机构应强调灵活性、弹性结构、多中心、交错网络和反馈回路，以利于自我改造和加强学习。

其次，学习型社会是一个需要改变其教育方式的社会。兰森说："如果社会要朝向学习型社会方向发展，正规教育机构就需要有一个根本性的变化，以防止它们把教育封闭起来，人为地把教育与日常生活过程相分离和过分狭窄地定义教育的对象。"具体来说，在学习型社会，学校教育的教学过程会有很大的不同：一是焦点应放在学而不是教上，特别是要反对过分强调课堂上说教式的教学；二是技术革命将走进学校，支持学习的过程；三是课程的重点将由历史、地理之类的以了解特定内容为目的的学科转向语言、数学之类以掌握相应技能为目的的学科；四是儿童将通过学习教育学的知识更多地了解自己，教育更加需要学习的主动性和自我主动开展一些学习活动；五是教育的个人化使教师的作用发生了转变，从说教者变成学生的学习需要和学习进程情况的诊断者。

再次，学习型社会是一个全员参与学习的社会。在学习型社会，教育不仅是给年轻人准备的，也是面向全体公民的，并贯穿于每个人的一生。兰森认为，正规教育的设备和官僚主义的作风不可避免地造成教育与实际生活脱节，这就等于瓦解了多数人进入学校教育体系的动机与兴趣。学习型社会教育的一个重要特点是，教育不能与积极的生活相隔离，真正的教育是通过"做"来实现的，教育就是"做"。学习型社会就是"从做中学的社会"。兰森也主张解决教育与实际生活过程脱节的问题，需要肯定实际参与是有价值的社会学习，在学习的每个阶段，学习什么和如何学习都要有学习者的参与。只有这样，才能充分利用整个社会的教育资源；也只有这样，才能实现全员参与学习。

最后，学习型社会是一个学会民主地改变学习条件的社会。学习型社会涉及的不仅是教育问题，而且学习型社会的建立需要具备多方面的社会条件，其中一个非常重要的方面是真正的民主。兰森比较赞同杜威的观点，认为民主具有独一无二的潜力来调和个人与集体的目的，民主不是衡量每个人是否平等地享有优先权的工具，民主提供了一种社会组织的形式，延伸到生活的各个领域与方面。只有在这样的社会，个人的全部能量才能得到补充、维持和有所指向，社会公民经过教育才能具备参与学习社会的能力。学习型社会只能在教育民主的基础上才能产生。

兰森对学习型社会研究的独特之处就在于，他揭示了传统教育的政治、经济与技术原理。一是体现在他认为传统教育改革所依赖的普遍原则——教育应放在优先的地位以服务于国民经济发展的需要——本身就存在着问题。"如果社会真正要解决教育所面临的问题，解决问题的方案仅局限于数量的扩张或对现存的教育体系进行修补是不够的，它需要改革教育的组织原则，从工具与技术理性走向学习型社会的道德与政治原理，使教育目的由经济兴趣转移到培养合格的社会公民。"二是兰森认为，如果不把学习型社会理解成一种新的社会形式，这个概念就没有什么意义。他说："许多研究学习社会的人都把自己置身于一个有限的框架内，他们宁愿探讨个体学习的新形式，也不愿涉足新的社会形式的教育。但对我们来说，学习型社会这个短语指称的是一种不同的社会形式。如果所有的社会都是学习型社会，那么这个短语就没有什么意义。我们认为，学习型社会是一个不得不设法使自己成为一种不同的社会形式的社会，如果她要影响正在进行着的社会改造。"

3. 胡森的学习型社会观点

胡森是学习型社会研究的中坚力量。他认为，教育改革应放在广阔的社会背景中进行，"教育计划人员所面临的问题不仅仅是教育学问题，这些问题事关社会正义、民族经济和如何为一个终身学习已成为紧迫任务的快速变化的社会做好准备等问题，在一个快速变化的社会，教育问题如此重要，以至于不能把它完全交由教育工作者来处置"。

胡森对学习社会研究的一个非常显著的特点是，当其他学者积极宣扬学校教育外其他教育机构和教育形式的时候，他一直潜心于研究传统的学校教育如何进行改革。他认为，适应变化社会的需要，对教育进行改革的任务关键是要批判地认识学校的组织化特性，而无须废除学校。

关于如何创建学习型社会，胡森认为，首先是参与教育的学习者在人数上应有较大的扩张；其次是要有适合的技术以支持知识量的激增和信息的流通、储存以及检索；再次是需要个别化教育以发展适合于每一个学生的教育计划。胡森认为学习社会的教育目的，应是为青年人成为良好的普通公民做准备，因此学校需要提供通识教育和职业训练的基础。

胡森将学习型社会的基本特征概括为四个方面：一是接受教育有相应的社会地位作为保障；二是所有的人将不会受到经济与社会的种种阻碍，而享有平等的教育机会；三是学生将参与涉及自身学习的教育计划的决策过程；四是由于技术的发展，知识的交流将发生革命性的变化。

4. 其他观点

1972 年，联合国教科文组织在《学会生存》中明确提出把学习型社会作为寻求未来社会形态的概念而使用。该报告认为，"一个社会既然赋予教育这样重要的地位和这样崇高的价值，那么这个社会就应该有一个它应有的名称——我们称之为学习型社会。"

1973 年，美国卡内基高等教育委员会发表报告《迈向学习型社会》认为："学习型社会是指个人在家庭、学校、社会、工作场所或其他教育训练机构进行学习的活动，实现再学习的理想社会。"

1990 年，英国学者贾维斯（Peter Jarvis）认为，学习型社会是在此社会中，提供所有社会成员在一生中的任何时间，均有充分的学习机会。每个人均能通过学习，充分发挥自己的潜能，达成自我的实现。他认为，学习型社会中的学习是一个动词，因此不能够成为一个描述社会的形容词。学习型社会并非是"一个从事学习的社会"。因为学习就其定义而言是一种个人行动，而社会不是一个人，或一件事物。社会不会通信、认识或学习，只有人才能够那样做。

至今，学习型社会一词最初概念的内涵已经得到了发展，从开始的关注社会为人的学历教育之外的教育提供社会制度保障，再到人的全面发展和社会进步，再到新的社会形态的形成……国外很多学者各自根据自己的研究给予了丰富的诠释。

二　欧盟与学习型社会

欧盟作为学习型社会的引领国家群，在学习型社会的理论研究和实践方面有很多成果和成功的经验值得我国学习与借鉴。例如，《教与学：迈向学习型社会》《终身学习备忘录》和欧盟成人教育计划就是比较著名的文献。

1.《教与学：迈向学习型社会》

1995 年，欧盟发表了《教与学：迈向学习型社会》。它将终身学习视为最重要的教育发展焦点，其核心观点是对教育与训练形成新的认知与方法，提出了推进终身学习的具体举措：一是促进新知的获得，提高知识学习的总体水平，建立专门的研究中心和职业培训中心以及企业和商业部门的欧洲网络系统，以测定最为重要的知识需求和必不可少的关键技能；寻求最佳的认证方式，包括测试方法、评估软件、评估者资质等；建立个人技能卡，以及成员国之间高等教育课程学分的互认制度，推动人才的自由流动。二是促进学校与企业界紧密结合，形成欧洲学徒培养网络中心，开发多样化的学徒培训形式。三是通过学校提供第二次机会，促进社会统合，要求学校努力做到聘用优秀教师，提高薪酬待遇，制定合适的教学进度，应用多媒体以及小班教学增加知识获得的方式。四是坚持一种质量标准，推广欧盟会员国三种语言，学习掌握多种语言，使人们互相之间更加容易接近，并发现不同的文化和心态，以激发个人思维的敏捷性。五是兼重物力资本投资与人力资本投资，鼓励公司和地方政府进行实质性的无形投资；要求公司投入的培训资金有效地用于个人中断学业后所希望学习的知识与技能培训项目。

2.《终身学习备忘录》：多渠道提供学习的支持系统

欧盟于 2000 年在里斯本召开的高峰会议中，强调要促使欧洲成为世界上最具竞争力与活力的知识经济体系。据此，欧盟执委会于同年 10 月提出了《终身学习备忘录》，这份文件提出了几项议题作为讨论实现终身学习的架构：一是人人具备新基本技能。保障人们普遍且持续学习，以习得并更新技能，进而促进在知识社会中的参与。新基本技能是指积极参与知识社会与经济所需之能力，包括信息科技能力、外语、科技文化、就业能力以及社会技能等。二是更多的人力资源投资。提升人力资源的投资层级，将欧洲人民视为最重要的资产。尊重多样性，提出建立个人学习账户制度，使个人可以自己掌控学习。三是广辟途径，以促进学习参与及对学习成果的认可，尤其是对非正规学习与非正式学习的认可。充分利用人力资源，并将资格证书作为评价的重要因子。四是学习辅导与咨询的再思考，确保人人在欧洲以及生活中获得有关学习机会的讯息与学习咨询。五是便利的学习位置。在社区中，利用电视会议、国际互联网，保证提供尽可能与学习者活动位置靠近的终身学习与培训机会。

3. 欧盟成人教育计划：借助网络推动学习资源共享

苏格拉底第二期成人教育计划。该计划在 2000 年至 2006 年实施，该计划主要包含以下几个方面：发展教育机构间的合作关系，发展新形式的培训及教学计划；提供在职训练补助，让相关人员有机会到国外进行 1 ~ 4 周的交流训练活动；开办学术研讨与学术网站，针对成人教育的特定政策或议题，建立学术网站，彼此交换资讯。

2007 年至 2013 年的最新教育计划。2004 年，欧盟将教育政策的重点放在终身学习的相关计划上。在前期成人教育计划的基础上，又提出了新内容：第一，确保成人学习者获得适当的协助与指导，包括安排企业参访、就业安置、资源支持、学习者及教学者跨国性的交流互访；第二，以多国参与的伙伴关系共同推动成人教育合作计划；第三，以网络作为职业成人教育相关学术研究交流的媒介。

三　学习型城市

1. 学习型城市的观点

联合国教科文组织的观点。联合国教科文组织全球学习型城市网络认为，学习型城市应当是一个致力于实现高质量全民终身学习的城市，它能充分发挥所有民众的个人潜能，致力于工作场所的可持续发展，复苏社区活力，促进社会各界互动交流，充分利用本地区及国际合作伙伴的创新价值，负责任地履行其环保义务。通过这些行动，它能够充分利用城市的各项资源以实现个人成长、文化繁荣、社会稳定、经济增长和可持续发展。

国外学者的观点。著名学者诺曼·朗沃斯（Norman Longworth）认为，学习型城市有七个特征：一是学习信息。学习信息的呈现要具有吸引力，让想学习的民众易于接触使用，让不在意的民众很容易被吸引，让不感兴趣的民众容易被引诱而产生兴趣；二是学习资源。城市内各公立、私立终身学习机构建立策略性伙伴关系，提供各项学习资源，包括学习场地、学习设备、课程教材、教师人才等；三是学习科技。运用科技与场域的可近性激发市民学习欲望，突破各项学习障碍，使用多元媒体教材及网络信息科技，将学习者的学习由被动化为主动；四是学习领导。市民在参与过程中，逐渐发展出规划终身学习活动的领导人才，使其成为推动扩展的角色，并培训担任城市终身学习教师角色从事学习咨询，让小区能发展成为真正的学习型小区；五是市民参与。主动倾听全体市民的学习需求并提供机会满足需求，进而丰富学习文化，鼓励市民建立自己的技能、知识及才华等数据库，并与他人分享个人的资源以对城市生活及文化做出贡献；六是学习环境。城市本身也是学习的重要资源和学习环境，学习型城市将会激发小区和其中的所有家庭学习，举办各种庆典活动、展览、游园会等活动，提供活泼与生活化的学习环境，以促进市民的学习习惯，并能形成学习文化；七是生活能力。学习型城市并非只是要求市民参与学习活动，更重要的是要让民众具备应付生活问题的能力，而就业谋生能力乃成为最重要的生活能力，在快速变迁的社会中具有适应能力。

　　2. 学习型城市的发展

　　学习型城市并非现代才兴起的理念与行动，世界上许多国家的城市，大约在公元 900 年至公元 1300 年前，就已经成为大部分市民参与的文化与学习的中心。只是在当时并未提出学习型城市的用语，直到学习型社会的理念发展后，"学习型城市"的专业术语才广为使用。

　　起步于教育城市。在 20 世纪 70 年代，OECD 资助一项建立教育城市（Educating Cities）的计划，并从会员国中邀请了 7 个城市，包括加拿大的埃德蒙顿（Edmonton）、欧洲的哥德堡（Gothenburg）、维也纳（Vienna）、爱丁堡（Edinburgh）、日本的挂川（Kakegawa）、澳大利亚的阿德莱德（Adelaide）以及美国的匹兹堡（Pittsburgh）。然而，学习型城市系统化理念的提出及其实务的发展，则是 20 世纪 90 年代中期以后之事，尤其是受到 OECD 与欧盟的积极推动之影响。学习型城市的发展，促进了城市运用终身学习进行城市再造，并且在各城市、乡镇与小区之间进行最佳实务的交流。OECD 在 2000 年积极倡导了学习型城市与区域的理念及其实务。在 2001 年出版的《新学习经济中的城市与区域》（*Cities and Regions in the New Learning Economy*）研究专辑中，该书以 5 个区域与城市为个案研究对象，进而指出社会资本影响个人学习与组织学习。个人与组织具有能力，积极参与不同种类的学习历程，已经被视为促进经济发展的一项决定性因素。此外，在进入 21 世纪后，为积极拓展学习型城市的理念与实务，欧盟执委会提出了"迈向欧洲学习社会"（Toward European Learning Society）的学习型城市推动计划，以有效实现学习型城市的理想。此外，欧洲城市联盟（EUROTIES）多年来亦积极致力于欧洲学习型城市网络的建立，以促进欧洲城市的创新。

亚洲国家后来居上。在亚洲国家中，中国、韩国、日本、越南、菲律宾等国的诸多城市在推动学习型城市的概念与实务方面甚为积极。例如，韩国体会到建立学习型城市的重要性与紧迫性，并为了全面迎接可预期的未来全球性挑战，从 2001 年开始，即积极从事与支持终身学习型城市的发展。2001 年发布了建立终身学习型城市计划，并指定 3 个城市作为终身学习型城市；2002 年新增 3 个城市；2003 年又有 5 个城市加入终身学习型城市计划。到 2006 年，韩国共有 54 个终身学习型城市；2007 年则又增加为 76 个终身学习型城市；2015 年 9 月已经达到 136 个。①

开展合作交流。学习型城市伙伴关系与合作网络的发展，向来为欧盟所重视。欧盟许多城市每年通过伙伴关系的方式，举办盛大的学习节（Learning Festivals）活动，并将之视为庆祝与促进学习的途径。目前已经有一些学习型城市与区域建立了国际合作关系，例如国际教育城市学会（International Association of Educating Cities）。在欧洲有几个学习型城市与区域的网络获得欧盟执委会的资助，其中包括由 30 多个城市所组成的英国学习型城市网络。学习型城市与地区这一理念并不仅仅强调个人学习，同时亦重视组织学习。不断地创新是提升竞争力的关键。最有效的创新产生于机构的环境内，在此环境内，学习透过组织间密集的信息交流，同时各种组织间存在着稳定且相互信赖的关系。此外，组织间成功的沟通网络基于组织内有效率的信息交流及充分的社会互动，因此组织必须发展成为学习型组织。基于学习经济的理念，学习型城市与学习型地区均应获得充分发展，这可以促进城市经济的永续发展。再如，欧洲城市联盟（EU-ROTIES）多年来致力于欧洲城市学习网络的建立，联盟的愿景乃是通过

---

① 根据韩国终身教育研究院 2015 年 9 月在第二届学习型城市国际大会上提交的资料《Make It Happen Together! Lifelong Learning Cities》。

有效率的城市学习，建立一个可持续发展的未来，让所有公民均能享有良好的生活质量。欧洲城市联盟提供了一个良好平台，通过论坛、工作团队、计划、行动与活动，促使会员城市得以分享知识理念，开展经验交流，分析共同问题以及探讨解决方案。

四 两届学习型城市国际大会

1. 首届学习型城市国际大会与《北京宣言》

经国务院批准，2013 年 10 月 21～23 日，教育部与联合国教科文组织、北京市人民政府在北京联合举办了首届学习型城市国际大会。大会的主题是"全民终身学习：城市包容、繁荣与可持续性"。该会召开的目的是要"建立一个世界各城市参与的学习型城市建设交流与合作平台，探讨如何利用城市资源推动全民终身学习、维护社会公平、平等、和谐及创造城市可持续发展的未来"。

国务院副总理刘延东女士出席大会开幕式并致辞。联合国教科文组织总干事、国际组织官员、各国教育部门官员、市长、专家等 102 个国家的500 余名代表（其中国际代表 300 人）出席大会。大会取得的重要成果是通过了《北京宣言》和《学习型城市关键特征》（*Key Features of Learning Cities*）两个重要文件。

笔者有幸参与了该会的前期策划，参与了为我国领导人起草大会致辞以及起草教育部领导的主旨演讲稿，并作为正式代表全程参会，对《学习型城市关键特征》第一稿提出了修改建议。

与会代表在《北京宣言》中做出了以下十二项承诺：增强个人能力和社会凝聚力；加强经济发展和文化繁荣；促进可持续发展；促进从基础教育到高等教育的包容性学习；振兴家庭和社区学习活力；促进工作场所学习；推广应用现代学习技术；提高学习质量；培育终身学习文化；加强政治意志和承诺；改善监管和所有利益相关者参与；提高资源调配和利用效率。

《学习型城市关键特征》。在首届国际学习型城市国际大会上公布了由联合国教科文组织终身学习研究所于 2013 年 7 月 1 日完成的《学习型城市关键特征》，这份文件对学习型城市的主要建设目标、主要建设任务和基本条件做出了要求。其中包含有一级指标 3 条和二级指标 12 条，其内容如下。

学习型城市建设目标：提升个体能力，促进社会和谐；促进经济发展，繁荣城市文化；可持续发展。

学习型城市的主要建设任务：全面提高从基础教育到高等教育的入学率；激活社区学习；提升职业培训和工作场所学习的效率；扩展现代学习技术应用；改善并优化学习质量；创造充满活力的终身学习文化。

学习型城市的基础条件：愿景及坚定的政治意愿和承诺；治理和各界参与；发展潜力。

2. 第二届学习型城市国际大会与《可持续学习型城市墨西哥城声明》

2015 年 9 月 28 日至 30 日，联合国教科文组织联合墨西哥城市政府共同主办了第二届学习型城市国际大会，主题是建设可持续学习型城市。来自联合国教科文组织 95 个成员国的市长、教育官员、教育和终身学习专家、国际组织和非政府组织以及私人机构人士 650 多名代表出席会议，大会通过了《可持续学习型城市墨西哥城声明》。中国教育部职业教育与成人教育司副司长出席了大会，并在会上表示，推进学习型城市建设是中国建设学习型社会、实现中国梦的重要支撑。36 名中国代表分别来自教育部、北京、上海、杭州等地的相关机构以及北京教育科学研究院、中国成人教育协会、中国传媒大学等单位。

大会目的。大会目的是在全世界推进建设可持续发展的学习型城市进程和拓展场所设施，对提升社会凝聚力、经济和环境承载力做出贡献。大会为全球城市提供交流学习型城市建设的特长、学习其他城市的经验、建立合作与协同增效作用的机会。大会也总结了全球学习型城市在社区开展学习型社区建设的情况，介绍了自首届学习型城市国际大会以来各国学习型城市建设的进展，对那些运用学习型城市方法取得可喜进展的城市予以奖励。

人们普遍认识到，学习在城市增长中成为推动社会、文化、经济和环境向好的驱动器。给予各年龄段市民学习新技能、获得新能力的城市发展创新战略将推动该城市转变为学习型城市。

这次大会已成为"建设可持续学习型城市"的又一座里程碑。通过全体会议、平行的市长论坛、主题论坛和地区论坛，参会者加深了对发展可持续学习型城市的理解。

大会重要收获。一是大会发表了《可持续学习型城市墨西哥城声明》。该声明指出，要以2013年《北京宣言》《学习型城市关键特征》为基础，进一步推进全球学习型城市建设。各国政府应完善相关法律架构，促进全民学习、终身学习，支持学习型城市的发展；各城市应确保所有市民均享有终身教育的权利和机会，并制定切实可行的落实方案和措施；各组织、各部门之间应发挥联动作用，健全终身学习机制；私营企业与民间团体应积极参与，帮助改善教育质量，提供更多的教育机会，营造良好学习氛围；各城市应以联合国教科文组织建设学习型城市指导方针为战略导向，全面推进学习型城市建设。声明强调，联合国教科文组织应不断扩大其学习型城市的全球网络，并确保该网络的多样性和包容性；同时，应设立联合国教科文组织学习型城市双年奖，对推进学习型城市建设中取得突出成就和贡献的城市给予奖励。二是联合国教科文组织为全球12个优秀案例城市颁奖。获奖的12个优秀案例城市分别是：中国北京市、墨西哥首都墨西哥城、澳大利亚Melton、巴西Sorocaba、埃塞俄比亚Bahir Dar、芬兰Espoo、爱尔兰Cork、约旦首都安曼、巴拉圭Ybycui、菲律宾Balanga、韩国南杨州市、英国斯旺西市。

《可持续学习型城市墨西哥城声明》。该声明的要点是可持续学习型城市建设的十大战略方向和八项行动呼吁。

十大战略方向：（1）要保证教育和终身学习的发展提升世界团结感及个人和社会的责任感。这要求各城市鼓励市民采取行动，建设更加安全、更具适应能力、更具包容性的社区，从而为社会融合做出自己的贡献，同时还要求各城市加强公民参与、提升人们参与决策的能力并要求负有责任的利益相关方就其承诺和行动切实承担责任。（2）要实施能够提升环境管理意识的终身教育战略。这要求各城市激发市民保护自然环境、与气候变化做斗争并采用可持续的生产与消费模式。（3）要提供创新、多元、灵活的教育和终身学习机遇，提升市民对健康相关知识的认识，从而使其更好地掌握自己的健康状况并培养出对他人的关爱和支持。此外，还要保证那些能够积极作用于市民健康和福祉的结构性和环境因素落到实处。(4)要保证市民能够充分享有清洁用水、卫生和能源等公共资源，因为这些是参与教育和终身学习的前提条件。(5)要使所有市民都得益于并推动可持续且具包容性的经济增长。这要求各城市为市民提供权利上可享有且经济上可负担得起的教育和终身学习机遇。在这一过程中，各城市要有效运用信息通信技术及现代学习技术，创造市民需要的知识、技能、价值观和态度，从而协助市民找到富有成效且充满成就感的工作并充分参与社会。(6)要让所有市民尤其是土著居民、妇女、残疾人、难民和流浪者之类的弱势群体参与学习型城市建设，并将其置于学习型城市倡议活动的中心。要培养社会、经济和政治的包容性，保证所有市民均能获得主张其权利所需的读写能力和基本技能，而无论其年龄、性取向或经济、文化、宗教、民族背景如何。(7)要深入包括卫生、教育、艺术文化、体育娱乐、交通运输、社会福利、城市规划、住房旅游等在内的不同部门，打造政府、私营部门与公民社会之间的合作关系。(8)吸引青年作为积极、有益的利益相关方积极参与学习型城市建设。(9)言行一致地接纳和践行诸如尊重人与自然之类的基本伦理价值观，推动市民、流动人口和难民及邻市居民的人权。(10)要将文化和艺术作为学习型城市的重要支柱，并保证所有城市居民和来访者均参与其中。[①]

八项行动呼吁：(1)本次大会的参与者充当终身学习的推动大使，而学习型城市则继续为彼此提供支持和指导。(2)联合国教科文组织继续扩大学习型城市全球网络(Global Network of Learning Cities)，并保证该网络的包容性、多元性和开放性，从而使联合国教科文组织成员国内的那些愿意实施《学习型城市的关键特征》这一文件的所有城市均能加入其中。此外，呼吁联合国教科文组织学习型城市全球网络在行动中与城市发展领域的其他联合国组织倡议保持同步，并充分利用其他组织开发的指标。(3)联合国教科文组织监测学习型城市的建设进展，承认学习型城市建设经验的多元性，认可优秀的终身学习活动，并对在实施《学习型城市的关键特征》这一文件过程中取得了突出进步的城市颁发两年一度的联合国教科文组织学习型城市奖章(UNESCO Learning City Award)。

---

① 参见北京教育科学研究院职业与成人教育研究所苑大勇副研究员 2015 年 10 月的翻译稿。

(4) 各国政府和城市遵循《联合国教科文组织学习型城市建设指导》，确立支持学习型城市发展的法律框架，建立涉及所有部门的协调架构，并在所有政府层面提供预算拨款，以强化大众化、高质量的教育和终身学习活动。(5) 政府支持青年人参与学习型城市的建设。(6) 地区教育组织就地区和国际网络及学习型城市之间合作伙伴关系的建立与联合国教科文组织终身学习研究所进行合作。(7) 私营部门将终身学习作为其公司教育责任的一部分并赋予其优先地位，同时呼吁公民社会组织为大众化、高质量教育、培训和终身学习机会的提供贡献自己的力量。(8) 所有市民都努力成为积极的学习者，为学习进程贡献力量，并在将其社区建设成能够提供免费、开放的电子和纸质书籍及文化艺术活动的学习型社区的过程中扮演积极角色。①

3. 参会主要体会

一是对两届大会的比较和感受。第二届大会与首届大会比，从规格上不如首届高，首届有中国政府的副总理出席开幕式并致辞，中国教育部和北京市人民政府为联合举办方，而第二届参会领导人仅有墨西哥城的市长，墨西哥城为联合举办方。第二届大会在时间上、认识上有了更加充分的准备，交流形式更加多样，交流更加充分。因为两年前已经选定了墨西哥城，有了东道主的积极承诺，加之有了首届大会的办会经验，第二届会议的专题会议形式和场次更加多样，增加了 3 个主题论坛，参与交流发言的人数更多，达 73 人次，涉及五大洲的 40 个国家。

二是从全世界学习型城市建设案例中精心挑选出北京等 12 个城市的先进案例。总结先进经验并授以"双年奖"是第二届大会的最大亮点。"双年奖"的设立使各国学有榜样，借鉴有依据，将激励更多的城市按照《学习型城市关键特征》的指标，结合本城市的实际建设学习型城市。

三是许多城市在《北京宣言》和《学习型城市关键特征》的指引下明确了前进的方向，更多的城市投入学习型城市建设的进程之中，更多国家开始重视本国学习型社会和学习型城市的建设。中国的教育部等 7 部门

① 参见北京教育科学研究院职业与成人教育研究所苑大勇副研究员 2015 年 10 月的翻译稿。

发布《关于推进学习型城市建设的意见》就是一个很好的例证。

四是中国在学习型城市建设方面走在了世界的前列。具体表现：2002年党的十六大就提出了建设学习型社会，党的十七大、十八大持续提出建设学习型社会，习近平总书记更提出中国要永远做一个学习大国的号召；教育部等 7 部门发布《关于推进学习型城市建设的意见》；涌现出北京、上海等一大批学习型城市建设的典型，并形成案例；积极与联合国教科文组织共同举办首届学习型城市国际大会，本次会议中国代表出席人数为36 人，占与会代表人数的 1/10，有 5 位中国代表被安排在大会开幕式、市长论坛、主题论坛、地区论坛上发言，占代表发言人数的 8.8%（大会共 73 人次发言），并产生了很好的反响；北京的评价指标研究和应用在大会上成为突出亮点；中国代表团在会上提供了《关于推进学习型城市建设的意见》《中国学习型城市发展 2015 年报告》《北京 2013 首届学习型城市国际大会（宣传册）》《学习型城市发展指标体系的研究》《北京教育科学研究院职业教育与成人教育研究所（简介）》和《上海终身教育研究院（简介）》6 份书面资料，资料数量独占鳌头。（韩国提供了 4 份资料，未见其他国家提供资料）

五是韩国在终身学习型城市建设方面提供了有益的经验。韩国在2013 年首届学习型城市国际大会上就发布了较多典型资料，而且在会议上有 3 名韩国代表发言，韩国国家终身教育研究院的发言以及在会上分发的 4 份书面材料有很好的借鉴价值。特别是该院还与联合国教科文组织终身学习研究所联合编写了《释放城市社区的潜能——12 个学习型城市的案例研究》，是本次大会的重头文本（北京市的经验被编入其中）。

六是墨西哥等发展中国家建设学习型城市的积极性高涨。墨西哥城的市长两年前亲自参加了在北京举行的首届学习型城市国际大会，并积极争得第二届学习型城市国际大会的联合主办权。在第二届大会上，除以大会主席、东道主等身份在大会上发言外，墨西哥还有 7 位代表专门发言，成为本次发言代表人数最多的国家，为全体代表提供了丰富的经验和体会。墨西哥城的市长在本次大会上庄严承诺将继续积极推进学习型城市建设，受到与会代表的热烈欢迎。墨西哥城还热情好客，精心安排大会的接待工作，体现出重视学习型城市建设国际交流的积极态度。

第三节　学习型组织文化

学习型组织文化是在传统组织文化基础上经过学习型组织理论创新和实践改造后，形成的新型的具有创新精神和竞争力的组织可持续发展文化。这种文化不仅能推动组织快速健康发展，还注重组织成员的全面发展以及如何在组织中通过与组织共同奋斗，实现共同愿景，活出生命的意义。

一　组织文化

组织文化是指组织全体成员共同接受的价值观念、行为准则、团队意识、思维方式、工作作风、心理预期和团体归属感等群体意识的总称。组织文化有广义和狭义之分，广义的组织文化是指组织在建设和发展中形成的物质文明和精神文明的总和。狭义的组织文化是指组织在长期的生存和发展中所形成的为组织所特有的，且为组织多数成员共同遵循的最高目标价值标准、基本信念和行为规范等的总和及其在组织中的反映。

组织文化的要点：创新、协作、严谨、忠诚、诚信、温情。组织文化的特征：意识性、系统性、凝聚性、导向性、可塑性、长期性。组织文化的形式，按其内容可以分为显性和隐性两大类。显性组织文化是指那些以精神的物化产品和精神行为为表现形式的，人通过直观的视听器官能感受到的、符合组织文化实质的内容。它包括组织的标志、工作环境、规章制度和经营管理行为等几部分。隐性组织文化是组织文化的根本，是最重要的部分，包括组织哲学、价值观念、道德规范、组织精神等方面。

组织文化的结构可以划分为四个层次：精神层、物质层、行为层和制度层。精神层是组织在长期实践中所形成的员工群体心理定式和价值取向，是组织的道德观、价值观即组织哲学的综合体现和高度概括，反映全体员工的共同追求和共同认识，是组织文化的核心和灵魂。物质层是组织文化的表层部分，是形成组织文化精神层和制度层的条件；行为层是组织经营作风、精神风貌、人际关系的动态体现，包括组织经营活动、公共关系活动、人际关系活动、文娱体育活动中产生的文化现象，也是组织精神、核心价值观的折射；制度层是组织文化的中间层次，把组织物质文化和组织精神文化有机结合成一个整体，是具有组织特色的各种规章制度、道德规范和员工行为准则的总和，主要包括组织领导体制、组织机构和组织管理制度三个方面。

二　学习型组织理论

1. 彼得·圣吉与《第五项修炼——学习型组织的艺术和实务》

美国的佛睿斯特教授在1965年提出"学习型组织"的构想。彼得·圣吉1990年写的《第五项修炼——学习型组织的艺术和实务》（*The Fifth Discipline：The Art and Practice of the Learning Organization*）（以下简称《第五项修炼》）1994年被译成中文。该书被认为是一本探讨个人及组织生命的书，它让人们看到个人及组织中潜藏的几种巨大力量来源。当掌握了这些力量时，个人的生命空间会变得很大，如此方能成为一个全神贯注于自己真正想做的事又兼顾生命中最重要的事的"学习者"，组织也因此脱胎换骨成为"学习型组织"。

彼得·圣吉认为，学习型组织是一个不断创新、进步的组织。在其中，大家得以突破自己的能力上限，创造真正向往的结果，培养全新、前瞻而开阔的思维方式，全力实现共同的抱负以及不断学习、与组织共同进步。它是能够设法使各阶层人员全心投入，并有能力不断学习的组织；它具备比竞争对手学习更快的能力；它是一个促使人们不断发现自己如何造成目前的处境，并加以改变的地方。学习型组织的真谛：活出生命的意义。单是适应与生存是不能满足组织的，它必须与开创性的学习结合起来，才能让大家在组织内由工作中活出生命的意义。它是分权、打破科层的组织，是注重员工的幸福与成长，并能兼顾公司利润的组织。

2. 学习型组织的学习、困难与领导角色

学习型组织的学习理念。什么是学习型组织的学习？学习主体是指组织和团队；学习是一个始终的过程；学习涉及生存的意义；必须不断反思目前认为最正确的想法；学习与工作密不可分（工作学习化、学习工作化）；组织学习＝反馈＋反思＋共享。

学习型组织学习的困难，即"七大智障"为：一是局限思考；二是

归罪于外；三是缺乏整体思考的主动积极性；四是专注于个别事件；五是不能敏捷地发现减慢袭来的致命危险；六是从经验学习的错觉；七是管理团队的问题。

学习型组织中的领导应该是设计师，是愿景的仆人（受托人）和员工的教师。这个领导对组织的学习负责，设计组织的政策、策略和系统，整合愿景、价值观、理念、系统思考以及心智模式，设计学习的过程，并要永远忠于自己的愿景，由追求自己的愿景开始，通过聆听别人的愿景，加深对愿景的责任感。领导者个人的愿景变成一种召唤。领导者要帮助成员确信愿景是真的，在事件、行为变化趋势、系统结构和使命等方面影响人们，重点在后两者，他使众人了解形成改变的系统力量，了解如何促进每一个人学习。

精熟"五项修炼"，是创造学习型组织、挥别传统威权控制型组织的先决要件。"五项修炼"既是指导创建学习型组织的理论，也是创建学习型组织的技术条件、路径或方法。

三　五项修炼

五项修炼是指，敢于自我超越、改善心智模式、建立共同愿景、开展团队学习、进行系统思考。

1. 敢于自我超越

敢于自我超越是建设学习型组织的"五项修炼"中的第一项修炼。自我超越的修炼是学习者不断厘清并加深个人的真正愿景，集中精力，培养耐心，并客观地观察现实。它是学习型组织的精神基础。精熟自我超越的人，能够不断实现他们内心深处最想实现的愿望，他们对生命的态度就如同艺术家对艺术作品一般，全心投入、不断创造和超越，是一种真正的终身"学习"。组织整体对于学习的意愿与能力，植根于个别成员对于学习的意愿与能力。自我超越的修炼是以厘清对我们真心向往的事情为起点，让我们为自己的最高愿望而活。自我超越是个人成长的学习修炼。具有高度自我超越的人，能不断扩展他们创造生命中真正心之所向的能力，以个人不断学习为起点，形成学习型组织的精神。自我超越的精义便是学习如何在生命中产生和延续创造性张力。"学习"的意思在这里并非指获取更多的资讯，而是培养如何实现生命中真正想要达成的结果的能力。它是开创性的学习。除非组织里每个层次的人都学习自我超越，否则无法建立学习型组织。

高度自我超越的人具有共同的基本特质。他们对愿景所持的观点和一般人不同。对他们来说，愿景是一种召唤及驱使人向前的使命，而不仅是一个美好的构想。同时，他们把目前的真实情况，看作盟友而非敌人。他们学会如何认清以及运用那些影响变革的力量，而不是抗拒这些力量。他们具有追根究底的精神，将事情的真相一幕幕地廓清。他们倾向于与他人、同时也与自我生命本身连成一体，因此并不失去自己的独特性。他们永不停止学习。但是"自我超越"不是你所拥有的某些能力，它是一个过程、一种终身的修炼。他们会敏锐地警觉自己的无知、不足和成长极限，但这却绝不会动摇他们高度的自信。

自我超越的修炼：建立个人愿景；保持创造性张力；看清结构性冲突；诚实地面对真相；运用潜意识。没有人能够被强迫发展自己的自我超越，如果这样做，保证一定会产生相反的结果。组织如果太过积极地推动内部人员的自我超越，可能会碰到很大的困难。领导者可以营造一种员工可在其中锻炼自我超越的气氛。

2. 改善心智模式

改善心智模式是建设学习型组织的"五项修炼"中的第二项修炼。心智模式又叫心智模型。所谓心智模式是指深植我们心中关于我们自己、别人、组织及周围世界每个层面的假设、形象和故事，并深受习惯思维、定式思维、已有知识的局限。心智模式这个名词是由苏格兰心理学家肯尼斯·科拉克（Kenneth Craik）在20世纪40年代提出的，并逐渐成为人机交互的常用名词。我们的心智模式不仅决定我们如何认知周遭世界，并影响我们如何采取行动。

在管理的许多决策模式中，决定什么可以做或不可以做，也是一种根深蒂固的心智模式。要在变动的企业环境中持续调适与成长，有赖组织化的学习，这是管理团体改变对公司、市场与竞争者的共有心智模式的过程。

不良的心智模式会妨碍组织学习，如果建立健全的心智模式，它能反过来帮助学习。传统威权组织的信条是管理、组织与控制，学习型组织的信条将是愿景、价值观与心智模式。健康的企业将是一个能够以整体的方式，把人们汇集起来，为现在所面对的任何状况，发展出最完善的心智模式的公司。学习型组织将以组织对于互动关系与变化形态的共同心智模式为基础来作出关键性的决策。

心智模式信条：一是领导者不断改善自身的心智模式，可提升管理的能力；二是不要把自己所偏好的心智模式强加在人们身上，应由人们自己的心智模式来决定如何做，才能够发挥最大的效果；三是员工对于依自己的看法所做的决定有更深的信念，执行也较有成效；四是拥有较佳的心智模式，较易顺应环境的改变；五是群体所能引发的动力和累积的知识高于个人；六是多样化的心智模式造成多样化的观点；七是不刻意追求群体成员之间的看法一致；八是如果过度发挥预期效用，会产生意见调和一致的效果；九是领导者的价值是以他们对别人心智模式的贡献来衡量。

3. 建立共同愿景

建立共同愿景是建设学习型组织的"五项修炼"中的第三项修炼。共同愿景是在人们心中一股令人深受感召的力量。共同愿景最简单的说法是"我们想要创造什么"。共同愿景是组织中成员们所共同持有的意象或景象，是成员都真心追求的愿景。它创造出众人是一体的感觉，并遍布组织，使各种不同的活动融汇起来。刚开始时可能只是被一个想法所激发，然而一旦发展为感召一群人的支持时，就不再是个抽象的东西，人们开始把它看成是具体存在的。一个共同愿景，也反映出个人的愿景。如果你我在心中分别持有相同的愿景，但彼此却不曾真诚地分享过对方的愿景，这并不算是共同愿景。

共同愿景对学习型组织是至关重要的，因为它为学习提供了焦点与能量。在缺少愿景的情形下，充其量只会产生"适应型的学习"，只有当人们致力于实现某种他们深深关切的事情时，才会产生"创造型的学习"。组织中的共同愿景会改变成员与组织间的关系。它不再是"他们的组织"，而是"我们的组织"。共同愿景是使互不信任的人一起工作的第一步，它产生一体感。事实上，组织成员所共有的目的、愿景与价值观，是构成共识的基础。

共同愿景的整合，涉及发掘共有"未来景象"的技术，它帮助组织培养成员主动而真诚地奉献和投入，而非被动遵从。个人愿景的力量源自个人对愿景的深度关切，而共同愿景的力量源自共同的关切。事实上，我们逐渐相信，人们寻求建立共同愿景的理由之一，就是他们内心渴望能够归属于一项重要的任务、事业或使命。

建立共同愿景实际上只是企业基本理念中的一项，其他包括目的、使命与核心价值观。能够激励组织的基本能量有两种：恐惧与希望。负面愿景是由潜在的恐惧力量激发；推动正面愿景的则是希望。恐惧能使组织在短期内产生超乎寻常的变化，但是希望能成为持续学习与成长的源泉。

4. 开展团队学习

团体学习是建设学习型组织的"五项修炼"中的第四项修炼。团体学习是发展团体成员整体搭配与实现共同目标能力的过程。它是建立在发展共同愿景和自我超越修炼之上的。团体学习之所以非常重要，是因为在现代组织中，学习的基本单位是团体而不是个人。除非团体能够学习，否则组织也无法学习。

团体学习的修炼从"深度汇谈"（Dialogue）开始。"深度汇谈"是一个团体的所有成员，摊出心中的假设，彼此用心聆听，以发现远较个人深入的见解，而进入真正一起思考的能力。"深度汇谈"的集会可以让团体聚在一起"演练"汇谈，以及发展它所需要的技巧。这样一个集会包括下列基本条件：一是把团体所有的成员集合起来（这里团体指彼此需要，并一起行动的一群人）；二是说明"深度汇谈"的基本规则；三是厉行这些基本规则，以便在有人发现无法"悬挂"自己的假设时，团体可辨认出现在进行的是"讨论"，而不是"深度汇谈"；四是诚恳鼓励团体成员提出最困难、敏感、具有冲突性而对团体工作非常重要的议题。

经常"深度汇谈"的团体，成员之间会逐渐形成一种独特的关系。虽然这种关系对讨论不一定有所帮助，但是他们发展出一种彼此间深深的信任。他们对每一位成员独特性的观点，逐渐有了充分的了解。另外，他们体会到如何温和地主张自己的看法，而使更广泛的见解逐渐出现。他们也学习如何持有立场，而不被自己的立场所"持有"的艺术。当需要为自己的看法辩护时，他们不会冲动，或固执己见、毫无转圜的余地，或把赢当成第一要务。

团体学习的修炼必须精于运用"深度汇谈"与"讨论"。"讨论"是提出不同的看法，并加以辩护。"深度汇谈"与"讨论"基本上是能互补的。团体学习也包括学习如何避开与上述这两种有建设性的交谈相反的巨大力量。

5. 进行系统思考

进行系统思考是建设学习型组织的"五项修炼"中的第五项修炼。系统思考是用整体的观点观察周围的事物。美国麻省理工学院彼得·圣吉（Peter M. Senge）之所以将《第五项修炼》一书定名为"第五项修炼"而不是"五项修炼"，就是为了突出系统思考在"五项修炼"中对其他思想修炼的统领性作用和加总效应。

学习型组织理论认为，企业（等组织）和人类其他活动一样，也是一种"系统"，也都受到细微且息息相关的行动所牵连，彼此影响着，这种影响往往要经年累月才能完全展现出来。为什么系统思考如此重要，而缺乏它会导致组织学习的障碍？原来当我们面对复杂问题时，总是习于将其分割成可以处理的片段来思考，然后加以整合。一方面，这种先分割再组合的思想是当代思潮的主流，对于许多复杂工作是非常恰当的，而且是必需的。另一方面，分割也使我们丧失了更深入观察整体形成的要素——组成分子之间整体的互动关系，以及其所形成的复杂现象。

四 其他学者的观点①

1. 沃特金斯和马西克的"7C"模型

沃特金斯与马西克通过研究提出了学习型组织的"7C"模型，该模型从个人、团队和组织 3 个层面提出了 7 个维度，即持续学习、对话与探寻、团队学习与合作、系统嵌入、系统联结、授权、提供战略领导，并编制了学习型组织的多维度问卷。

个人层面：持续学习；员工能够将学习融入工作之中，不断地创造学习的机会；对话与探寻；员工不断地交流和探讨，组织给予肯定与帮助，

---

① 胡威、刘松博：《国外学习型组织模型研究综述》，《第一资源》2013 年第 10 期。

以利于学习的进行。

团队层面：团队学习与合作。通过组织小组合作关系进行小组或团队的学习。

组织层面：系统嵌入，组织建构一个合适的学习系统，并使此系统尽量与工作连接从而达到学习资源的共享效果；系统联接，整体的组织学习系统要有效地与外界环境连接，避免学习的进行落后于外在环境的变化；授权，组织充分授权员工，以利于共同愿景的建立，产生学习的动力；提供战略领导，领导支持和鼓励学习，并站在战略的高度思考学习。

该理论系统展现了学习型组织的特征与要素，给希望建立学习型组织的各种组织提供了启示。

2. 马奎特的系统性学习型组织模型

马奎特（Marquardt）提出了系统性学习型组织模型，该模型由5个相互之间呈动态关联和彼此间存有互补性的子系统联合组成。5个子系统分别是"学习、组织、人员、知识和技术"，它们相互渗透和包容，共同促进组织学习的质量。

学习。在该子系统中，学习作用于个体、团队和组织3个层面，具体包括适应型学习、预见型学习和行为型学习3种。

组织。该子系统是指组织本身所呈现出来的学习状况。它由文化、愿景、战略、组织结构4个部分组成。

人员。该子系统把业务链上所有与组织有关的利益相关者都视为重要角色，包括领导、员工、客户、合作伙伴、供应商和社区等，鼓励他们共同学习。

知识。这一子系统要对组织中的知识进行管理，包括"获取、创造、存储、分析、转移、应用和确认"6个要素。

科技。该子系统包括信息技术、以技术为基础的学习系统和电子绩效支持系统，用以在整个组织中进行知识的获取、储存和传播。

在该模型中，组织、人员、知识和技术4个子系统对于加强和支持学习子系统是十分必要的，反过来，学习子系统也与其他的4个子系统相互渗透。它们对创建和维持组织学习与生产力是必不可少的。这5个子系统之间动态关联，彼此互补。

3. 约翰·瑞定的"第四种模型"

约翰·瑞定（John Redding）认为组织运行包括"准备、计划和推行"3个不同的流程阶段，因此相应地提出了3种模型，即强调变革前的"准备"模型、强调"计划"的模型、强调"执行计划"的模型。在这3种模型的基础上，他基于战略规划理论提出了"第四种模型"，即学习型组织。与以往组织需要先学习再行动的方式不同，该理论认为学习和工作密不可分，学习必须贯彻在整个工作过程之中，并且能够随时在各种各样的变化中及时进行。

该模型中的"持续准备"要求组织与环境保持互动，为变化的环境做好充分的变革准备；"不断计划"是指要根据情况灵活调整既定计划，从而促进学习型组织的构建；"即兴推行"是指组织成员能够随时创造性地变革；"行动学习"是指从行动中学习，学习工作化、工作学习化。

4. 鲍尔·沃尔纳的"五阶段模型"

鲍尔·沃尔纳（Paul Woolner）认为，学习型组织就是"把学习者与工作系统地、持续地结合起来，以支持组织在个人、工作团队及整个组织系统3个不同层次上的发展"。他"通过运用实证研究的方法，从企业教育与培训活动的角度，对许多企业进行了深入观察与分析，并在此基础上提出了学习型组织的发展模式"。

鲍尔·沃尔纳的"五阶段模型"：第一阶段创立型组织；第二阶段发展型组织；第三阶段成熟型组织；第四阶段适应型组织；第五阶段学习型组织。"五阶段模型"反映了在建立学习型组织的5个阶段中，其关注的重点、时间跨度、面对危机的程度和对组织的冲击力的变化。

创立型组织（无意识学习阶段）。这一时期企业处在创业之初，企业面临着一系列迫切需要解决的问题。因此在这一阶段，组织的学习活动一般属于自发和非正规的，基本处于无意识的学习状态。

发展型组织（消费性学习阶段）。这一时期企业从创业阶段逐渐步入正轨，也开始对员工有了更高的要求，会挑选一部分员工交由社会专业教育培训机构委托培训。

成熟型组织（学习引入阶段）。企业为了增强自身的竞争优势，开始有意识地在组织内部开设能够满足自己特定需求的学习项目，用来培养员工某项特殊的技能。但这时期的学习还仅仅是一种职能活动，并没有上升到组织战略的高度。

适应型组织（确定性学习阶段）。在这个阶段，企业的课程设计与开发均进一步趋于成熟，所进行的培训工作都立足于满足组织的特定需求。这个阶段的学习活动虽然与组织战略进行了对接，但没有系统地纳入战略规划之中。

学习型组织（学习与工作完全融合阶段）。这一阶段的学习已成为组织的常规活动，纳入组织各层级成员的工作职责。学习活动已经从个体向团队转变，不断地改善工作绩效。

第三章　我国学习型社会建设

我国的党和国家领导人高度重视学习型社会建设。进入 21 世纪以来，领导人多次发出建设学习型社会的号召。

2001 年 5 月 15 日，江泽民同志在亚太经合组织人力资源能力建设高峰会议上的讲话中提出，构筑终身教育体系，创建学习型社会。他在 2002 年 11 月 8 日在中国共产党第十六次代表大会的报告《全面建设小康社会，开创中国特色社会主义事业新局面》中指出，要形成全民学习、终身学习的学习型社会，促进人的全面发展。

2006 年 7 月 17 日，胡锦涛同志在圣彼得堡出席八国集团同发展中国家领导人对话会议时的讲话中指出，国际社会应注重完善教育体系、提高教育质量，促进终身教育，构建学习型社会。2007 年 1 月 9 日，胡锦涛在中共中央纪律检查委员会第七次全体会议上的讲话中指出，各级领导干部必须牢固树立终身学习的思想，坚持理论联系实际的马克思主义学风，以谦逊的态度、顽强的毅力抓好学习，既从书本知识中学习，又从人民群众的生动实践中学习，努力在建设学习型政党和学习型社会中走在前列。2007 年 10 月 15 日，在中国共产党第十七次全国代表大会报告《高举中国特色社会主义伟大旗帜 为夺取全面建设小康社会新胜利而奋斗》中，胡锦涛同志强调，发展远程教育和继续教育，建设全民学习、终身学习的学习型社会。2012 年在党的十八大报告中，胡锦涛同志提出，积极发展继续教育，完善终身教育体系，建设学习型社会。

2013 年 3 月，习近平同志在中央党校建校 80 周年庆祝大会暨 2013 年春季学期开学典礼的讲话中指出，党的十八大提出了建设学习型、服务型、创新型马克思主义执政党的重大任务。把学习型放在第一位，是因为学习是前提，学习好才能服务好才有可能进行创新。① 他在 2015 年 10 月 29 日中国共产党第十八届中央委员会第五次全体会议上提出，建立个人学习账号和学分累计制度，畅通继续教育、终身学习的通道。

第一节　学习型社会的内涵与特征

我国的学习型社会寓意丰富，意义重大，涉及 2020 年实现全面小康社会的伟大目标，涉及实现中华民族伟大复兴的中国梦。我国的学习型社会文化既有中华优秀传统文化的传承，又有世界先进文化的吸收，还有知识经济时代到来、现代科技飞速发展形成的现代创新文化的融合。这种新型的、学习型社会文化是我国超越自我，屹立于世界民族之林的重要保障。

一　我国学习型社会建设

党的十六大、十七大、十八大强调建设"学习型社会"，《国家中长期教育改革和发展规划纲要 （2010 ~ 2020 年）》提出了到 2020 年基本形成学习型社会的战略目标。党的十六届四中全会提出要建立学习型政党；党的十七届四中全会提出要建设马克思主义学习型政党，使各级党组织成为学习型党组织，各级领导班子成为学习型领导班子。党的十八大报告提出建设学习型、服务型、创新型的马克思主义执政党。国务院文件提出，要建立学习型城市、学习型社区、学习型企业、学习型组织。中华全国总工会等 9 部委开展了全国"创建学习型组织，争做知识型职工"活动。北京、上海、青岛、大连、常州等许多城市开展了创建学习型城市活动。

在中国提及学习型社会建设，总会涉及终身教育理念、终身学习理念、终身教育体系、终身学习服务体系以及各类学习型组织，如学习型企业、机关、学校、医院、团体等"典型性"组织和学习型城市、区县、街道（乡镇）、社区（居委会、村）等"区域性"学习型组织，以及学习型家庭与知识型职工、学习型市民等。

---

① 人民网，http://cpc. people. com. cn/n/2013/0303/c64094 - 20656845. html。

中国共产党第十六次代表大会提出，要建立"全民学习、终身学习的学习型社会"。因此，学习型社会也可以被理解为"全民学习、终身学习、时时和处处可以学习的社会"。

学习型社会理论有狭义和广义之分，狭义的学习型社会理论仅包含终身教育理论、终身学习理论，主要就是指全民终身学习；广义的学习型社会理论包括终身教育理论、终身学习理论、学习型组织理论以及社会的发展与创新。中国建设学习型社会的理论还包含中国特色社会主义理论作为指导。

我国有学者认为，学习型社会，指的是以社会学习者为中心，以学习和教育为最基本职能，以终身教育体系和学习型组织为基础，以形成终身学习文化为基本特征，能保障和满足社会成员学习基本权利和终身学习需求，从而有效地促进社会成员全面发展和社会价值得以充分实现，以及社会可持续发展的一种开放、创新、富有活力的新型社会。即一个中心（社会学习者）、两个目的（促进社会成员全面发展和社会价值得以充分实现、促进社会可持续发展）、三个关键性要素（学习型组织、终身教育体系和终身学习服务体系、终身学习文化）。

1997年，台湾学者胡梦鲸提出："所谓学习化社会是指一个人人均能终生学习的理想社会。在此社会中，学习者的基本权利能够获得保障，教育机会能够公平地提供，学习障碍能够合理地去除，终身教育体系能够适当地建立。学习社会发展的目的，是要提供一个理想的学习环境，实现每一个人的自我天赋潜能，使其做一个自己想要做的人。"

笔者认为，学习型社会是继农业社会、工业社会、后工业时代的信息时代和知识经济时代之后人类发展出的又一个新的社会形态。它将自然资源开发和人力资源开发结合起来，并把人力资源的开发作为推进经济社会发展的基本途径。它由两大支柱构成，即由"终身学习服务体系"和"各级各类学习型组织"组成。它的学习主体不仅是全体公民，还包含各级各类组织。学习型社会是通过科学发展的途径，达到促进人的全面发展、组织和社会的全面进步的目标。"学习型社会"一词由一开始引导国家和社会关心人的后半生教育、学习与发展，拓展为人与社会科学发展、和谐发展、全面发展的新型经济社会发展形态，是更高层次的、更先进的社会形态。

二 我国建设学习型社会的重大意义

改革开放以来，伴随我国的经济高速发展，社会发展越来越受到重视。特别是进入 21 世纪以来，学习型社会建设逐渐被提上了我国社会建设的议事日程。学习型社会建设已经成为全面建设小康社会的奋斗目标之一。这是中国共产党和全国人民在新世纪我国社会发展方向上所做出的重大战略选择。这是顺应世界经济发展趋势、实现跨越式发展、建设创新型国家的迫切需要，是富有时代特征的英明决策。它从本质上把握了人类社会进入 21 世纪后经济和社会发展的基本特征，也抓住了新世纪、新阶段中国面临的新任务、新发展。建设学习型社会就是应对经济全球化、信息网络化、科技高新化的各种挑战，动员和组织全国人民，为全面建设小康社会，为构建社会主义和谐社会提供的重要思想框架、精神动力和智力支持。建设学习型社会这一任务是社会发展的必然选择和历史性突破。

1. 建设学习型社会有利于加快实现中华民族伟大复兴的中国梦

实现中华民族伟大复兴，是中华民族近代以来最伟大的梦想。在新的历史时期，中国梦的本质是国家富强、民族振兴、人民幸福。在中国共产党成立 100 周年时全面建成小康社会，这是中国梦的第一个宏伟目标；在中华人民共和国成立 100 周年时建成社会主义现代化国家，这是中国梦的第二个宏伟目标。实现中华民族伟大复兴的中国梦，是中国各族人民的共同愿景。为此，我们要坚持把发展作为第一要务，坚持以人为本，坚持改革开放，全面推进经济建设、政治建设、文化建设、社会建设、生态文明建设，促进各个方面、各个环节协调发展。建设学习型社会有利于实现中华民族伟大复兴的两个"百年中国梦"，有利于人民幸福和促进人的全面发展。

2. 建设学习型社会是全面建设小康社会的重要目标

党的十六大报告在关于全面建设小康社会的目标中指出，要"形成全民学习、终身学习的学习型社会，促进人的全面发展"。这表明，学习型社会是我国全面建设小康社会的重要目标之一。党的十七大报告、十八大报告以及十八届五中全会一再强调，要在 2020 年实现全面建设小康社会的奋斗目标。我们把建设学习型社会视为全面建设小康社会的重要任务，是把学习型社会作为全面小康社会的一个特征来看的。建成学习型社会就是达到该全面小康社会整体目标中的一个方面。

3. 建设学习型社会是构建和谐社会的重要切入点

实现社会和谐，建设美好社会，始终是人类孜孜以求的社会理想，也是包括中国共产党在内的马克思主义政党不懈追求的社会理想。根据马克思主义基本原理和我国社会主义建设的实践经验，根据新世纪、新阶段我国经济社会发展的新要求和我国社会出现的新趋势、新特点，社会主义和谐社会应该是民主法治、公平正义、诚信友爱、充满活力、安定有序、人与自然和谐相处的社会。

构建社会主义和谐社会，要努力实现其民主政治、公平正义、诚信友爱、充满活力、安定有序、人与自然和谐等基本特征，这有赖于公民的思想道德、知识修养、文化业务素质的提升，还有赖于各种社会组织及其成员的学习水平与受教育水平的提升。以全面提升中华民族素质为宗旨的学习型社会建设有助于完成这一巨大的历史性任务。构建社会主义和谐社会的重点在于解决人与人、人与社会、人与自然之间的矛盾，重点要解决人民群众最关心、最直接、最现实的利益问题。是否拥有学习权、全面发展权是人与人发展差距与利益矛盾的根源之一。学习型社会作为一个倡导公民拥有平等的学习权、全面发展权的社会，是一个不依靠过度开发大自然资源而是靠开发人才资源创造财富的社会。建设学习型社会有利于实现社会主义和谐社会以人为本和关注人的平等权利和全面发展的理念。因此，只有通过建设学习型社会，促进人的全面发展，才能加快社会主义和谐社会建设。

4. 建设学习型社会是建设创新型国家的重要基础

创新是一个民族进步的灵魂，是一个国家兴旺发达的不竭动力。创新是引领发展的第一动力。必须把创新摆在国家发展全局的核心位置，不断推进理论、制度、科技、文化等各方面的创新，让创新贯穿于党和国家的一切工作，让创新在全社会蔚然成风。

创新的基础是学习。要在 2020 年建成创新型国家，建设学习型社会可为其提供三个方面的支撑：一是通过学习，使我们进一步解放思想、转变观念，善于思考，在全社会形成孕育创新意识、激发创新活动、催生创新成果的风尚，形成创新精神和创新文化；二是通过学习，使我国的创新体制得到变革，使制度创新、企业创新、管理创新、科技创新跟上时代的步伐；三是通过建设学习型社会，有利于营造各类创新型人才苗壮成长和施展才华的宏观与微观环境，搭建人人会学习、能创新的社会平台，引导社会成员自主学习、创造性学习，不断提升创新素质与能力，培养造就一支宏大的有创新精神与创新能力的人才队伍。

5. 建设学习型社会有利于加强中国共产党执政能力建设

没有中国共产党就没有新中国。新中国成立以来 60 余年的发展充分证明了中国共产党具有领导全国人民建设幸福家园的能力。中国今后要实现全面建设小康社会、和谐社会和创新型国家等战略目标，关键在于中国共产党的领导和党的执政能力的提高。面对社会环境、执政条件和国人思想的深刻变化，各级党组织和领导干部要想不辱使命、不负重托，再创佳绩，就要不断学习，就要在工作中掌握各种新知识，进而不断提高科学判断形势的能力、驾驭市场经济的能力、应对复杂局面的能力、依法执政的能力和总揽全局的能力。建设学习型社会是党的政治领导的重要内容与任务，学习型、服务型、创新型的马克思主义执政党建设包括党的执政能力建设。要建设学习型社会就必然要求建设学习型政党，以学习型社会的全民学习、终身学习，促进人的全面发展为核心理念的学习型政党建设是加强党的执政能力的长效机制与高效机制。从此种意义上讲，建设学习型社会有利于加强中国共产党的执政能力建设。

6. 建设学习型社会能促进教育体制改革和加快人力资源开发

中国是一个人口大国，人均资源相对不足。在这种背景下，中国坚持走和平发展的道路，实现社会主义现代化和中华民族的伟大复兴，就必须把人口大国的劣势转化为人力资源大国、人才资源大国的优势。因此，我国教育多元化、多层次和社会化的任务非常繁重。现在中国的人力资源面临的突出问题是：第一，人口老龄化迅速加快。随着老龄化程度的加快，我国相当一部分岗位可能面临着人员短缺的问题，将来政府还必须承担更多老年人口基本生活保障的问题。第二，地区差距较大。长江三角洲、珠江三角洲、渤海湾工业区等区域经济发展较快，而广大中西部地区，拥有着丰富的能源和劳动力资源，却未能发挥其应有的优势。同时我国还要面对人口对经济承载的压力，贫富差距对社会承载的压力，生产生活方式对资源承载的压力，人口总量对环境承载的压力等，这些问题都可能使中国人力资源问题更加复杂。

开发人力资源，关键在教育。要制定实施适合我国国情的人力资源开发战略，必须从国情和现状出发。变革教育理念、创新教育体系，推进学习型社会建设。学习型社会是包含人人学习、终身学习的学习理念、具有良好学习氛围和教育机制的社会。学习型社会的建设，必将推进教育理念的变革和教育体系的完善，为人的发展奠定重要的基础。

7. 建设学习型社会能推广先进组织发展模式和提升组织管理水平

管理是推动先进生产力发展的重要因素。不断提升组织管理水平，关键在于掌握和运用先进的管理理论。今天人类发展的速度很快，新的管理理论也不断应运而生，学习型组织理论是当今世界最前沿的管理理论之一。

事实表明，学习型组织作为未来成功的组织发展模式，学习型组织理论作为全新的成熟的管理理论以及创建学习型组织的实践产生的大量成功案例，已在中外学术界、管理界、教育界形成了较大程度的共识。学习型社会的主要构成是各种学习型组织，学习型社会的形成在很大程度上依赖于学习型组织的创建进程。如果各类组织不努力创建学习型组织，形成学习型社会将会成为一句空话。

三　我国学习型社会建设的特征

1. 学习型社会的基本特征

学习型社会的基本特征主要表现在以下 6 个方面。一是学习理念深入人心。"学习已成为社会的核心理念之一"，并渗透社会的方方面面和每位社会成员的意识之中。每个单位、每个组织、每个人都具有强烈的学习意识，把学习视为一种生活方式和手段，作为生活的有机组成部分。二是学习行为具有全员性、全程性。学习成为全体社会成员的终身行动，无论是组织和个人，无不置身于持续学习之中，学习活动成为社会的风尚。三是学习机会平等。学习型社会能保障和满足每一位社会成员，特别是社会中处境不佳的困难人群和特殊人群的学习基本权利和终身学习需求，真正体现学习者的主体地位。四是学习和教育成为社会最基本的职能。整个社会构建了完善的终身学习服务体系，超越学校教育的范围，把教育的功能扩充到整个社会的各个方面。五是学习活动无障碍。整个社会以学习者为中心，学习和教育作为社会的最基本职能，终身学习服务体系又得以完善，因而学习型社会不仅是一个为社会成员终身学习而动员的社会，而且也是一个学习活动得以保障的社会。六是学习、创新、发展成功转化的社会。学习型社会最基本的品格在于为每一民众提供了一个理想的学习、创新、发展的社会环境，每个人可以在促进社会可持续发展中，终身学习得到保障，创造潜能得以充分开掘，创造才智得到充分施展，自身的社会价值得以充分实现。

2. 学习型社会的价值取向

学习型社会的价值取向是发展，其中包括个人发展、社会组织发展和社会整体发展。多元发展是学习型社会的发展特征。简言之，学习型社会的价值取向是，顺应并推进社会发展，促进人的全面而自由发展。人们开始意识到，只有不断学习、终身学习，才能适应并促进人类文明的发展，才能保持人与社会的动态平衡。尽管人的发展与社会发展是相互决定的，是互为条件的，然而，从归根结底的意义上说，人的全面而自由发展则是人类社会历史发展的最终目的。人的潜能得以充分开发，人的素质得以整体提升，人的创造力得以充分发挥，人的社会价值得以充分实现，人得以全面而自由地发展，应作为学习型社会建设和发展的根本取向和最高价值。

3. 学习型社会的形成基础

学习型社会的形成基础主要包含以下 3 大方面。

以终身学习为导向的新学习文化的形成。一是以终身学习为核心理念；二是以学习者为本；三是以能力发展和创新为重点；四是强调组织学习文化的发展；五是多种学习形态并存并都受重视；六是各种文化相互联结和融合；七是网络学习成为重要的学习方式。

终身教育体系和终身学习服务体系的构建。终身教育体系的构架由两部分构成：就教育系统内部而言，就是构建纵向衔接、横向沟通、纵横整合的一体化的教育体系；就教育系统与外部环境协调发展而言，就是这种一体化社会大教育体系的构建。同时，包含社会学习平台、社会学习资源和社会学习等各种支持条件的建设。

各类学习型组织的创建。各类学习型组织是学习型社会的基本要件，学习型社会实质就是由一个个学习型组织构成的。没有一个个学习型组织的创建，也就没有学习型社会的形成。中国的学习型组织建设有学习型家庭、学习型企业和事业单位、学习型政府（机关）、学习型社区、学习型城市、学习型乡村建设以及独具特色的学习型政党和学习型党组织建设。

4. 学习型社会的形成动力

学习型社会的形成动力主要有以下六个方面。一是科学技术的快速变革和发展。当前，知识发展和更新的速度明显加快，学习、运用和创造知识的能力正在取代土地、资源等传统生产要素在经济中的重要地位，成为经济和社会发展的最重要动力。现代科技的不断变革和快速发展，增强了人们终身学习的紧迫性，铸造了学习的终身属性。二是社会信息化趋势的引领。在经济和社会领域广泛应用信息技术，实现信息化，人们如果不能不断更新和丰富自己的知识结构，就可能成为信息时代下的"功能性文盲"。三是社会经济转型和发展的加速。知识产业、知识信息劳动者、知识对经济增长贡献率比重激增，以此带动社会就业结构以及从业人员岗位的变动，成为营造学习型社会的内在动力机制。四是国家政策的强力支持。党的十六大、十七大、十八大把建设学习型社会作为全面建设小康社会的目标之一。党和国家的政治意志与广大民众的内在意愿相结合，已成为建设学习型社会的强大动力。五是全球化步伐的加快。经济全球化使各国、各民族、各地区在政治、文化、科技、军事、安全、意识形态、生活方式、价值观念等多层次、多领域相互联系和相互影响。从创造知识、应用知识到人力竞争、人才竞争，关键都在于教育与学习。六是休闲社会的临近。人们为了生存需要花费在生产劳动的时间越来越少，闲暇时间越来越多，人们越来越有条件和机会去学习他们想学习的知识。

5. 学习型社会构建模式

学习型社会构建模式是指在学习型社会建设之前选择的或在建设过程中逐步形成的一整套较为便于总结和梳理的建设思路、方法、途径等的集合体。中国的学习型社会构建模式受中国特色社会主义建设理论和中国共产党领导的影响，我国学习型社会建设实践基本上形成了一套在国内比较公认的基本构建模式。其基本建构模式从大城市到小社区基本一致，即"党委领导、政府主导、各界合作、全民参与"的构建模式。对于典型的组织（如机关、企业、学校、医院、科研院所、社团）而言，学习型组织建设绝大多数也是"在党组织的领导下，行政主导，多部门协作，全员参与"的模式。

6. 学习型社会建设的指导思想

学习型社会建设的指导思想主要包含以人为本、党和国家关于社会建设的战略思想、终身学习理论和系统理论四个方面。

以人为本。以人为本思想包含：人是发展的根本目的，人是发展的主体和根本动力，发展的成果惠及人民。"一切为了人""一切依靠人""一切归人民共享"，这三者的统一构成了"以人为本"的完整内涵。

党和国家关于社会建设的战略思想。学习型社会建设是小康社会建设的重要内涵和目标，小康社会建设又是学习型社会建设的背景和动力。

终身学习理论。学习，是学习型社会的核心理念和内在动力，终身学习理论应是学习型社会建设的理论基础。终身学习应成为学习型社会的核心理念之一，终身学习应成为社会成员的基本生活方式。

系统理论。人们对客观世界的研究，已从单值的考察发展到多值的研究；从对单一目标函数的考察发展到对整体结构的研究。以系统论为指导考察问题，已成为现代思维的常用方法。学习型社会是一个系统，建设学习型社会是一项复杂的社会系统工程。学习型社会建设要取得整体效益最佳化，必然要以系统论基本原理——整体相关性为指导。

7. 学习型社会建设原则

学习型社会建设原则主要有创新、因地制宜、分步推进和分类指导、动态调节四个原则。

创新原则。一是创新思想渗透创建学习型社会的各个方面、各个环节和各种活动之中，形成"学习——变革——创新——发展"的创建主轴线；二是以创新理念指导新学习文化的形成；三是在学习型组织建设中使创新成为创建学习型组织的价值取向、重点内容和评价尺度；四是将创新精神贯穿于终身教育体系建设之中。

因地制宜原则。每个区域的地理位置、自然条件、人文历史、经济社会发展水平，以及社会成员结构和职业构成等差异较大，因而各地区所要解决的社会问题势必有其差异性。据此，我国建设学习型社会必须从每个区域的区情出发，在一定时期内，提出各具重点和特色的学习型社会建设战略规划和战略对策。

分步推进和分类指导原则。创建学习型社会是由非学习型社会→准学习型社会→初级学习型社会→高级学习型社会的转化发展过程。据此，在建设学习型社会时，应分阶段推进。区域间、城乡间的不平衡必然导致学习型社会建设的差异性，包括建设的目标、特点、重点、模式等方面均有所区别。所以，我国建设学习型社会应坚持分类指导，切忌"一刀切"。

动态调节原则。建设学习型社会，涉及众多因素，而这些因素又是动态可变的，因而建立在原有的因素基础上制定的建设规划和方案，就需要动态调节，以适应变化的内外环境。

8. 学习型社会建设战略

学习型社会建设战略包含基本战略、战略目标和战略重点三大部分。

学习型社会建设的基本战略。置入式战略：在推进社会主义现代化进程中建设学习型社会；以城带乡战略：建立健全"以城带乡"的长效机制；区域统筹战略：建立健全区域内外协调互动发展机制。

学习型社会建设的战略目标。到 2020 年我国基本形成学习型社会的目标：学习型组织创建活动基本普及，终身教育和终身学习服务体系基本完善，终身学习文化初步形成，社会成员的整体素质、文明程度和生活质量显著提高，社会充满创新精神、活力而又安定和谐，总体上形成初级形态的学习型社会。

学习型社会建设的战略重点。从动力而言，以形成由"要我学"转化为"我要学"的内动力开发机制为重点；从战略机制而言，以建立健全区域、城乡协调发展机制为重点；从推进模式而言，以形成"多力合一"推进模式为重点。我国创建学习型社会的经验也表明，创建学习型社会需要由党和政府强有力推动，需要形成"六力合一"整体性推进的运行机制（政府宏观调控力、市场调节力、教育支撑力、社会参与力、基层社区和单位自治力、社会民众主体力）。从基础而言，以创建学习型社区和建设社会化的终身教育体系和终身学习服务体系为重点；从手段和方式而言，以发展以信息技术为核心的现代远程教育为重点；从关键要素而言，以创建各级学习型政党为重点。

9. 学习型社会建设对策

学习型社会建设对策主要有五个方面：一是高度重视终身学习文化的营造。认识其重要意义，制定主要策略，选择有效措施。二是科学构建终身教育体系。形成科学构建终身教育体系的社会共识，协调发展构成终身教育体系的各类教育，纵向衔接与横向沟通形成终身教育"立交桥"，教育系统与其他社会系统沟通协调、紧密合作。三是大力推进社会学习平台和社会学习资源的建设。包括公共图书馆、社会教育基地、公共体育设施、开放的学校，计算机会议、电子邮件、电视电话会议、文件共享、远程应用控制、扫描器和互联网接入等条件，以信息技术为载体的公共学习平台（网上学习平台），非正规学习的文字、图形、影像等形式的学习资料。四是积极推进各类学习型组织的建设。以学习型政党和学习型党组织建设为龙头，积极推进学习型城市、学习型社区、学习型企业、学习型机关和其他类型组织的学习型组织建设。五是强化保障条件。强化学习型社会建设的组织保障、法规制度保障、财政保障、基础设施保障和人才队伍保障。

第二节   学习型社会建设的框架与保障

学习型社会是具有比历史上任何社会更复杂、更具发展弹性和实力的社会，它的框架结构比传统的社会体制更加科学合理，要素更加多元，学习使其具有了很强的自我改进和修复能力。当前，全国各界对建设学习型社会的热情很高，随着我国相关法制建设的加快，政策保障和经费投入力度的不断加强，2020 年基本形成学习型社会的目标是可以顺利完成的。

一   学习型社会建设结构关系

1. 学习型社会建设两大体系框架结构

学习型社会框架架构主要包含以下两个方面：第一，终身教育和终身学习服务体系，该体系整合社会资源，为全民提供满足终身学习的条件、内容和场所。第二，各类学习型组织。各类组织使终身学习在组织中得到普及和保障，促进组织及其成员的可持续发展和全面发展。这两个方面，也可以说是学习型社会的重要支柱（见图 3 - 1）。此外，还要营造促进终身学习的文化，普及终身学习的理念，形成良好的社会氛围。

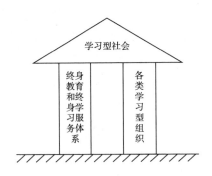

图 3 - 1   学习型社会两大体系结构示意图

2. 学习型社会建设结构关系表

学习型社会建设主要由终身学习服务体系和各级各类学习型组织建设

构成。终身学习服务体系建设则由终身教育体系、终身学习管理与指导机构和终身学习服务社会保障建设所构成；各级各类学习型组织建设则由区域性学习型组织建设和（典型性）学习型组织建设所构成。其结构关系如表 3 – 1 所示。

表 3 – 1 学习型社会建设结构关系

终身学习服务体系	终身教育体系	国民教育体系
		成人院校与教育培训机构体系（含职业教育与培训）
		高等教育院校和机构体系（含高等职业院校）
		高中阶段教育学校体系（含职业高中、中专和技校）
		九年制义务教育学校体系
		学前教育幼儿园与托儿所体系
		非国民教育体系
		党、团、工、青、妇等政治团体教育与培训体系
		军队、武警等国家武装的教育与培训体系
		社会教育体系
		社会文化、科技、政治等教育体系：图书馆、博物馆、科技馆、文化馆、公园、少年宫、纪念馆、影剧院、文化娱乐中心、爱国主义教育基地等向公众开放机构开展的社会教育机构；文化、文艺、体育、休闲、娱乐、生活和健康等内容的专门培训机构
		社会公众传播教育体系：出版社、报社、杂志社、广播台、电视台、网站、短信发布机构等
	终身学习的管理与指导机构	从国家到社区，各级政府设立的终身学习管理机构，学习与发展指导中心（部门）和学习内容与方法的辅导中心（部门）。各级各类组织内部设立的终身学习活动的专、兼职管理机构
	终身学习服务的社会保障	有鼓励和支持每个人学习的法律法规与政策文件；学习费用的投入有保障；社区学习基地与设施设备；学习资料；校外兼职教师和学习指导人员队伍
各级各类学习型组织	区域性学习型组织	学习型城市、学习型区县、学习型街道（乡镇）、学习型居委会（村）等
	（典型性）学习型组织	学习型企业、学习型机关、学习型学校、学习型社团等

二　我国建设学习型社会的基本指标

我国著名学者郝克明等在研究我国建设学习型社会问题时，根据普遍性、中国特色、建构型、协作性的原则，按照"条件——结构——过程——目标"四个基本指标要求，提出了我国建设学习型社会发展指标的基本要点（见表3-2）。

表3-2　我国建设学习型社会发展指标的基本要点

指标	指标要素	评价要点（学习型社会基准水平）
条件指标	经济基础	教育投入占GDP的5%，为国际中等水平
		第三产业从业人口所占比重达到60%
	政治背景	我国政府和民间组织对国际学习型社会建设具有高参与性和发言权
		国家关于学习型社会建设的大政方针设计
	教育资源分布状况	各地大学、中学、小学教育机构生师比分别达到18、13、11以下水平
		每千人有阅览室，每万人有图书馆，每10万人有博物馆
	教育人口分布状况	各地大、中、小学入学率分别应达到30%、95%、99%以上
		所有工作人口参加课程学习的比率应达到30%以上
		接近50%的退休人口在接受有组织的学习
		有90%以上的幼儿能够接受正规的幼儿教育
	学习氛围	包括农村地区的正式劳动力每天有2个多小时阅读
		以各地居民都能获得方便的学习机会为原则
结构指标	国家教育发展政策法律保障	使最贫穷地区获得合格的九年以上的教育
		社会承担继续教育费用占2/3左右
		各地区教育机会特别是优质教育机会不存在显著差别
		私立学校占1/10以上
		90%以上地区推行完全的教师资格证书，教师工资达到社会平均工资水平之上
		社会贷款措施基本完善
	教育发展规划	国家关于教育投入增长计划和教育结构设计
	职业资格证书制度	国家制定各行业技术标准和职业证书基本要求
		各行业形成了自己的职业认定规范和等级标准

续表

指标	指标要素	评价要点（学习型社会基准水平）
过程指标	教育费用与分担	实行基础教育投入国家负责制，职业教育和高等教育地方负责制
		义务教育免费，其他类型教育学费占成本的20% ~ 50%
		社会对继续教育费用承担原则上为1/2 ~ 2/3
		个体业余时间的学习费用占消费的1/10左右
目标指标	学习型个人成长	各地区最低受教育年限为12年，包括农村地区；并实现90%以上无文盲
	学习网络建设	各地辅助教育设施、学习网站基本满足需求，使用率达到50%以上
		全国人均最低拥有报纸、杂志0.5份；每天阅读时间达到0.5小时
	就业率	各类专业教育就业率达到75%以上
	社会流动	保持每5 ~ 8年实现工作岗位流动1次

资料来源：郝克明：《跨进学习社会》，高等教育出版社，2006。本表中还有"指标内容"和"评估指标的政策含义"两个栏目，因考虑篇幅而省略。

三 学习型社会建设保障

1. 学习型社会建设理论保障

学习型社会建设理论保障的广义概念包含学习型社会建设的理论研究运行、研究队伍和研究条件保障、研究成果的应用与推广等方面；狭义概念主要是指不断创新的理论成果的水平能够指导学习型社会建设实践的运行。在此主要强调的是狭义概念。学习型社会建设理论保障要能够做到：一是能认清学习型社会建设产生的脉络、国内外不断变化的时代背景；二是深刻地揭示学习型社会的内涵、基本属性和价值取向；三是可以认清学习型社会建设的基础和动力；四是建立学习型社会形成的基本标志和指标体系；五是明确学习型社会建设的国际参照系；六是总结我国建设学习型社会的进展、成绩和不足；七是明确我国建设学习型社会的指导思想、原则和战略目标；八是确定我国建设学习型社会的重点任务和分阶段任务；九是寻找我国建设学习型社会的有效机制和举措；十是总结提炼我国建设学习型社会的特色，并不断创新发展。

2. 学习型社会建设组织保障

学习型社会建设组织保障是指建立符合中国国情的"全民学习、终身学习的学习型社会，促进人的全面发展"的新型组织管理机构，并能使该机构高效运行。从我国国情出发，应设置一个新型的组织管理机构，即中国学习型社会建设推进委员会（以下简称委员会）。

委员会的性质与定位。委员会由国务院直接领导，从各个相关部门选调主要负责人联合组成，以便调动、协调和指导各部委的工作，使各部门之间能够信息互通，利于学习型社会建设的理念和行动在各部门的相关工作中深入推进，形成统一的、全局性的基本认识，从而利于学习型社会建设工作的整体进行。其办公室设在教育部。

委员会的职责。主要职责为宏观指导、统筹协调、督导评估、条件保障等。具体而言，研究和编制国家学习型社会建设的规划、实施计划；研究和制定有关终身学习、学习型社会建设的政策法规；研究和设置学习型社会建设的基本指标体系，提供全国性的基本指导和参照；协调和促进各相关部门之间的沟通和合作；宣传和推广社会各方在学习型社会建设方面的先进理念、工作经验和优秀成果；督导评估全国和各地区学习型社会建设的进展和不足，发现和消除在制度层面上的带有普遍性的各种障碍；保障学习型社会建设的投入。

委员会的管理方式。可采取政府主导下的社会合作制，通过国家、个人和社会之间的共担和协商，既可以有效调动社会各方的积极性，同时也使学习型社会的建设有更广泛的行动基础。

3. 学习型社会建设法规制度保障

学习型社会建设法规制度保障是指，要从国家到地方都有一整套促进学习型社会建设的法律法规，并能有效执行，保障有力。

国家法规制度。迄今为止，我国在国家层面上还没有一部有关推进学习型社会建设的法律。仅有的相关法规制度和重要文件如下：《中国教育改革与发展纲要》（1993），我国政府首次使用"终身教育"概念；《中华人民共和国教育法》（1995），提出建设终身教育体系；《2002～2005年全国人才队伍建设规划纲要》（2002），提出建设学习型组织、学习型社区、学习型社会；《中国2003～2007年教育振兴行动计划》（2004），提出开展学习型企业和学习型城市的活动。以后的文献没有新的概念突破。

地方法规。福建省人民代表大会 2005 年批准《福建省终身教育促进条例》；上海市人民代表大会 2011 年批准《上海市终身教育促进条例》；山西省人民代表大会 2012 年批准《太原市终身教育促进条例》；河北省人民代表大会 2014 年批准《河北省终身教育促进条例》；浙江省人民代表大会 2014 年批准《宁波市终身教育促进条例》。

4. 学习型社会建设财政保障

学习型社会建设财政保障主要是指承担费用的主体、筹集费用的渠道、费用的管理、使用和使其效益最大化。

第一，要加大政府的基础性投入。为保障全体公民社会公平，国家和政府必须加大对学习型社会建设过程中的基础性投入（即增加国家和政府的直接拨款），如学校基础教育、提升基本知识和能力的继续学习需求、公共文化基础设施和各种资源的基础性网络平台的建设等。为此，必须提高教育经费在国民生产总值中的比重，并合理分配其在不同教育领域的比例。

第二，设计各种资助性工具。按照经费资助的方式，基本上有以下几类。一是成本分担。一般性的贷款：个人向银行或其他金融机构借款，在约定的时间内归还本金并向其支付一定比例的利息；国家助学贷款：这种方式一般针对因家庭暂时经济困难而想继续学习的学习者，贷款的年限一般就是学制规定的基本年限，就学期间可以免息；人力资本合同：人力资本合同是私人投资人力资本的一种形式，即该合同提供者向学生提供贷款，但条件是学生同意毕业后在规定的年限内将收入的一部分回报给提供者；抵押贷款：向拥有足够资产的家庭或个人提供贷款；工资税：工资税通常用来资助雇主提供的培训，公司必须拿出工资总额的一定比例的资金用于雇员培训，较好地保障了职业培训的经费来源，我国规定企业按照工资总额的 1.5% ~2.5% 提取教育经费。

二是政府补贴。教育券：通过这种方式，将资金补助绕过教育服务的提供者而直接送到学习需求者手中，使学习者可以根据自身的情况在公立机构或私人机构之间进行自由选择；个人学习账户：这种方式的一个基本原则是国家、雇主和个人共同分担学习费用，国家对账户的使用和管理有一定的规定；教育储蓄：个人在其中投入得越多，国家也会按照一定的比例给付，为此对学习者有相当的激励作用；学习费用免税：个人按照一定的要求对教育和培训进行投入，此部分投入可以在纳税范围之外。

第三，建立以政府为主的多元化投入机制。成人教育的投资机制总的应体现并遵循"谁投资、谁受益"或"谁受益、谁投资"的原则，形成政府、各级各类成人教育机构、企事业单位、城镇和农村社区、社会组织、举办者多元化投入机制。公益性的成人教育服务，如扫盲教育、社区公民素质教育、国家公务员培训，以及由政府提供经费的其他成人教育服务的成本，应由政府完全承担或主要承担。企事业组织、社会团体及其他社会组织和个人依法举办的成人学校及成人教育机构，办学经费由举办者筹措，各级政府可给予适当扶持或奖励。农民教育中有关扫盲、师资培训、教材编写等方面的费用，由各级教育部门在教育经费中列支。县属农民中专学校、农民技术学校的经费由县人民政府统筹安排；乡镇农民文化技术学校的费用，由县教育经费和乡镇政府统筹解决。各地要设立社区教育专项经费，列入年度财政开支预算，可按常住人口年均若干元标准拨付，逐步建立社区教育经费的投入保障机制。

5. 学习型社会建设人才队伍保障

学习型社会建设人才队伍广义上包括在各级各类学校中从事正规教育工作的教师和从事非正规教育的终身教育工作者，如社区教育工作者、企业培训师、干部培训师、社会培训师等。狭义概念是指从事非正规教育的终身教育工作者。此处学习型社会建设人才队伍保障主要聚焦于后者的队伍建设。

终身教育工作者队伍建设以打造高素质专业化的教育工作者队伍为总目标，解决何谓专业化、专业化需要具备的基本要求，以及终身教育工作者队伍专业化建设策略等问题。我国终身教育工作者队伍的专业化应着重加强以下五个方面的建设。

第一，加强终身教育工作者的专业标准研究与专业共同体的建设。研究终身教育工作者资质，加强专业化标准建设是队伍专业化建设的一项核心的基础性工作。建立专业知识体系，发展、扩大专业实践中的专业技能，制定从事各类终身教育工作的教师专业技术职务标准，设立准入门槛，为这部分教师的聘任、使用、考核、培训、晋升和激励提供基本的专业依据。同时，通过专业伦理的凝聚与形塑，构建具有自律能力和自治能力的专业共同体，不断提高所属专业人员的专业技能，为广大学习者提供有效和高质量的教育服务。

第二，建立终身教育工作者的专业教育与培训体系。大力改造已有成人教育专业，开发相关创新专业，加大对社区教育、企业培训、干部教育等终身教育专业人才的培养力度，将仅仅面向基础教育、职业教育和高等教育教师的教育硕士向终身教育工作者开放，使之成为终身教育工作者系统接受专业教育与专业培训、获得专业成长的摇篮。

第三，发挥政府保障终身教育工作者专业社会地位的干预作用。教育行政部门应尽快制定有关法规，明确终身教育工作者接受专业教育与培训的途径与方式，保障终身教育工作者作为一种专业的市场特许权，保护终身教育工作者的地位。同时，教育行政部门应会同人力资源与社会保障部门依法制定终身教育机构基本的编制标准，建立终身教育职务（职称）系列，加强终身教育机构的岗位管理，创新聘用方式，完善激励机制，激发终身教育工作者的积极性和创造性，维护他们的基本权益，提高他们的待遇，使终身教育成为受人尊重的职业。

第四，营造终身教育机构内部的学习文化。终身教育机构的领导应结合机构特点，营造浓郁的组织学习文化，鼓励本单位终身教育工作者在工作实践中不断进行自主学习、团队学习及行动学习，鼓励专业知识的共享，并为他们创造接受专业教育与专门化培训的机会，以及专业岗位晋升的各种机会。

第五，引导终身教育工作者加强自我学习。各类终身教育机构应积极鼓励与引导终身教育工作者强化主体开发意识，加强自我学习，主动适应转岗所带来的各种挑战与学习机会，自觉发挥主观能动性，通过各种途径的行动学习、反思性学习，不断改善工作实践，提升自身专业能力，并在为学习者提供优质学习服务的过程中，重新认识作为终身教育工作者的工作价值，从中体验自我成长与自我实现的意义。

第三节   我国学习型社会建设的实践

我国的学习型社会建设是在党中央文件精神的指引下，以党中央领导集体带头开展集体学习作表率，以要求党员领导干部学习和全体党员学习带动各界人士学习。在行政方面，由国务院教育部门等相关部门牵头开展学习型社会建设工作。在各地，基本形成了"党委领导、政府主导，各界合作，全民参与"的学习型社会建设模式。

一   中央政治局率先集体学习

改革开放以来，我国经济社会发展速度很快，对国家治理的驾驭要求越来越高，因此，中共中央政治局非常注重集体学习，于2002年建立了集体学习制度，坚持有计划地开展专题学习，平均每隔40多天上一堂专题课。2002年12月26日，第十六届中共中央政治局首次集体学习时，胡锦涛在讲话中指出，集体学习"要作为一项制度长期坚持"。在这里，国内许多著名学者、专家的研究成果得以完整而系统的阐释，进而影响着国家的高层决策；在这里，中共中央领导层集体学习的内容，也隐现了中国下一步的发展方向。

集体学习制度化，被视为党的十六大以后中央领导集体在党的建设方面一项重要的制度创新。随着集体学习的深入，海内外很多研究机构都试图通过对中央政治局集体学习内容的研究，来探寻中国发展的动向。

以习近平同志为首的新一届中央领导班子诞生后，中央政治局集体学习也呈现一些新特点。例如，课堂搬到"红墙"外；自学、互相学习；部级官员当讲师，等等。2014年9月30日，中共中央政治局全体领导从中南海出发，分乘两辆大巴车，集体来到中关村国家自主创新示范区展示中心参观创新成果，并在现场进行中央政治局集体学习。

据统计，党的十六届中央政治局进行了44次集体学习；党的十七届中央政治局进行了33次集体学习；党的十八届中央政治局从2012年11

月 17 日至 2015 年 10 月 12 日已经进行了第 27 次集体学习。① 党的十六届
中央政治局和十七届中央政治局进行了 77 次集体学习，平均每年 7.7 次。
党的十八届中央委员会政治局年平均集体学习 9 次。这说明集体学习不仅
成为中央政治局治理党和国家的重要手段之一，而且新一代中央领导集体
对其使用的频率更高。

　　由此可以预测，以学治国、以学治理将成为依法治国和以德治国相结
合基础上的治国、治理社会之利器。

二　理念提升：从以法治国、以德治国到以学治国

1. 从以法治国到依法治国

　　法治是国家治理体系和治理能力的重要依托，全面推进依法治国是确
保党和国家长治久安的根本要求。改革开放以来，我们党一贯高度重视法
治。1978 年 12 月，邓小平同志就指出："应该集中力量制定刑法、民法、
诉讼法和其他各种必要的法律。"

　　党的十五大强调，依法治国是党领导人民治理国家的基本方略，是发
展社会主义市场经济的客观需要，是社会文明进步的重要标志，是国家长
治久安的重要保障。党的十五大报告中关于法治的提法与以往有了重大的
变化：6 次提到"依法治国"，2 次提到"法治国家"，确认了法治的新概
念。以往的文件常用"以法治国"，十五大报告中改为"依法治国"，一
字之差，价值千金，意义不同。

　　党的十七大提出，依法治国是社会主义民主政治的基本要求，强调要
全面落实依法治国基本方略，加快建设社会主义法治国家。党的十八大强
调，要更加注重发挥法治在国家治理和社会管理中的重要作用。党的十八
大以来，党中央高度重视依法治国，强调落实依法治国基本方略，加快建
设社会主义法治国家。现在，全面建成小康社会进入决定性阶段，改革进
入攻坚期和深水区。我们党面对的改革发展稳定任务之重前所未有、矛盾
风险挑战之多前所未有，依法治国在党和国家工作全局中的地位更加突

①　《第十八届中央政治局集体学习》，http://www.12371.cn/special/lnzzjjtxx/，最后访问日
期：2015 年 11 月 30 日。

出、作用更加重大。面对新形势、新任务，我们党要实现经济发展、政治
清明、文化昌盛、社会公正、生态良好，必须更好地发挥法治的引领
作用。

2. 依法治国和以德治国相结合

党的十八届四中全会明确提出，坚持依法治国和以德治国相结合，并
把其作为实现全面推进依法治国总目标必须坚持的重要原则，具有非常重
要的理论意义和现实意义。国家治理和社会治理需要法律和道德共同发挥
作用，不断开拓中国特色社会主义事业更加广阔的发展空间，就必须一手
抓法治、一手抓德治，既重视发挥法律的规范作用，又重视发挥道德的教
化作用，实现法治和德治相得益彰。

法治属于政治建设，属于政治文明；德治属于思想建设，属于精神文
明。虽然二者都有其独特地位和功能，但又是相辅相成、相互促进的，应
该相互结合，统一发挥作用。法律的权威源自人民的内心拥护和真诚信
仰，而要树立信仰，就要弘扬社会主义法治精神，建设社会主义法治文
化，增强全社会厉行法治的积极性和主动性，形成守法光荣、违法可耻的
社会氛围；德治的实现需要法治的规范、制约，需要以法治体现道德理
念，强化法律对道德建设的促进作用，法治本身也是社会主义核心价值观
的重要内容。社会主义法治是建立、维护、实行社会主义道德的法律保
障，社会主义德治是以社会主义思想道德来规范全体社会成员的行为，提
高整个民族的道德水平。依法治国和以德治国是一个紧密结合的整体，二
者缺一不可。

道德建设是推动社会主义文化大发展大繁荣的重要内容，是提高社会
成员的思想认识和道德觉悟的必然要求。中华文化源远流长，孕育了中华
民族的宝贵精神品格，培育了中国人民崇高的价值追求。自强不息、厚德
载物的思想，支撑着中华民族生生不息、薪火相传，今天依然是我们推进
改革开放和社会主义现代化建设的强大精神力量。面对社会经济成分、组
织形式、利益关系和分配方式多样化的趋势，面对世界范围内的各种思想
文化思潮，必须适应形势发展的要求，抓住有利时机，积极探索新形势下
道德建设的特点和规律，在内容、形式、手段、机制等方面努力改进和创
新，提高以德治国的水平。

3. 以学治国理念应运而生

以学治国是高于以法治国、依法治国和以德治国的理念。以法治国是最基本的治国方略，法律是国民所应遵循的道德底线。以德治国是在法律的基础上，进一步提高了对国民的思想认识和道德觉悟的要求，推动社会向更高品质迈进。以前我们仅把学习作为推动法治和德治的基础，一般认为，要想适应和达到法治和德治的要求，先要从学习做起，学习仅是助推法治和德治的途径或工具。

随着社会的进步和发展，随着科技的飞速发展，人们原有的学习速度已经无法赶上社会创新发展的步伐。个人、组织和社会不仅期望人们能更快地学习，社会实践也使人们逐步意识到：只有通过快速学习，才能适应社会的快速发展和创新发展；学习也将成为个人成长规划与管理、组织发展与管理、社会治理、国家治理的重要手段之一；仅仅靠以法治国、依法治国和以德治国已经无法满足国家快速发展的需要。以学治国应运而生。

2015 年秋，在北京市学习型城市研究中心专家集体的工作研讨会上，北京市社会科学院原副院长马仲良同志提出想在北京市门头沟区申报"北京市学习型城市示范区"评估的示范项目中整理"以学治理"的案例，笔者即刻表示支持，认为此提法是理念上的创新，并认为这是北京市学习型城市建设专家组在 2007 年提出"终身学习服务体系"和"区域性学习型组织"观点之后新的理论建树之机，提出专家组应马上深入研究何谓"以学治理"，能否此时提出"以学治国"，研究"以学治国"的意义、内涵与特征、原则和使用方法，研究"以法治国、以德治国和以学治国"三者的关系，研究三者递进提出的历史背景和现实意义，等等。此提议得到与会专家们的热烈响应。2015 年 12 月，北京市门头沟区"北京市建设学习型城市示范区"评估形成了三个示范项目之一的"以学治理"项目。该区顺利通过了市级评估。

4. 以学治国的内涵与特征

笔者认为，以学治国，就是在依法治国和以德治国的基础上，以全民学习、组织学习为途径和手段来协助对国家的治理或管理。以学治国具有全民参与性，具有内容全面性，具有渠道多样性，具有政府自觉性。

发展以学治国符合人的求新解难的生物本性，符合人类的进化规律，有助于人类解决面临的困难和未来的发展，有助于不同人群、种族、民族、国家间的包容与合作。

发展以学治国能够推动社会更快地发展，有利于提升国家治理的手段和水平，有利于提高民主协商水平和国民参与政治的积极性和公平性，有利于政治理念和政府服务的创新，有利于改善政治制度进程的可持续性和长期性。

三　以江苏省学习型社会建设为例

我国在国家层面尚未出台关于建设学习型社会的专门文件。在省级层面中，仅有个别省市出台了专门文件。例如，中共上海市委、上海市人民政府 2006 年出台了《关于推进学习型社会建设的指导意见》；中共湖南省委、湖南省人民政府 2010 年出台了《关于推进终身教育和学习型社会建设的意见》；江苏省教育厅等七部门于 2015 年 6 月 10 日下发了《关于加快发展继续教育推进学习型江苏建设的意见》（以下简称《意见》）。北京市和重庆市出台的有关学习型城市建设的文件，也属于此类专门文件。在此，以江苏省《意见》为例阐述学习型社会建设的实践要求。《意见》主要内容如下。

1. 指导思想与总体目标

指导思想。全面贯彻党的十八大和十八届三中全会、四中全会精神，着力培育和践行社会主义核心价值观，紧紧围绕构建终身教育体系和学习型社会目标，按照统筹规划、整体推进、分类指导、注重实效的要求，以改革创新为动力，积极创新体制机制，发挥党委领导、政府主导作用，创建各类学习型组织，搭建终身学习"立交桥"。

总体目标。到 2020 年，广泛开展各类学习型组织建设工作，全省学习型县（市、区）达到 70% 以上；全省主要劳动年龄人口平均受教育年限达 12.2 年，新增劳动力人均受教育年限达 15 年以上，从业人员继续教育年参与率达 60% 以上，城市居民社区教育活动年参与率达 60% 以上，农村居民达 40% 以上，人均年阅读量、读书时间等指标有较大幅度提高。

2. 大力发展继续教育，全面提升劳动者素质

稳步发展学历继续教育。普通高校开展学历继续教育，为江苏高新

技术产业和产业结构转型升级培养实用技术人才，鼓励扩大面向生产一线在职人员的学历教育规模。鼓励中高等职业院校面向具有初（高）中文化的劳动者开展学历、技能双提升教育，主动与行业、企业、社区等合作，采取送教上门、远程教育、开放教育等形式，把一批初中文化的农民工提升到中等职业教育和中级工水平，把一批高中文化的新生代劳动者提升到高等职业教育和高级工水平。鼓励支持涉农职业院校面向农村退役士兵、村镇干部以及具有初（高）中文化的中青年农民，开展涉农专业学历教育和培训。改革和完善高等教育自学考试制度，建立更加科学、实用的专业课程体系和多元化评价机制，着力推动自学考试向企业、社区和农村发展。办好江苏开放大学，大力开展学历教育与非学历教育沟通、衔接的开放教育。到 2020 年，全省参加成人高等教育学习的人数达 160 万人以上。

依法推进专业技术人员继续教育。认真实施《江苏省专业技术人员继续教育条例》，充分发挥行业主管部门、用人单位实施专业技术人员继续教育的积极性。以人才能力建设为核心，以高层次、急需紧缺和骨干专业技术人才培养为重点，不断加大投入力度，创新培养培训机制，围绕江苏省经济结构调整、高新技术产业发展和自主创新能力提高，组织实施专业技术人才高级研修项目，分层分类开展专业技术人员继续教育，全面提升专业技术人员队伍整体素质。加强专业技术人员继续教育基地建设，开发建设专业技术人员继续教育网络平台，构建自主、开放、共享的专业技术人员继续教育公共服务体系。

大力发展以就业为导向的继续教育培训。适应产业转型升级和农村现代化的需要，全面加强人力资源开发。建立完善企业职工教育培训制度，鼓励支持行业企业在职工教育培训中发挥主体作用，将职工教育培训纳入行业企业发展规划和年度工作计划，大力开展岗位技能提升培训，着力加强经济社会发展重点领域紧缺专门人才培训和适需对路技能人才培训。以增收致富为目的，继续培育发展一批农科教结合的富民示范基地、旅游生态农业基地，培训一大批现代农业专业户、致富带头人、农业经营经纪人和新型职业农民。充分发挥学校特别是职业院校和技工院校的优势，鼓励社会力量举办各类职业培训，促进社会化培训健康发展。加大对农民工、农村妇女、失业人员、残疾人等弱势群体职业培训的扶持力度。

3. 全面开展社区教育，提高社会成员生活质量和幸福指数

健全城乡社区教育体系，大力加强社区教育基础能力建设。加快完善以江苏开放大学为龙头，以社区大学、社区学院为骨干，以社区教育中心和居民学校为基础的社区教育办学系统，不断满足各类居民学习提高和修身益智的需求。重点加强标准化社区学院、社区教育中心和居民学校建设，到 2016 年基本做到全覆盖。

积极采取多种举措，推进优质教育资源面向全民终身学习开放共享。鼓励和支持各级各类学校和培训机构主动向社会有计划、有组织地开放学习场所和教育设施，面向社会公众开展多种形式的学习培训活动。鼓励各类社会资源参与学习型城市建设，逐步做到博物馆、科技馆、图书馆、文化馆、美术馆、纪念馆及有条件的文物保护单位等公益性社会设施向公民免费开放。鼓励政府机关、企事业单位和社会组织与所在社区建立各种教育联合体，充分利用其教育资源为社区各类人群开展有组织、多样化的学习服务。

充分发挥互联网、广播电视、数字传媒等技术平台的社会教育功能，大力发展数字化远程教育。加强"江苏学习在线"和"江苏终身教育公共服务平台"网站建设，搭建省、市、县（市、区）数字化学习平台，形成覆盖城乡、深入社区的数字化学习网络。着力开发各具特色的网络学习课件和终身教育课程，建设终身学习资源网上超市，实现各类学习网站的互联互通，积极构建网上交流互动和数字学习共同体，实现数字学习惠民。

实施学习成果有条件的互认衔接制度。加强各类继续教育规范管理和质量监控，推行弹性学制，建立个人学习成果认证和评价制度、个人终身学习卡制度，办好江苏省终身教育学分银行，逐步建立公民学分认证、积累和转换制度，推进不同类型的学习成果互认与衔接。

围绕社区特点和社区文化特色，结合社区生活，面向社区各类群体创造性地开展各类宣传教育活动，把老年人、青少年、妇女、外来务工人员、失业人员、残疾人等作为工作重点。鼓励社区教育中心与中小学合作举办内容丰富、形式多样的"四点钟学校""放学来吧""周末大讲堂"

等青少年校外教育活动，积极发挥关工委、家长委员会以及在校大学生等社区教育志愿者的作用，开展各类主题教育以及阅读、文化娱乐等活动，与校内德育工作协调配合、形成合力，促进青少年健康成长，同时为家长解决后顾之忧。

4. 推进学习型组织建设，系统构建学习型江苏

一是以建设学习型机关为引领。充分发挥各级党政机关在学习型江苏建设中的示范带头作用，结合机关工作要求和实际，制定学习型机关创建规划，引导机关干部继续学习、终身学习。努力建设适应时代要求、人民群众满意的学习型机关。

二是以建设学习型社区为基础。充分发挥社区在学习型江苏建设中的基础作用，以提高居民素质和增进社区和谐为目标，以社会主义核心价值观为重要内容，整合社区教育资源，完善学习网络，组织开展适合各类人群特点的学习教育活动，引导居民在学习中凝聚价值共识、陶冶情操、增长知识、提高能力，努力满足居民的精神文化需求，推动形成文明健康的行为方式和生活习惯。

三是以建设学习型企事业单位为骨干。充分发挥企事业单位在学习型社会建设中的主体作用，突出凝聚共识、知识创新、技术创新和效能提高的要求，深入开展各类继续教育和学习活动，加快提高广大员工的专业能力和综合素质。推进组织变革与制度创新，倡导终身学习理念，调动员工学习积极性，培养员工的创新能力和团队精神，不断增强企事业单位的核心竞争力与综合实力。

四是以建设学习型家庭为载体。大力开展学习型家庭的宣传推广活动，使学习成为每一个家庭成员的重要生活内容和自觉行为，大力培育和践行社会主义核心价值观，注重家庭、注重家教、注重家风，建设家庭文化，弘扬家庭美德，全面提高家庭成员的综合素质和文化素养，促进社会和谐发展。

5. 加强领导，推动学习型江苏建设工作持续健康发展

完善领导和工作机制。各市、县（市、区）要建立多部门共同参与的学习型江苏建设领导协调机制。要制定各类学习型组织的建设标准及指标体系，组织专家指导建设工作，依托社会第三方组织建立各类学习型组

织评价机制。

加强分类指导。经济实力比较强、城市化进程比较快的苏南地区和中心城市，要努力成为全省学习型社会建设的先行区、示范区；苏中地区所属经济强县（市）要在中心城区和经济强镇加快发展继续教育和学习型社会建设，辐射和带动周边地区发展；苏北农村地区要把农民培训和就业致富作为继续教育的重点，通过教育培训促进当地经济社会发展，推动学习型社会建设。

营造良好氛围。要大力宣传加快发展继续教育、推进学习型江苏建设的重大意义和先进典型，表彰在建设学习型组织中做出突出贡献的先进单位与个人。要继续办好江苏省全民终身学习活动周、品牌特色讲坛和全民阅读节、社区学习节等活动，鼓励支持各地从实际出发，采取群众喜闻乐见的形式，举办一系列具有区域特色的主题学习活动，形成全民终身学习的高度共识和自觉追求。

第四章　我国终身学习服务体系建设

终身学习服务体系最早出现在 2007 年 3 月发布的《北京市关于大力推进首都学习型城市建设的决定》之中，该提法也是北京市学习型组织建设指导委员会专家（笔者为成员）集体研究的重要成果之一，随后被学术界越来越多的专业人员逐步接受和使用。

笔者认为，使用"终生"一词比"终身"更好。因为终生学习服务体系是国家与社会为最大限度地保证公民能够实现终生学习而提供的集"教育引导""满足自我学习需求""学校教育管理""社会教育管理"为一体的服务体系。它是学习型社会的两大支柱之一，它主要是由终身教育体系、终生学习的管理与指导机构、终生学习服务的社会保障 3 部分组成。终生学习的管理与指导机构包括从国家层面到社区层面，各级政府设立的终身学习管理机构，学习与发展指导中心（部门）和学习内容与方法的辅导中心（部门）；各级各类组织内部设立的终身学习活动的专、兼职管理机构。终生学习服务的社会保障包括鼓励和支持每个人学习的法律法规与政策文件；学习费用的投入；社区学习基地与设施设备；学习资料；校外兼职教师和学习指导人员队伍。

笔者之所以确定这样的分类关系，基本认识是：教育活动是教育组织或教育者有预设方案的，或至少是教育者向学习者传播教育者所拥有的某些知识与经验。教育活动是主观在先、引导在先，是双主体的活动，是教育者外因对学习者内因的推动，是社会、学校、家庭或其他成员对成员施加影响或直接指导学习，其中有些教育内容是不容成员选择的或是强行灌输的（如法律和道德）。而学习活动既可以是有计划、有目的、有预设的，也可能是无意识、无目的、无计划和无预设的。学习活动可以是单主体的，学习的内容、形式则几乎是无限的。学习者涉及的领域和学习总量，远远大于教育的范围和供给量。人的一生中大部分的学习内容来源于社会的客观存在，并非是预先设计的。只有通过学习活动才有可能使人的全面发展和个性化发展成为可能，终身教育仅仅是帮助人在发展中尽可能走一部分捷径，减少一些艰难与困惑。社会、学校、组织、家庭和各级政府不可能完全满足每位成员的所有学习需求，只能是努力为成员的各种学习需求尽可能提供更多的服务和条件，这种条件就包含了提供终身教育服务、提供学习条件、提供激励学习的政策、创建学习氛围，我们要建立的这种体系就是这种应称之为"终生学习服务"的体系。"终生学习服务体系"的建设是多主体的，包含了社会、政府、组织、学校、家庭。但由于教育实施的基本保障制度是靠国家和各级政府强行建立的，因此其中的终身教育体系的建设主体是政府。

第一节　终身教育体系

　　1993 年 2 月，教育部公布《中国教育改革和发展纲要》，提出"终身教育"的概念。1994 年 3 月，国家颁布《中华人民共和国教育法》，其中第 11 条规定"国家逐步建立和完善终身教育体系"。

　　终身教育体系是在终身教育、终身学习和学习型社会理念指导下，以国家为主体建立的使人在一生中潜能得到充分开发和实现全面发展的现代综合教育体系。它从结构上包含了国民教育体系、非国民教育体系和社会教育体系的现代教育体系，即包括学校教育系列、各级各类组织的教育培训系列和社会教育系列，不包含家庭教育。同时，在机制上也包含了传统的基础教育、普通（高等）教育、职业教育、成人教育与继续教育的横向沟通和无缝连接。

　　在笔者看来，中国的终身教育体系就是《国家中长期教育改革和发展规划纲要（2010～2020 年）》中要完善的"中国特色社会主义现代教育体系"，其内容是非常丰富的，而不应仅仅停留在其中被窄化了的"（二十五）构建灵活开放的终身教育体系"的内容。一般而言，终身教育体系的构建主体为政府，在我国这种地域辽阔和人口众多的国情下，省、直辖市、自治区也成为国家层级之下的特殊构建主体。具备丰富的各级各类教育资源（特别是高等教育资源）的省会城市和计划单列市也具有构建终身教育体系或构筑区域性的终身教育体系的可能性。我国的中等及以下城市，应慎用建立终身教育体系的提法。这是因为，中等及以下城市和县没有立法权力，如果再加上各级各类教育资源不完整和不充分，则无法满足居民享用初级终身教育的基本权利。所以，中等及以下城市和县最好是提"构建终身教育体系的节点"，而非终身教育体系。

一　我国终身教育体系框架

建立终身教育体系是由政府主导并作为主要投入方，社会各界协助，社会成员有义务参与该体系的活动。

1. 终身教育体系的要素

从教育机构方面分类，终身教育体系有学校教育和非学校教育；从学历上分，有学历教育和非学历教育；从教学形式上分，有正规教育、非正规教育和非正式教育；从年龄上分有幼儿教育、青少年教育和成人教育；从生活实用角度分，有基础知识与技能教育、职业知识与技能教育、拓展知识与技能教育（见表4－1）。

表4－1　终身教育体系的框架及要素

终身教育体系	国民教育体系	成人院校与教育培训机构体系（含职业教育与培训）
		高等教育院校和机构体系（含高等职业院校）
		高中阶段教育学校体系（含职业高中、中专和技校）
		九年制义务教育学校体系
		学前教育（幼儿园与托儿所）体系
	非国民教育体系	党、团、工、青、妇等政治团体教育与培训体系
		军队、武警等国家武装的教育与培训体系
	社会教育体系	社会文化、科技、政治等教育体系：图书馆、博物馆、科技馆、文化馆、公园、少年宫、纪念馆、影剧院、文化娱乐中心、爱国主义教育基地等向公众开放机构开展的社会教育机构；开展文化、文艺、体育、休闲、娱乐、生活和健康等内容的专门培训机构
		社会公众传播教育体系：出版社、报社、杂志社、广播台、电视台、网站、短信发布机构等

2. 国民教育体系

国民教育体系有传统和现代之分。其中的"国民教育（National Edu-cation）亦称公共教育，指国家为本国国民（或公民）举办的学校教育。一般为小学和初中教育，有的国家还包括幼儿教育和高等教育"。① 这称得上是国内学术文章中比较经典的引用。目前，我国的国民教育体系，从等级上分有初等教育、中等教育、高等教育 3 个层次，从年龄段上分包含幼儿教育、老年教育等，从类别上分有普通教育、职业教育和成人教育或继续教育。学者的观点多种多样：以九年制义务教育体制为国民教育体系被认为是传统的；以从幼儿园到高校的各种学校学历教育来划界的不乏其人，他们闭口传统或现代而不谈；包含各类学校学历、非学历教育（或教育机构）的为多数派，并冠以"现代国民教育体系"；少数派以正规教育、非正规教育、非正式教育皆包含来划界的更冠以"具有终身教育理念的现代国民教育体系"。

笔者认为，中国的国民教育体系就是教育部主管的以学校和学历教育为主的教育体系，含初、中、高 3 个层次。企事业单位的培训、社会组织和独立培训单位的培训未纳入规范管理和统计；党、团、工会、妇联和部分军警院校的学历也被称为"非国民教育系列"学历；加入 WTO 时也作了我国教育类别的划界，我国提出将要完善现代国民教育体系，但目前尚未看出有突破现实格局的表述。我国没有教会学校，民办学历教育又完全按照国家的统一教学大纲或相关要求执行，什么是我国的"非国民教育（体系）"尚不明晰。

笔者希望，中国将要完善的现代国民教育体系应该是终身教育体系下的一个重要分支。它是在终身教育与学习型社会理论指导下的保障学校和教育机构（含各类组织内部的培训机构）依法开展教育培训活动的满足公民或组织成员公平享有受教育权利的教育体系。它作为国家教育的核心体系，由各级政府独立管辖，包含学历教育与非学历教育、正规教育与非正规教育以及民办教育，但是不包含非正式教育活动，不包含社会教育（如现在最基层的社区教育、图书馆和文化科普场馆机构的教育、社会传

---

① 顾明远：《教育大辞典》，上海教育出版社，1990。

媒的教育，等等）与家庭教育，不包含党、团、工会、妇联、军警院校开展的并非普通国民都能享受的教育。

3. 继续教育与成人教育

改革开放以来，我国教育结构主要被分为基础教育、职业教育、高等教育和成人教育四大块。多年稳定的结构和持续建设，使得我国教育的学科建设、组织划分、队伍建设、分类统计等已经形成了一定的规律和定式。

《国家中长期教育改革和发展规划纲要（2010～2020年）》（以下简称《纲要》）公布之后，文中以"继续教育"取代了"成人教育"的类别划分。《纲要》指出："继续教育是面向学校教育之后所有社会成员的教育活动。"[①] 此划分对原有的成人教育队伍和成人教育事业产生了较大的影响，一度在成人教育界引起了强烈反响，反对声至今不绝于耳。加之多年以来就存在和广泛使用的"专业技术人员继续教育"概念易与之混淆，因此，至今有些关于继续教育的认识和问题尚未解决。

《纲要》指出，更新继续教育观念，加大投入力度，以加强人力资源能力建设为核心，大力发展非学历继续教育，稳步发展学历继续教育。重视老年教育。倡导全民阅读。广泛开展城乡社区教育，加快各类学习型组织建设，基本形成全民学习、终身学习的学习型社会。

《纲要》要求，建立健全继续教育体制机制。政府成立跨部门继续教育协调机构，统筹指导继续教育发展，将继续教育纳入区域、行业总体发展规划；行业主管部门或协会负责制定行业继续教育规划和组织实施办法；加快继续教育法制建设；健全继续教育激励机制，推进继续教育与工作考核、岗位聘任（聘用）、职务（职称）评聘、职业注册等人事管理制度的衔接；鼓励个人以多种形式接受继续教育，支持用人单位为从业人员接受继续教育提供条件；加强继续教育监管和评估。

《纲要》强调，构建灵活开放的终身教育体系。发展和规范教育培训服务，统筹扩大继续教育资源；鼓励学校、科研院所、企业等相

---

① 《国家中长期教育改革和发展规划纲要（2010～2020年）》，http：//news. xinhuanet. com/
2010－07/29/c_12389254_8. htm，最后访问日期：2015年11月30日。

关组织开展继续教育；加强城乡社区教育机构和网络建设，开发社区
教育资源；大力发展现代远程教育，建设以卫星、电视和互联网等为
载体的远程开放继续教育及公共服务平台，为学习者提供方便、灵
活、个性化的学习条件；搭建终身学习"立交桥"，促进各级各类教
育纵向衔接、横向沟通，提供多次选择机会，满足个人多样化的学习
和发展需要；健全宽进严出的学习制度，办好开放大学，改革和完善
高等教育自学考试制度；建立继续教育学分积累与转换制度，实现不
同类型学习成果的互认和衔接。

二　我国终身教育现状

1. 全国教育事业总体进展（2013 年）①

教育总规模。2013 年，全国共有各级各类学校 52.0 万所。全国各级
各类学历教育在校生为 2.57 亿人；非学历教育注册人数为 5593.2 万人。
随着教育普及程度的提高，学前教育、高等教育阶段在校生规模持续扩
大。受学龄人口下降影响，义务教育阶段在校生继续减少，高中阶段教育
学生规模下降。

幼儿园为 19.9 万所，在园幼儿（含附设幼儿班）人数达 3894.7 万
人。普通小学为 21.4 万所，在校生为 9360.5 万人；全国共有初中阶段学
校 5.3 万所，在校生为 4440.1 万人。高中阶段学校为 2.6 万所，在校生
为 4369.9 万人，其中，普通高中在校生为 2447.0 万人，中等职业教育在
校生为 1923.0 万人；全国高等学校为 2788 所，其中，普通高校为 2491
所（含独立学院 292 所），成人高校为 297 所，普通高校中本科院校 1170
所，高职（专科）院校 1321 所。全国各种形式高等教育在学总规模达
3460 万人。全国特殊教育学校 1933 所，特殊教育在校生为 36.8 万人。

各级各类教育普及水平进一步提高。学前教育毛入园率达 67.5%，
小学学龄儿童净入学率达 99.71%，初中阶段毛入学率达 104.1%，高中
阶段毛入学率达 86.0%，高等教育毛入学率达 34.5%。

①　《2013 年全国教育事业发展情况》，http：//www.moe.edu.cn/jyb_ sjzl/s5990/201503/
t20150331_ 186797.html，最后访问日期：2015 年 11 月 30 日。

每 10 万人口中，高等教育在校生为 2418 人，学前教育在校生为 2876 人，小学阶段在校生为 6913 人，初中阶段在校生为 3279 人，高中阶段在校生为 3227 人。

教师队伍规模继续扩大。全国各级各类学校专任教师为 1483.7 万人，其中，幼儿园专任教师为 166.3 万人。高等教育专任教师为 153.1 万人，其中，普通高校专任教师为 149.7 万人。普通高中专任教师为 162.9 万人；中等职业学校专任教师为 86.8 万人。小学专任教师为 558.5 万人；初中专任教师为 348.1 万人。

各级各类学校共录用 35.5 万名各类应届毕业生充实到教师队伍中。其中，义务教育阶段学校吸纳毕业生 22.9 万人，72.1% 的人是师范专业毕业，义务教育阶段学校吸纳毕业生占录用毕业生总数的 64.6%。普通高校吸纳毕业生 5.5 万人，其中 82.4% 的人有研究生学历。

办学条件进一步改善。全国各级各类学校拥有校舍建筑面积总量达 28.7 亿平方米。全国各级各类学校教学、科研仪器设备资产总值为 5840.5 亿元。

办学效益有所提高。普通小学校均规模为 438 人；普通初中校均规模为 841 人；普通高中校均规模为 1824 人；中等职业学校校均规模为 1568 人。全国普通高校校均规模为 9814 人，其中，普通本科院校为 14261 人，普通专科院校为 5876 人。

全国普通小学平均班额为 37 人，普通初中平均班额为 49 人，普通高中平均班额为 55 人。

从专任教师配置情况看，普通高校生师比为 17.5∶1，普通高中生师比为 15.0∶1；中等职业学校生师比为 23.0∶1；普通初中生师比为 12.8∶1，普通小学生师比为 16.8∶1；幼儿教育生师比为 19.4∶1。

我国高等教育规模稳步发展，结构进一步优化，办学条件保障水平有所提高，为推动经济社会快速发展和提高国民素质发挥了重要的作用。全国共招收研究生 61.1 万人（其中博士生 7.0 万人，硕士生 54.1 万人），招收普通、成人本科、高职（专科）学生 956.3 万人。其中，普通本科、高职（专科）招生 699.8 万人；成人本专科招生 256.5 万人。普通高职（专科）、本科与研究生招生的结构比为 41.9∶50.1∶8.0。

适应创新型国家战略建设需要，自 2009 年起国家大力发展专业学位研究生教育，研究生招生结构得到调整优化，专业学位研究生招生比例继续增长，专业学位类型逐步增加。全国招收专业学位硕士研究生 22.5 万人，占硕士研究生招生总人数的 41.6%。招收专业学位博士研究生 1719人，占博士研究生招生总人数的 2.4%。与发达国家相比，我国应用型专业学位在校生比例仍有很大差距。

2. 成人教育及培训与民办教育（2013 年）①

全国接受各种非学历高等教育的学生为 678.6 万人，当年已毕（结）业 933.8 万人次；接受各种非学历中等教育的学生为 4914.7 万人，当年已毕（结）业 5340.3 万人次。高等、中等教育培训注册学生中，全国资格证书培训注册学生为 1000.8 万人次，结业学生为 1104.4 万人次；全国岗位证书培训注册学生为 1338.3 万人次，结业学生为 1528.7 万人次。全国有成人小学 2.2 万所，在校生 124.3 万人，教职工 4.4 万人，其中专任教师 2.3 万人；成人初中 1768 所，在校生 48.2 万人，教职工 0.7 万人，其中专任教师 0.6 万人。扫盲教育进一步推进，全国共扫除文盲 50.6万人。

全国共有各级各类民办学校（教育机构）14.9 万所，各类在校学生 4078.3 万人。非义务教育阶段民办教育规模快速增长，全国民办高校总数达到 718 所（含独立学院 292 所），民办高等教育在校生为 557.5 万人，其中，在校生中，硕士研究生 335 人，民办普通本专科在校生 546.9 万人，占全国普通本专科在校生总数的比例为 22.2%。

全国高中阶段共有民办学校 4857 所，民办高中阶段教育在校生为 439.6 万人，占全国高中阶段在校生总数（不含成人高中和技工学校）的比例为 11.1%。全国民办初中 4535 所，民办在校生 462.3 万人，占全国初中在校生总数的比例为 10.4%。全国民办小学有 5407 所，在校生为 628.6 万人，占全国小学在校生总数的 6.7%。全国有民办幼儿园 13.3 万所，在园（班）幼儿为 1990.3 万人，占全国学前教育在园（班）幼儿的

---

① 《2013 年全国教育事业发展情况》，http：//www. moe. edu. cn/jyb_ sjzl/s5990/201503/t20150331_ 186797. html，最后访问日期：2015 年 11 月 30 日。

比例为 51.1%。

3. 党中央对"十三五"规划教育发展提出建议

2015 年 10 月 29 日，中国共产党第十八届中央委员会第五次全体会议通过了《中共中央关于制定国民经济和社会发展第十三个五年规划的建议》，其中就第十三个五年规划的教育发展提出了指导建议。

提高教育质量。全面贯彻党的教育方针，落实立德树人根本任务，加强社会主义核心价值观教育，培养德、智、体、美、劳全面发展的社会主义建设者和接班人。深化教育改革，把增强学生社会责任感、创新精神、实践能力作为重点任务贯彻到国民教育全过程。

推动义务教育均衡发展，全面提高教育教学质量。普及高中阶段教育，逐步分类推进中等职业教育免除学杂费，率先对建档立卡的家庭经济困难学生实施普通高中免除学杂费。发展学前教育，鼓励普惠性幼儿园发展。完善资助方式，实现家庭经济困难学生资助全覆盖。

促进教育公平。加快城乡义务教育公办学校标准化建设，加强教师队伍特别是乡村教师队伍建设，推进城乡教师交流。办好特殊教育。

提高高校教学水平和创新能力，使若干高校和一批学科达到或接近世界一流水平。建设现代职业教育体系，推进产教融合、校企合作。优化学科专业布局和人才培养机制，鼓励具备条件的普通本科高校向应用型转变。

落实并深化考试招生制度改革和教育教学改革。建立个人学习账号和学分累计制度，畅通继续教育、终身学习通道。推进教育信息化，发展远程教育，扩大优质教育资源覆盖面。完善教育督导，加强社会监督。支持和规范民办教育发展，鼓励社会力量和民间资本提供多样化教育服务。

教育现代化取得重要进展，劳动年龄人口受教育年限明显增加。加强义务教育等基本公共服务，努力实现全覆盖。扩大高校和科研院所自主权，赋予创新领军人才更大人、财、物支配权、技术路线决策权。实行以增加知识价值为导向的分配政策，提高科研人员成果转化收益分成比例，鼓励人才弘扬奉献精神。

三　终身教育相关法律法规

1. 相关法律及体系

新中国成立后，特别是改革开放之后，党和国家非常重视法制建设，在教育方面建立起基本的法律体系。现已颁布实施的法律有《中华人民共和国教育法》（1995 年）、《中华人民共和国职业教育法》（1996 年）、《中华人民共和国高等教育法》（1998 年）、《中华人民共和国民办教育促进法》（2002 年，2013 年修正）、《中华人民共和国义务教育法》（1986 年，2006 年修订，2015 年修改）、《中华人民共和国教师法》（1993 年）、《中华人民共和国学位条例》（1980 年，2004 年修正）。

相关法律条款。《中华人民共和国教育法》提出，促进各级各类教育协调发展，建立和完善终身教育体系。《中华人民共和国职业教育法》提出，行业组织和企业、事业组织应当依法履行实施职业教育的义务。国家采取措施，帮助妇女接受职业教育，组织失业人员接受各种形式的职业教育，扶持残疾人职业教育的发展。实行学历证书、培训证书和职业资格证书制度。国家实行劳动者在就业前或者上岗前接受必要的职业教育的制度。职业培训包括从业前培训、转业培训、学徒培训、在岗培训、转岗培训及其他职业性培训，可以根据实际情况分为初级、中级、高级职业培训。《中华人民共和国劳动法》（1994 年）提出，劳动者享有接受职业技能培训的权利。劳动者应当提高职业技能。国家采取各种措施发展职业教育。国家通过各种途径，采取各种措施，发展职业培训事业，开发劳动者的职业技能，提高劳动者素质，增强劳动者的就业能力和工作能力。各级人民政府应当把发展职业培训纳入经济社会发展的规划，鼓励和支持有条件的企业、事业组织、社会团体和个人进行各种形式的职业培训。用人单位应当建立职业培训制度，按照国家规定提取和使用职业培训经费，根据本单位实际，有计划地对劳动者进行职业培训。从事技术工种的劳动者，上岗前必须经过培训。国家确定职业分类，对规定的职业制定职业技能标准，实行职业资格证书制度，由经过政府批准的考核鉴定机构负责对劳动者实施职业技能考核鉴定。《中华人民共和国公务员法》（2005 年）提出，公务员享有参加培训的权利。机关根据公务员工作职责的要求和提高公务员素质的需要，对公务员进行分级分类培训。国家建立专门的公务员培训机构。机关根据需要也可以委托其他培训机构承担公务员培训任务。机关对新录用人员应当在试用期内进行初任培训；对晋升领导职务的公务员应当在任职前或者任职后一年内进行任职培训；对从事专项工作的公务员应当进行专门业务培训；对全体公务员应当进行更新知识、提高工作能力的在职培训，其中对担任专业技术职务的公务员，应当按照专业技术人员继续教育的要求，进行专业技术培训。国家有计划地加强对后备领导人员的培训。公务员的培训实行登记管理，公务员参加培训的时间由公务员主管部门予以确定。公务员培训情况、学习成绩作为公务员考核的内容和任职、晋升的依据之一。《中华人民共和国教育公司法》（2013 年修订）提出，公司应当采用多种形式，加强公司职工的职业教育和岗位培训，提高职工素质。《中华人民共和国教育工会法》提出，教育职工不断提高思想道德、技术业务水平和科学文化素质，建设有理想、有道德、有文化、有纪律的职工队伍。工会会同企业、事业单位教育职工以主人翁态度对待劳动，爱护国家和企业的财产，组织职工开展群众性的合理化建议、技术革新活动，进行业余文化技术学习和职工培训，组织职工开展文娱、体育活动。根据政府委托，工会与有关部门共同做好劳动模范和先进生产（工作）者的评选、表彰、培养和管理工作。

2. 相关法规

2015 年 10 月印发的《干部教育培训工作条例》和 2006 年印发的《干部教育培训工作条例（试行）》同时废止。2008 年，国家公务员局公布了《公务员培训规定（试行）》，原执行的《国家公务员培训暂行规定》（人发〔1996〕52 号）同时废止。我国已经颁布的教育行政法规还有《教师资格条例》（1995 年）、《教学成果奖励条例》（1994 年）、《高等教育自学考试暂行条例》（1988 年）、《扫除文盲工作条例》（1988 年出台，1993 年修正）。人力资源和社会保障部 2015 年颁发《专业技术人员继续教育规定》。1996 年劳动部和国家经贸委制定了《企业职工培训规定》。

3. 地方相关法规

各地在建立终身教育相关地方性法规方面积极主动，成效显著。福建省于 2005 年在全国率先颁布《福建省终身教育促进条例》。随后，上海市于 2011 年颁布了《上海市终身教育促进条例》、河北省于 2014 年也颁布了《河北省终身教育促进条例》，山西省人大常委会 2012 年批准了《太原市终身教育促进条例》，浙江省人大常委会 2014 年批准了《宁波市终身教育促进条例》。以上 5 个地方性终身教育条例的内容基本一致，都强调了条例适应范围将现代国民教育体系排除在外。以《上海市终身教育促进条例》为例，其要点如下。

上海市学习型社会建设与终身教育促进委员会负责统筹、协调、指导全市终身教育和学习型社会建设。市学习型社会建设与终身教育促进委员会的办事机构设在市教育行政部门。区、县终身教育协调机构负责辖区内终身教育工作的协调、指导。市和区、县人民政府应当加强对终身教育工作的领导，将终身教育工作纳入同级国民经济和社会发展规划，采取扶持鼓励措施，促进终身教育事业的发展。乡镇人民政府、街道办事处应当按照各自职责组织开展终身教育工作。

上海市教育行政部门是本市终身教育工作的主管部门。区、县教育行政部门按照职责，负责本辖区内的终身教育工作。发展改革、人力资源和社会保障、公务员管理、农业、财政、税务、工商、人口和计划生育、统计、民政、文广影视、公安等有关行政部门按照各自职责，协同做好终身教育工作。工会、共青团、妇联以及残疾人联合会、科技协会等其他组织协助开展终身教育促进工作。

各级人民政府应当将终身教育经费列入本级政府教育经费预算，保证终身教育经费逐步增长。市和区、县人民政府有关部门应当为开展终身教育提供经费支持。终身教育经费主要用于终身教育公共服务。

市级逐步建立终身教育学分积累与转换制度，实现不同类型学习成果的互认和衔接。成人高等教育同等学力水平同类课程的学分可以在各类成人高等教育机构之间相互转换。普通高等学校的普通高等教育课程的学分，可以转换为电视大学、业余大学等成人高等教育同等学力水平同类课程的学分。学分转换的专业和课程的目录，由市教育行政部门会同有关部门组织编制，报市人民政府批准后实施。

区、县人民政府应当加强本辖区内的社区教育工作。乡镇人民政府、街道办事处负责组织开展辖区内的社区教育工作。区、县和乡镇人民政府、街道办事处应当根据实际情况，完善社区教育网络，对社区学院、社区学校的人员和经费予以保障。社区学院、社区学校应当为社区居民提供文化、技能培训服务。社区学院应当对社区学校给予业务上的指导。鼓励其他教育培训机构为社区居民的终身教育提供服务。

从事终身教育工作的专职教师应当取得相应的教师资格。政府有关部门应当根据终身教育培训机构的性质，将从事终身教育工作的专职教师的职务评聘纳入相关行业职务评聘系列。社区学院、社区学校专职教师的职务评聘，可以在教师职务系列中增加设置相应的学科组，参照国家教师职务评聘的相关制度执行。从事终身教育的专职教师在业务进修、专业技术考核等方面与相应的专业技术人员享有同等权利。

四　终身教育体系的完善

目前在我国终身教育体系建设中，主要面临着三大问题。一是对终身教育体系的理论研究还不够，对它的结构与要素尚不清楚，观点没有统一，对其与现代国民教育体系之间的关系这种重大的问题还难以统一认识，体系建设的科学性和系统性难以保证。二是政府主体作用发挥不够，终身教育管理体制关系不顺，社会上各类组织尚未普遍认识到构建终身教育体系的重要性。三是虽然我国非成人教育基本上规范了，但并非已经科学化，学校教育现状与终身教育思想的要求相差甚远，中小学强势的应试教育甚至与青少年教育目的相悖，现代国民教育体系内的普通、职业、成人"三教"统筹尚未理顺，等等。因此，针对以上问题，近期对我国终身教育体系建设可作如下考虑。

1. 深化理论研究和提升社会参与度

根据终身教育、终身学习、学习型社会、学习型组织的基本观点和理论进展，结合我国社会当前实际，在"以人为本"的科学发展观指导下，一是深入研究终身教育体系的内涵和外延，从教育公平、全民参与终身参与角度，科学、系统地构建终身教育体系的理论框架；二是深入研究我国建设学习型社会、终身学习服务体系、现代国民教育体系、区域性学习型组织等的理论问题，尤其是要研究和厘清终身教育体系与现代国民教育体系之间的关系，以解决当前我国在构筑终身教育体系过程中的困惑；三是在政府的主导下，提升各类组织在构建终身教育体系过程中的责任意识和参与度，将其与组织自身和成员的共同发展结合起来；四是要积极、广泛地在全社会宣传构建终身教育体系的意义，推动全体公民积极支持终身教育体系的建设，认真接受终身教育，享受公平的受教育权和社会的馈赠，提升国人素质、能力和幸福指数，促进每位公民的全面发展和我国的社会进步。

2. 明确管理体制

构建终身教育体系不是现有的教育部门一家就能够完成的，必须有更高层次的统一领导及协调。从新中国成立初期的工农教育，到改革开放后的成人教育，以及近年来的社区教育、继续教育和部分省市构建终身教育体系的探索实践来看，都证明非学校教育、非正规教育和非正式教育是涉及全社会的系统工程。中国特色的管理，其体制的重要性尤为突出。因此，构建我国终身教育体制，应由国务院统筹，在教育部成立由国家领导人出任主任的终身学习委员会，负责统筹全国终身学习服务体系及终身教育体系建设工作，教育部等相关部委作为委员会的成员单位，委员会下设办公室并将其挂靠在教育部。各省（自治区、直辖市）也应按照这样的模式建立区域性终身教育体系建设的管理体制。例如，上海市和常州市在推动本市终身教育工作的探索中，在领导体制和教育行政部门的机构设置两个方面都做出了有益的尝试，也积累了一些很有价值的经验。

3. 科学立法

改革开放以来，国人越来越意识到法制的重要性。对于终身教育方面的立法，国内教育界酝酿已久，从一开始期望对成人教育立法，又演化到对终身学习立法，至今未果。有抱怨者最直接的说法就是"国家不重视"，笔者认为这其中还有理论研究不够充分、认识不清楚、立什么法的思想不统一以及与当前相关法律的关系问题尚未解决等原因。

首先，我们要立什么名称的法？是终生学习法，还是终身教育法，还是终生学习或终身教育的促进法？前两者要求法律更为清晰和准确，福建、上海、太原、宁波和河北的立法就选择了后者。其次，我们在内容上是要选择一个包容从幼教到老年教育、从正规教育到非正规和非正式教育的全面的终身教育法或终生学习法，还是仅包含成人教育或非学校教育内容的终身教育法或终生学习法？福建、上海、太原、宁波和河北出台的《终身教育促进条例》的适用范围均明确了"除现代国民教育体系之外"①，那它们的理论依据是什么？在科学性上是否有缺陷？这是为了照顾成人教育的"实惠"还是妥协于其他方面的"阻力"？这种"窄化"了的《终身教育促进条例》能维持多久？

笔者认为，首先，我们应该考虑建立一个包含人的从生到死全阶段接受教育的学校教育和非学校教育、正规教育和非正规教育以及非正式教育共融的、内容完整的终生学习或终身教育（促进）法。其次，本人建议这个法律还是定名"终生学习促进法"为好，这样可以使法律关系和内容要求相对宽松和宽泛，便于法律早日出台，便于调动社会各方的力量参与。另外，如果我们要立终身教育法的话，深入下去会发现，终身教育法或许就是以终身教育、终身学习和学习型社会等新理念为指导思想的另一部教育法！它与现行的教育法还是"母子"关系吗？这也许是终身教育法难以出台的一个重要原因。再次，考虑到义务教育和高等教育制度以及职业教育的学校教育制度已经较为规范，在立法条款中可对这几部分仅作原则性要求和指导性要求，而对成人教育、继续教育和社区教育则作具体要求和规范性要求。最后，我们或者还可以考虑在以终身教育、终身学习、学习型社会理论为指导思想彻底修改现行教育法的基础上，再立成人教育法或继续教育法，这样既可以使"母子"法逻辑关系清晰，又可以使统管"各级各类教育"的教育法②符合当代教育理念和终身教育体系建设的需要。

4. 协调各级各类教育

协调各级各类教育之间的关系，特别是要协调学校和非学校教育、成人与非成人教育之间的关系。一方面，要强调改造传统的学校教育，打破学校对教育的垄断，弱化学历教育意识，强化个人学习和全面发展的意

---

① 《福建省终身教育促进条例》第二条：本条例适用于本省行政区域内现代国民教育体系之外有组织的终身教育活动。《上海市终身教育促进条例》第二条：本条例适用于本市行政区域内除现代国民教育体系以外的各级各类有组织的教育培训活动。

② 《教育法》第二条：在中华人民共和国境内的各级各类教育，适用本法。

识；另一方面，也要强调终身教育也不是成人教育的专利，终身教育体系建设也不是成人教育工作者的专利，而是全国人民为之奋斗的事业和争取自身权利的行动。终身教育体系建设不是排斥现有的基本学校体系另搞一套，而是根据终身教育思想和公民需求调整全社会的教育体系，也是对现有教育政策、教育基地、教育管理和教育保障进行拾遗补阙和全面调整。因此，各级各类教育谁也不应有置身于外的思想，都必须准备好携手共进。

5. 区域试点先行

通过近几年的实践来看，我国的终身教育体系建设走区域试点先行之路是较好的思路，这是由我国的具体国情决定的。我国地域辽阔，各地经济和文化、教育等诸多方面的发展极不平衡，我国当前终身教育体系建构的最薄弱之处是在非学校教育、成人教育或继续教育、社会教育领域，而这些领域的发展动力、发展能力均与本区域经济社会发展状况、人力资源素质状况有着直接的关系。我国大城市和东部沿海发达地区对建立终身教育体系的需求更为迫切，其经济支撑能力也较强。

所以，我国目前可采取由东向西分步推进的办法解决各地区之间的差异难题。可先在长三角、珠三角、京津冀与环渤海等经济与教育较发达地区进行试验，取得经验之后，再大面积推广并向西部延伸，最终在全国完善终身教育体系。在立法方面，可以在一些省市先行实践探索，取得经验之后再在全国层面立法，这也是一条很好的思路。上海、福建、河北、太原、宁波以及常州的做法就充分支持了这种观点。

同时，这种区域试点先行的做法，也能使区域性终身教育体系或节点的建设与区域性学习型组织建设有机地结合在一起，使其成为各级学习型社会建设的有力支撑。

6. 主攻薄弱环节

在构建终身教育体系的诸多待建工程面前，优先上马建设项目的原则应该是突出重点，争取近期有较大的受惠面并取得明显成效。一是在大城市和发达地区近几年试点和实践经验的基础上，大力推进社区教育，使大教育进社区（居委会辖区和行政村），不仅使老年人受益，还要使社区中的少年儿童和青壮年人群从中受益。二是整合资源，利用计算机与网络、通信技术建设公益性的大型教育培训与学习平台，先从教育系统内部的义务教育、高等教育、广播电视大学的电子资源整合开始，从国家层面或省级层面建立起公民上网免费使用的资源库，后期再整合社会教育与学习资源。三是探索终身教育"立交桥"建设，将学历教育与非学历教育、正规教育与非正规教育以及非正式教育，通过"学习账户""学分制""学分积累""学分认证""学分互认"和"学分转换"等制度性设计链接起来，鼓励公民参与终身教育和开展终身学习。四是普遍加强对各级各类学校和教育机构的领导、管理人员和教师的教育理念更新的培训，使他们的工作更能充分体现出终身教育与终身学习的思想，体现出为每一位受教育者终身学习与全面发展负责的精神。五是引导大学在搞好自身改革与建设的基础上，发挥社会智库优势，将更多的精力投入构建终身教育体系的理论研究和社会实验中来。六是推进基层社区、企事业单位学习指导队伍的建设，扩大规模和提高质量，适应构建终身教育体系和帮助受教育者学习的新需求。

第二节　终身学习服务平台

当前，终身学习服务平台的种类越来越丰富。在我国，终身学习服务平台除了传统的学校体系和社会教育服务机构之外，主要有广播电视大学、开放大学、网络教育学院、自学考试制度等。

一　广播电视大学与开放大学

我国于 1960 年就建立了电视大学。改革开放以来，随着中央广播电视大学的成立，全国形成了庞大的广播电视系统，圆了几代在职青年的大学梦，在我国高等教育发展史上谱写了光辉的乐章。

1. 中央广播电视大学

中央广播电视大学（简称中央电大）是采用计算机网络、卫星电视等现代传媒技术，运用印刷教材、音像教材、多媒体课件、网络课程等多种教学媒体，面向全国开展远程教育的教育部直属高等学校。

中央电大是邓小平同志在 1978 年 2 月亲自倡导并批准创办的。1979

年 2 月 6 日，中央电大与全国 28 所省级电大同时开学。目前，中央电大和 44 所省级电大、929 所地市级电大分校（工作站）、1852 所县级电大工作站共同组成了世界上规模最大的远程教育系统，成为国家公共教育事业的重要资源，我国高等教育和终身教育体系的重要组成部分。建校 38 年来，中央电大为扩大人民群众接受高等教育的机会，加快我国高等教育大众化，为我国构建终身教育体系做出了重大贡献。

中央电大的主要任务：面向在职成人开展高等学历教育和非学历教育培训以及公共服务，包括为行业、企业从业人员和部队士官及其他社会成员提供接受高等教育的机会；开展岗位培训、证书教育及农村实用技术培训，以及为各类社会成员更新知识和掌握新的技能、休闲学习提供教育服务；统筹利用电大体系教育资源，建设远程教育公共服务体系，为高等学校及其他教育机构开展远程教育提供学习支持服务。

中央电大现设文法学院、经济管理学院、工学院、教育学院、外语学院、农林医药学院 6 个专科学院和直属学院、继续教育学院以及八一学院、总参学院、空军学院、西藏学院、残疾人教育学院等，还设有中国电视师范学院、中国燎原广播电视学校、中央广播电视中等专业学校和教育部社区教育研究培训中心。数以万计的教授、专家参与了中央电大的专业建设和课程资源建设工作。

站在新的历史起点上，中央电大的改革发展将迎来新契机。根据《国家中长期教育改革和发展规划纲要（2010～2020 年）》的目标、任务和要求，国务院决定在部分省市、学校开展国家教育体制改革试点，中央电大被确定为"探索开放大学建设模式"试点单位。2011 年 2 月和 5 月，国家教育咨询委员会和教育部党组会议分别审议通过了《国家开放大学建设方案》。8 月，教育部成立国家开放大学筹备委员会。12 月，全国继续教育工作会议再次提出要建立国家开放大学，广播电视大学要切实加强系统建设，推进教育与现代信息技术的深度融合，促进优质教育资源共建共享，开创中国特色的开放大学发展之路。

目前，中央电大正在按照党和国家的要求和教育部的工作部署，以提高教育教学质量为核心，以促进全民终身学习和教育公平为价值取向，以建设国家开放大学为主要抓手，积极探索，改革创新，逐步实现广播电视大学向开放大学的战略转型。

2. 开放大学

《教育部关于办好开放大学的意见》（教职成〔2016〕2号）指出，运用现代信息技术发展新成果，聚集优质教育资源，丰富教育教学手段，创新人才培养模式，改革管理体制和运行机制，探索具有中国特色、体现时代特征的开放大学模式，满足全民学习、终身学习的需要，建设学习型社会。

我国的开放大学现有6所，即国家开放大学、北京开放大学、上海开放大学、江苏开放大学、广东开放大学和云南开放大学。国家开放大学是在中央电大原有基础上组建，其他5所开放大学由原省、市电大更名。2012年7月31日，中共中央政治局委员、国务委员刘延东在出席国家开放大学、北京开放大学和上海开放大学成立会议上强调，要以现代信息技术为支撑，整合共享优质教育资源，创新教育教学模式，办好中国特色的开放大学，为社会成员提供更加灵活便捷、公平开放的学习方式和多层次、多样化的教育服务，为建设学习型社会和教育强国、人力资源强国做出积极贡献。

刘延东指出，在广播电视大学基础上建设现代开放大学，是满足人民群众多样化学习需求、促进教育公平、克服应试教育弊端和落实素质教育的重要途径，是构建终身教育体系、形成学习型社会的重要支撑，是教育服务国家发展、提高全民族素质的重要措施。刘延东强调，建设开放大学要坚持科学定位，突出办学特色，强调面向人人，实现校园教育向社会教育延伸，实行学历教育与非学历教育并重，通过学分积累和转换等方式建立与普通高校有效对接的"立交桥"。要深化办学模式和人才培养模式改革，建立严格而有弹性的教学管理制度和宽进严出的学习制度，使注册、学习、考试更加灵活方便，健全质量标准和保证体系，全面提高教育质量。要推进信息技术与教育教学深度融合，完善以学习者为中心、基于网络自主学习、远程支持服务与面授相结合的教学方式，创建友好的数字化学习环境。要加快推进优质教育资源共建共享，着力扩大优质资源种类、总量和覆盖面，为各类人群特别是基层学习者提供更好、更多的教育服务。要加强国际交流与合作，吸收先进理念和成功经验，不断提升办学水平和国际影响力。

国家开放大学。国家开放大学是在中央广播电视大学和地方广播电视大学的基础上组建，以现代信息技术为支撑，办学网络立体覆盖全国城乡，学历与非学历教育并重，面向全体社会成员，是没有围墙的新型大学。目前，注册在校学生 359 万人，其中本科学生 105 万人，专科学生 254 万人，包括近 20 万名农民学生，10 万名士官学生，6000 多名残疾学生。① 国家开放大学的组建成立，标志着广播电视大学系统在新的历史起点上踏上了新的征途。国家开放大学强调"开放、责任、质量、多样化、国际化"的办学理念，大力发展非学历继续教育，稳步发展学历继续教育，推进现代科技与教育的深度融合，搭建终身学习"立交桥"，适应国家经济社会发展和人的全面发展需要，促进终身教育体系建设，促进全民学习、终身学习的学习型社会形成。经过 10 年努力，把国家开放大学建设成为我国高等教育体系中一所新型大学、世界开放大学体系中富有中国特色的开放大学、我国学习型社会的重要支柱。国家开放大学与国内若干所大学合作，依托其师资、专业、课程资源优势，全面促进国家开放大学建设；与若干行业协会、大型企业、中心城市合作，成立行业支持联盟、企业支持联盟和城市支持联盟等四大支持联盟，利用各自资源和优势，大力开展各类职业技能培训、社区教育、公民素质教育，推进学习型行业、学习型企业和学习型城市建设。国家开放大学致力于实现有支持的开放式学习，探索以学习者为中心，基于网络自主学习、远程学习支持服务与面授辅导相结合的新型学习模式；以需求为导向，以能力培养为核心，改革教学内容和课程体系，与行业企业合作，科学、灵活、有针对性地开设国家开放大学特色专业；改进教学方法，为学习者提供集多媒体资源、教学交互、学习评价和学习支持服务于一体的海量、优质网络课程。通过遍布全国的学习中心提供面授辅导，也可以通过高清、快速的双向视频系统促进师生实时交流，为学习者提供随时随地的远程学习支持服务，推进以终结性考试为主向形成性考核为主的多元评价模式转变。国家开放大学致力

① 《新型大学》，http://www.ouchn.edu.cn/Portal/Category/CategoryList.aspx? CategoryId = 924df1f7 - 0cbb - 414f - 9abb - 257ba7c97f50，最后访问日期：2015 年 11 月 30 日。

于促进全民终身学习，建设具备学分认证、转换、存取等功能的学分银行系统，为每个学习者建立个人终身学习档案。学习者可以按照学分累积规则，零存整取并申请获取相应证书。国家开放大学学分银行努力为各类教育培训机构之间的学分互认与转换提供基础，鼓励社会成员通过各种形式的学习累积学分，实现学历教育与非学历教育之间的沟通和衔接，搭建终身教育"立交桥"，促进终身教育体系的形成。

北京开放大学。北京开放大学（原北京广播电视大学）创建于1960年，是全国建立最早的电视大学。学校主要承担着开放式高等学历教育和服务首都市民终身学习的重要任务，承担着北京市民终身学习远程服务中心和北京学习型城市网站的建设任务。学校已经形成了研究生、本科、大专、中专等多层次开放办学的格局。学校目前拥有专兼职教师2000多名；开设本科专业17个、专科专业40个、中等教育专业11个；本、专科注册学习学生7万余人，在籍学生11万余人，约占北京各级各类高等教育在校生总数的近10%。[1]

上海开放大学。上海开放大学原名上海电视大学，成立于1960年。上海开放大学现有开放教育学院、继续教育学院、国际交流学院、城市公共安全管理学院、残疾人教育学院、老年人教育学院、新农村建设学院和女子学院8所学院，设有管理系、法律与行政系、金融与会计系、外语系、文学艺术系、信息与工程系、声乐舞蹈教学部、综合教学部8个系部，以及遍布全市17个区县和相关行业的41所分校。2012年，学校共开设本科（专升本）专业16个（其中依托中央电大的专业13个），专科专业29个。全校（系）共有专职教师1480名、兼职教师2730名。[2]

江苏开放大学。江苏开放大学现有建筑工程学院、商学院、信息与机电工程学院、环境与生态学院、传媒与设计学院、公共管理学院、健康与养老教育学院、国际教育学院、通识教育学院（思政课教学部），在全省办学系统设有18个二级学院。先期开设农业资源与环境、环境工程、工

① 《学校简介》，http：//www.bjou.edu.cn/xuexiaogaikuang/xuexiaojianjie/about/2013-06-05/2057.htmll，最后访问日期：2015年11月30日。
② 《上海开放大学简介》，http：//www.shou.org.cn/Main/Content.aspx? i=1&j=0，最后访问日期：2015年11月30日。

程管理、文化产业管理 4 个本科专业和会计、工商企业管理、行政管理、建筑工程管理、机电一体化技术 5 个专科专业。①

云南开放大学。云南开放大学是中西部省份唯一的开放大学。目前，学校总部占地面积 750 亩，建筑面积 30 万平方米，固定资产总值达 9 亿元。拥有实验实训室 98 个，教学仪器设备总值近 1 亿元。开设有国家开放大学开放教育本科专业 21 个、专科专业 43 个；云南开放大学本科专业 4 个、专科专业 24 个；高职教育专科专业 34 个。在册学历教育学生 10 余万人，非学历教育在学人数 22 万人。学校总部现有教职工 711 人，专职教师 534 人。其中具有副高以上职称者 216 人，研究生以上学历者 383 人；全系统共有专兼职教师 4000 余人。目前已挂牌成立了 20 所二级开放学院，4 所县（区）学习中心，125 个教学点。②

广东开放大学。广东开放大学现有法律与行政管理学院、信息与工程学院、经济管理与标准化学院、文化与传播学院和直属学院 5 个学院，首批开设标准化工程、文化产业管理、法学（劳动争议调解与仲裁）、信息安全 4 个本科专业。广东开放大学同时是国家开放大学分部，目前开设开放教育本科专业 19 个、专科专业 29 个。在册学历教育学生 18.6 万人。③

二 网络教育学院与中国慕课体系

1. 网络教育学院

我国的网络教育学院起源于 2000 年，教育部出台了《关于支持若干所高等学校建设网络教育学院 开展现代远程教育试点工作的几点意见》（教高厅〔2000〕10 号）。

为落实《面向 21 世纪教育振兴行动计划》，推动现代远程教育工程的进展，积极发展高等教育，教育部决定支持若干所高等学校建设

---

① 《江苏开放大学简介》，http://jsou.cn/read2-page.htm？id=5248，最后访问日期：2015 年 11 月 30 日。
② 《云南开放大学基本情况简介》，http://ynou.cn/A10/A10001/A10001001/2011_07/29/1311904968742376.htm，最后访问日期：2015 年 11 月 30 日。
③ 《学校简介》，http://www.gdrtvu.edu.cn/about/index.html，最后访问日期：2015 年 11 月 30 日。

网络教育学院，开展现代远程教育试点工作。试点工作的主要任务包括：一是开展学历教育。面向社会招收学生，主要通过网络教学的方式来完成学历和学位教育的教学工作；面向全日制在校生，开设网络课程，取得单科学分，同时可实现校际之间的课程互选和学分承认。二是开展非学历教育。面向社会开设继续教育课程，包括课程培训、岗位培训、证书考试和自学考试助学活动等，为社会从业人员参加学习提供服务。三是探索网络教学模式。通过试点逐步建立起包括课程体系、教学内容、教学方法、课件制作、自学、辅导、作业、实验和实践教学、网上测试、教学质量保障和监控等各个教学环节的网络教学模式，加强教学过程的管理。四是探索网络教学工作的管理机制。通过试点逐步建立并完善包括招生、注册、收费、学籍管理、考试组织、学分认证、证书发放、毕业等网络教学工作的管理制度，建立起适应学习化社会需要的网络教学工作管理机制。五是网上资源建设。加大经费投入，减少重复建设，协作开发丰富的高质量的网上教学资源、试题库及网上测试系统，保证网络教学工作的顺利进行；要依法保护知识产权，建立资源共享的形式和运行机制，形成网上教育资源建设的滚动发展机制，促进我国信息产业的发展。

网络教育学院可根据本校已经具备的学历学位授予权资格，与学校职能部门共同商定人才培养方案，开展研究生有关专业学位的教育，本科（包括主修专业、辅修专业、第二学士学位、专升本）、高职高专等层次的学历学位网络教学工作，有关学位授予和毕业资格审查应由学校职能部门负责。网络教育学院可以通过国家统一的考试来录取学生，也可自行组织考试录取学生，招生形式和入学标准由试点学校自行规定。招生计划由试点学校根据网络教育学院的办学能力自行制定，根据校外教学点的条件确定招生地区，但应向西部地区倾斜。每年度的招生计划和实际招生情况由试点学校报教育部备案。网络教育学院应实行学分制。学历教育的学分有效期和修业年限由学校决定。

我国的网络教育学院现有 67 所。

2. 中国慕课体系

大规模开放在线课程（MOOC）自 2011 年秋季起在全球就引起广

泛关注，中国高校一直对此保持高度重视，思考它的意义和对现行高等教育体制的影响。2013 年春季，北大、清华率先与 edX 签约；随后，复旦大学、上海交大与 Coursera 结盟，还有一些高校已经开始了自力更生建设慕课的探索。2013 年 11 月，在南京会议上教育部高教司鼓励 985 高校建设一批慕课，2014 年 5 月 8 日，中国大学慕课平台上线后，更多的高校开始借助这个平台展示慕课建设成果，开始了中国式慕课的普及试验。

截至 2014 年 12 月 10 日，包括中国大学 MOOC、edX、Coursera、学堂在线和好大学在线在内的 5 个慕课平台已有慕课课程开设的高校共有 32 所。教育部战略研究课题"教育信息化对推动高等教育改革与发展的作用及发展方向研究"对这 32 所高校进行调研，获得了 23 所高校的反馈。其中，综合类高校 11 所，理工类高校 5 所，专业类高校中财经类、政法类、军事类、语言类、农林类、师范类以及医科类各 1 所。[1]

慕课建设数量情况。截至 2015 年 3 月 10 日，在中国大学 MOOC 平台上宣布的慕课课程已经达到 320 门，edX 平台上清华、北大课程累计 33 门；Coursera 平台上北大、上海交大、复旦、西安交大课程共计 47 门；清华学堂在线上线了国内 10 所大学的 102 门课程；好大学在线预告 67 门；我国高校累计建设慕课课程数量（不重复计）大约为 450 门，发展速度非常快。已建成慕课较多的是：国防科技大，58 门；北京大学，35 门；上海交通大学，30 门；吉林大学，20 门。大多数高校首批建成了 3 ~ 4 门慕课。以 3 ~ 4 门慕课作为一所高校的首发阵容，似乎是高校慕课建设的一个规律。正在建设的慕课数量较多的是：国防科技大，42 门；上海交大，40 门；浙江大学，30 门。较多高校正在建设的慕课课程数量在 10 门左右。未来五年准备建设慕课数量较多的是：国防科学技大计划 300 门，吉林大学计划 150 ~ 200 门，上海交大计划 150 门，而不少高校列出的五年计划是建设慕课 50 门左右。

建设慕课的动机。我国高校建设慕课大多是为了"促进校内教学改

---

① 崔璨、刘玉、汪琼：《中国大陆地区 2014 年高校慕课课程建设情况调查》，《中国电化教育》2015 年第 7 期。

革"和"改善校内人才培养质量",为了"提高学校知名度"和"扩大学校影响面"的很少。

慕课课程建设名单产生办法。"由学校层面从特色课程中确定"的方式最多,其次是以"老师自愿报名,学校组织专家进行评审"和"学院推荐,学校组织专家评审"的方式产生,"由学校层面动员名师开设慕课"方式的排位第三,"由学校原有精品开放课程转型产生"的排在第四。

每门慕课的建设经费。平均每门慕课课程建设经费投入为10万～20万元(含20万元)的高校为8所,数量最多,占35%;其次是经费投入5万～10万元(含10万元)的高校,共7所,占30%;经费投入在20万元以上的高校有5所,占比22%;经费投入较少的为5万元以下,共有3所高校,占比13%。

中国慕课持续发展的关键点。一是从对国家层面的要求来看,要有相应的政策和机制,需要教育部出台相关政策;要形成公益性与市场化相结合机制;鼓励以高校为主的社会各界积极参与和探索;建立全民终身学习、学习成果积累与认证、不同学习方式下获得成果的互认互通制度。二是从慕课学习平台组织运营机构层面来看,通过以课程建设丰富种类和内容,促进教学方式与方法改革,真正将慕课的建设与教育教学理念发展成为适合中国国情和有中国特色的现代化教育模式,切实提高教育质量。三是从社会化运营资金的要求来看,国内高校自筹资金建设慕课的普通承受力在5万～20万元,而且这还主要是传统面授方式搬上网的建设费用,随着今后课程表现形式的多样化、可持续运营和更新,需要有更大规模的资金支持,社会资金投入的需求量会越来越大,如何引进企业参与共同建设是个值得探讨的问题。

三　高等教育自学考试

我国的高等教育自学考试制度创立于1981年。1981年1月13日,国务院批转下发了教育部制定的《高等教育自学考试试行办法》,并决定在北京、上海、天津三市试行。以后参加试点的省份逐年增加,到1985

年全国各省、自治区、直辖市都开展了高等教育自学考试的试点。1988年3月3日,国家教育委员会总结了各地的经验,报国务院批准颁布了《高等教育自学考试暂行条例》,对自学考试制度的性质、任务、地位、机构、开考专业、考试办法、毕业生使用等,以国家行政立法的形式做出了明确规定,这标志着我国高等教育自学考试事业走上了法制化的轨道。1999年1月1日起实施的《中华人民共和国高等教育法》第二十一条明确规定:"国家实行高等教育自学考试制度,经考试合格的,发给相应的学历证书或者其他学业证书。"自学考试已成为落实宪法关于"鼓励自学成才"、落实教育法关于公民"依法享有平等的受教育机会"等条款的有力措施,成为终身教育的有效途径。

高等教育自学考试以其严格的质量和良好的声誉得到了社会的普遍关注,影响波及海外,已成为我国规模最大的开放的高等教育形式,与普通高等教育、成人高等教育一起成为我国高等教育不可或缺的一项基本制度。

高等教育自学考试是对自学者进行以学历(专科、本科)教育为主的高等教育国家考试,是以个人自学、社会助学和国家考试相结合的高等教育形式。

全国高等教育自学考试指导委员会(简称全国考委)。全国考委是全国高等教育自学考试工作的领导机构,负责全国高等教育自学考试工作。全国考委委员是由教育部、发改委、中组部、中宣部、财政部、劳动部、人事部等部门的负责人,军队和有关人民团体的负责人,部分高等学校的校(院)长、专家、学者组成。教育部高等教育自学考试办公室是教育部设立的自学考试工作管理机构,该机构同时作为全国考委的日常办事机构。

高等教育自学考试专业委员会。全国考委根据工作需要设立若干专业委员会或专家小组,负责拟订专业考试计划和课程自学考试大纲,参与编写和推荐适合自学的高等教育教材,对本专业考试工作进行业务指导和质量评估。各专业委员会或专家小组由本专业水平较高的专家、学者组成。

全国教育考试暨自学考试研究委员会由国内有关教育行政、教育学、教育测量学、教育统计学、考试管理等方面的专家、学者组成,是自学考试政策、业务研究的咨询机构。

各省（自治区、直辖市）、地（市）设有高等教育自学考试委员会，各级教育行政部门设立高等教育自学考试办公室，管理自学考试日常工作。主考学校由省考委遴选专业师资力量较强的全日制普通高等学校担任。主考学校在高等教育自学考试工作上接受省考委的领导，参与评卷、助学活动，负责推荐专家参与自学考试工作，负责有关实践性学习环节的考核。全国考委已制定数百门课程考试大纲，组织编写了数百种教材。

考试、毕业证书。自学考试每年两次在全国考委规定的同一时间进行考试。报考人员可在当地开考专业范围内自愿选择专业报名参考。自学考试采用施考分科、学分累计的方式逐步完成学业。按照专业考试计划的要求，分课程进行考试，课程考试合格者按规定计算学分。不及格者可参加下一次该课程的考试。考完专业考试计划规定的全部课程并取得合格成绩，完成毕业论文或其他教学实践任务，思想品德鉴定合格者准予毕业取得相应毕业证书，国家承认其学历。高等教育自学考试毕业证书有中专毕业证书、专科毕业证书、本科毕业证书。符合学位条件的高等教育自学考试本科毕业人员，由有学位授予权的主考学校依照有关规定，授予学士学位。

四 学分银行

学分银行是形象比喻个人学习账号、学分积累、学分认证和转化系列制度的民间俗称。作为学习制度研究，笔者不赞成使用该名词，还是建议使用学分积累、认证与转换制度；但作为民间宣传，它便于传播和记忆，朗朗上口，有存在的必要。

1. 国家导向

《中共中央关于制定国民经济和社会发展第十三个五年规划的建议》指出，要建立个人学习账号和学分累计制度，畅通继续教育、终身学习通道。在如此宏大的高规格建议中提到了如此具体的可操作性建议，可见其重要地位。

《国家中长期教育改革和发展规划纲要（2010～2020年）》强调，

搭建终身学习"立交桥";促进各级各类教育纵向衔接、横向沟通,提供多次选择机会,满足个人多样化的学习和发展需要;健全"宽进严出"的学习制度,办好开放大学,改革和完善高等教育自学考试制度;建立继续教育学分积累与转换制度,实现不同类型学习成果的互认和衔接。

目前国内学分积累和转换制度主要是在上海、北京等一些大城市和社区教育发达的地区进行了有益的探索。

2. 上海案例

上海市已经在普通高校引导和推动相互间的学分互认。另外,《上海市终身教育促进条例》提出,逐步建立终身教育学分积累与转换制度,实现不同类型学习成果的互认和衔接;成人高等教育同等学力水平同类课程的学分可以在各类成人高等教育机构之间相互转换;普通高等学校的普通高等教育课程的学分,可以转换为电视大学、业余大学等的成人高等教育同等学力水平同类课程的学分。学分转换的专业和课程的目录,由市教育行政部门会同有关部门组织编制,报市人民政府批准后实施。

3. 北京案例

北京市总工会职工大学开展了多年的"学分银行"计划。在具备条件的企业积极探索实施"学分银行"计划的途径和方式,实现技能培训、通用能力培训与国民教育资源共享、学分当量替换,打通职业技能教育与学历教育相衔接的通道。每年增加 1~2 个试点企业,逐步推广施行。如 2014 年北京市总工会职工大学在北京成人高考共开设 11 个专业,实行委托培养(校企合作学分银行计划,面向×××××企业集团招生)。

北京教育考试院与企业合作,采用学分银行的自学考试方式为在职职工提供自学取得学历的服务。

北京市西城区社区学院多年来实行的市民学习获得学分并转化为积分可用于日常消费的制度,已经在全区推广,并形成常态。其运行方式如图

4 - 1、图 4 - 2、图 4 - 3 所示。①

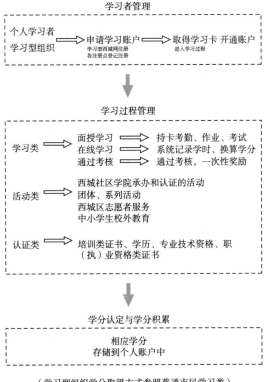

图 4 - 1　学分认证流程图

3. 慈溪市案例

　　为了提供无障碍、可积累、可互认的学习服务，使市民的学习效益达到最大、重复学习降至最低，慈溪市从 2008 年起，将开发、开通市民学分银行列入了重要日程，2009 年开通了市民学习银行，实施了个性化的市民学习卡制度，已向市民发放学习卡（磁卡）15 万张，持卡人已占全市户籍人口的 14.6%。② 学习卡既可储存市民个人信息，又有个人学习账户信息，可作为非在线学习的市民学习考勤卡、学习积分消费卡。

---

① 《学分认证》，http：//www.westcityedu.com/list_014002008.dhtml，最后访问日期：2015 年 11 月 30 日。

② 彭飞龙：《全民学习与终身学习之学分银行的构建模式——以慈溪为例》，《中国成人教育》2011 年第 11 期。

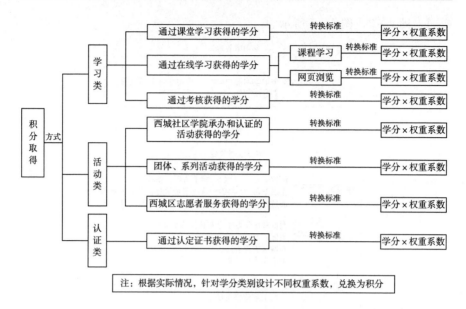

图 4 - 2　学分转换为积分示意图

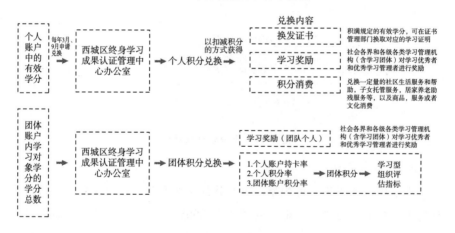

图 4 - 3　积分消费流程图

第三节　终身学习资源

终身学习资源究竟包含什么？或许不同的人有不同的认识。但是，从整合全社会资源、动员各界参与建设全民终身学习资源的角度精心绘制中国特色学习型社会终身学习的学习地图，就会发现可发掘资源非常丰富且潜力很大。传统的社会终身学习资源形式有公共图书馆、文化馆、博物馆、青少年宫、体育场馆、公园、影剧院等演出场所，现代科技馆和城市规划馆近年来也有很快的发展，学校等各类组织的图书馆、私人图书馆和博物馆近些年也不断向社会开放，爱国主义教育基地层出不穷，现代广播电视和网络学习资源不断涌现，为全民终身学习提供了便利的基础条件。

一　公共图书馆、文化馆、博物馆和少年宫等

新中国成立以来，党和政府非常重视公共文化设施建设，在县以上城市都建立了公共图书馆、博物馆、文化馆和少年宫。随着经济实力的增强和对市民学习重要意义的认识进一步提高，各地政府对以上四馆的经费投入逐步加大，四馆的服务逐步向外、向下延伸，走出大楼，走向街道、乡镇，走进社区、村庄，免费服务于全体市民。近年来大中城市政府又建设了科技馆和城市规划馆，使其成为市民了解现代城市和科技发展前沿知识和信息的免费学习场所。

2014年，文化部牵头成立国家公共文化服务体系建设协调组，形成共同会商、统筹推进的工作机制，研究起草《关于加快构建现代公共文化服务体系的意见》和《国家基本公共文化服务指导标准》，对现代公共文化服务体系进行整体制度框架设计，为全国公共文化事业的发展提供了有力保障。

1. 公共图书馆

根据《中华人民共和国文化部 2014 年文化发展统计公报》（以下简称《公报》），全国共有公共图书馆 3117 个，其中少儿图书馆 108 个。年末全国公共图书馆实际使用房屋建筑面积 1231.60 万平方米；图书总藏量 79092 万册；电子图书 50674 万册；阅览室座席数 85.55 万个；计算机 19.86 万台；供读者使用的电子阅览终端 12.16 万台。年末全国平均每万人公共图书馆建筑面积 90.0 平方米；全国人均图书藏量 0.58 册；全国人均购书费 1.24 元。全年全国公共图书馆发放借书证 3944 万个；书刊文献外借册次 46734 万次；外借人数达 22737 万人次。全年共为读者举办各种活动 103586 次；参加人数为 5015 万人。

目前，为了方便市民免费读书，许多城市图书馆已经与乡镇、街道图

书馆建立了定期图书交换制度和联借联换制度，有的图书馆采用流动图书车把借还书手续送到了城乡社区，送到了市民家门口。深圳、北京等许多城市还在人口密集的闹市区、路口设立了无人值守的自动图书馆，供人免费借阅。

2. 文化馆等群众文化机构

《公报》显示，全国共有群众文化机构 44423 个，其中乡镇综合文化站 34465 个。全国群众文化机构实际使用房屋建筑面积 3686.39 万平方米；藏书 2.48 亿册；计算机 34.67 万台；对公众开放的阅览室 108.02 万平方米。全国平均每万人群众文化设施建筑面积 269.51 平方米。全年全国群众文化机构共组织开展各类活动 147.20 万场次；服务人数为 50668 万人次。全国群众文化机构共有馆办文艺团体 6447 个，演出 13.34 万场，观众 8352 万人次。由文化馆（站）指导的群众业余文艺团体 40.46 万个，馆办老年大学 705 所。

3. 博物馆

《公报》显示，全年全国文物机构共安排基本陈列 9996 个；举办临时展览 11174 个；接待观众 84256 万人次，其中博物馆接待观众 71774 万人次；文物保护管理机构接待观众 12182 万人次。参观人群中未成年人达 22403 万人次。

除公共博物馆之外，近些年我国有很多大型企事业单位设立了具有本行业、本企业、本单位业务特色的博物馆、展示厅供市民免费参观。有一批私人博物馆纳入政府指导，向市民免费或低收费开放，或挂牌为市民终身学习基地，为市民学习提供了便利。

4. 非物质文化遗产保护活动

《公报》显示，全国共有非物质文化遗产保护机构 2645 个。全年全国非物质文化遗产保护机构共举办展览 16042 次，接待观众 3390 万人次；举办演出 34703 场，观众达 3795 万人次；举办民俗活动 12982 次，观众达 3884 万人次；举办培训班 20946 次，培训人数达 137 万人次。

5. 少年宫

少年宫是为青少年在校外业余时间开展丰富多彩的生活知识、科普知识拓展的活动基地。全国各地的少年宫几十年来对一代又一代青少年的健康成长发挥了巨大的作用。进入 21 世纪以来，随着社区教育的兴起，少年宫的发展已经由教育系统内部管理逐步走向与街道办事处、社区居委会合作办馆的模式，走向为周边成年居民拓展学习服务的道路，在学习型社会建设和全民终身学习方面做出了贡献。例如，北京市西城区教育委员会与各街道办事处合作，以少年宫为基地合办市民社区教育学校，在少年宫都加挂了社区教育学校的牌子，街道办事处也对其给予部分经费投入。

二 公园、爱国主义教育基地和体育场地

现代城市公园、体育场馆和爱国主义教育基地已经成为全民终身学习的又一特色场所。

1. 公园

公园是各城市的名片，传统公园、主题公园、郊野公园、街心公园等各类公园推出了知识花木、郊野休闲、科普宣传、环保回归等一系列主题活动，让人们在免费休闲的同时不自觉地开展学习活动。例如，北京的许多传统名园以及近年新建的一园一品式的特色郊野公园都免费向市民开放。

2. 爱国主义教育基地

近年来，我国非常重视爱国主义教育基地的建设，许多设施、展馆修建得很有特色。随着红色旅游的兴起，爱国主义教育基地数量与规模越来越大，人们在旅游、参观过程中接受了爱国主义教育，丰富了知识，了解了历史，提高了爱国意识。

3. 全民健身活动场所

现在的大型体育场馆已经不仅仅是竞技体育和群众体育的活动场地，而且是世界各地各项体育项目及历史知识的普及教育基地。根据《2014年国民经济和社会发展统计公报》，全国共有体育场地 169.5 万个，场地面积 19.9 亿平方米。为建设覆盖城乡、比较健全的全民健身公共服务体系提供支持，国家体育总局组织对我国城乡居民参加体育健身活动状况进行了调查，并于 2015 年 11 月 16 日发布了《2014 年全民健身活动状况调查公报》。

体育锻炼参与度：6～19 岁的儿童、青少年中，有 94.6% 的人每周参

加 1 次及以上体育锻炼（包含体育课、课外体育活动以及校外体育锻炼）；20 岁及以上的人中，共有 4.1 亿名城乡居民参加过体育锻炼。经常参加体育锻炼的人占 33.9%（含儿童、青少年）；在 20～69 岁人群中，随年龄增大经常参加体育锻炼的人占比逐步上升，受教育程度越高，参加体育锻炼的人占比越高，从事非体力劳动的人群中，经常参加体育锻炼的人所占比例较高。

体育锻炼强度：6～19 岁儿童、青少年中，90.0% 的人在体育锻炼中能达到中等及以上强度；20 岁及以上各年龄组中，每次参加体育锻炼达到中等强度的人所占比例最高。

锻炼时间：在校上学的 6～19 岁儿童、青少年中，有 98.1% 的人能够每周上体育课，在校外体育锻炼中，每次锻炼的持续时间在 30～59 分钟的人所占比例最高；20 岁及以上人群中，在晚上参加体育锻炼的人所占比例最高，每次参加体育锻炼的持续时间为 30～59 分钟的人所占比例最高。

锻炼指导：6～19 岁儿童、青少年中，在校外参加体育锻炼中接受指导的人所占比例较高，占 84.6%；在 20 岁及以上人群中，有 48.0% 的人接受过体育锻炼方面的指导。

体育信息获取：主要途径为"电视（DVD、录像）、广播"，其次为"书刊、报纸"，再次为"互联网"。

体育锻炼的目的和原因：6～19 岁儿童、青少年是为了"强身健体"，"喜欢、好玩"和"为了升学考试"；20 岁及以上城乡居民是为了提高身体素质，消遣娱乐和增加体力活动。对体育场馆建设需求的调查发现，希望建设社区（乡镇）健身活动中心的人所占比例最高，为 65.2%。绝大多数人希望将健身场所建在社区附近。参加体育锻炼的人群的年龄结构分布不均衡，50 岁及以上的人群中，经常参加体育锻炼的人多。城乡居民参加体育锻炼的积极性有所增加；体育消费水平提高，"实物型消费"是主要方式。

三　艺术创作演出、文化市场与旅游

传统的影剧院现已经被改造成集声、光、电的视觉、听觉甚至嗅觉和

触觉于一体的梦幻空间，听众和观众在享受中不知不觉地开展了学习。现代科技为人们展示了奇特的精神产品和物质产品，拓展了人们的知识空间。旅游是人们向包罗万象的大自然和人文景观及当地文化传统学习的最佳方式之一，精心建设和遴选的景区吸引着人们亲近她和认识她。

1. 艺术创作演出

《公报》显示，全国共有艺术表演团体 8769 个，其中各级文化部门管理的艺术表演团体 2053 个。2014 年，文化部通过开展"深入生活、扎根人民"主题实践活动，陆续组织近百批次上千名艺术家赴基层深入生活、采风创作、慰问演出，把人民作为文艺表现的主体，践行为人民抒写、为人民抒情、为人民抒怀的要求。全年全国艺术表演团体演出 173.91 万场；国内观众 91020 万人次；赴农村演出 114.04 万场，农村观众 55863 万人次。总收入 226.40 亿元，其中演出收入 75.70 亿元。

《公报》显示，全年全国文化部门所属艺术表演团体共组织政府采购的公益演出 10.58 万场，观众 9893.36 万人次；利用流动舞台车演出 10.62 万场次，观众 9900.64 万人次。全国国有艺术表演场馆 1338 个，观众座席 118.74 万个。全年共举行艺术演出 6.95 万场，观众 2598 万人次。

2. 文化市场

《公报》显示，全国文化市场经营单位（含互联网上网服务营业场所、娱乐场所和民营艺术表演团体）22.00 万个。全年全国文化市场经营单位营业收入 1613.52 亿元，营业利润 468.06 亿元。城市文化市场经营单位 77465 个。全国共有娱乐场所 84137 个，全年营业收入 1101.87 亿元，营业利润 260.50 亿元；全国共有互联网上网服务营业场所 129289 个，全年营业收入 447.76 亿元，营业利润 196.20 亿元。

3. 旅游

亲近大自然已经成为现代都市居民向往的生活。越来越多吃穿不愁的城市居民希望通过国内外旅游来了解世界文化、传统文化，丰富知识和提高素养。根据《2014 年国民经济和社会发展统计公报》，全年国内游客 36.1 亿人次，国内旅游收入 30312 亿元，增长 15.4%。国内居民出境 11659 万人次，增长 18.7%，其中因私出境 11003 万人次，增长 19.6%。因此，旅游已经成为部分市民的又一种特色学习方式。

四　图书、报刊与广播影视

1. 图书、报刊

图书、报刊是现代社会传统的知识之友。尽管在电子媒体无孔不入的今天，图书、报刊依然在各级各类教育机构、机关、企事业单位和社会团体的运行中发挥着重要的教育与学习作用。在学校教育之外和工作时间之外，人们通过图书、报刊学习知识、提升素养、帮助成长、排忧解难、享受快乐闲暇生活。图书、报刊已经成为人们难以割舍的知识之源和好朋友。

根据《2014 年国民经济和社会发展统计公报》，全国共出版各类报纸465 亿份，各类期刊 32 亿册，图书 84 亿册（张），人均图书拥有量 6.12册（张）。

2. 广播影视频道、节目与中国教育电视台

卫星和通信技术的飞速发展，使得国民走到世界任何角落都能收听到广播，"村村通"工程使得每一个村落的居民都能看上电视，有线电视的推广使得上百套电视频道送至国民面前，高清电视使人们获得了更多的精神享受。为了方便国民学习，我国建立了专门开展全民教育的中国教育电视台，中央电视台和各地电视台、广播台都开办了专门的教育频道，推出了丰富的教育和学习节目。"手指一点，学遍世界"，成为国民便捷学习的真实写照。

根据《2014 年国民经济和社会发展统计公报》，全国有线电视用户为2.31 亿户，有线数字电视用户为 1.87 亿户。广播节目综合人口覆盖率为98.0%，电视节目综合人口覆盖率为 98.6%。全年生产电视剧 429 部15983 集，电视动画片 138496 分钟。全年生产故事影片 618 部，科教片、纪录片、动画片和特种影片共 140 部。

五　专门学习网站与各类组织的门户网站等

我国已经基本实现了互联网的"校校通"，使得青少年在学校能够通过互联网获得海量知识，提高学习效率，开拓学习视野。各地政府教育部门已经逐步建立了专门供市民免费学习的"终身学习在线""社区教育"

"学习型城区"等名称的专门网站；各大媒体都建立了自己的免费信息网站；各大搜索门户网站都开办了内容丰富的浏览网页供网民免费浏览；各级政府与部门、各类大中型企业、各类中高等学校、各大型事业单位和社会团体都建有自己的官网，网上有丰富的信息资源可用于市民学习。

根据《2014 年国民经济和社会发展统计公报》，全国电话用户总数达到 153552 万户，其中固定电话用户 24943 万户，移动电话用户 128609 万户。固定电话普及率下降至 18.3 部/百人，移动电话普及率上升至 94.5 部/百人。固定互联网宽带接入用户为 20048 万户；移动宽带用户为 58254 万户。互联网上网人数为 6.49 亿人，其中手机上网人数为 5.57 亿人。互联网普及率达到 47.9%。

六　社区教育体系与"15 分钟学习圈"

为方便市民学习和交流，我国许多城市开始了市民"15 分钟学习圈"建设的尝试，建构了立体化的学习网络，使市民能在 15 分钟路程之内找到一处学习地点（设施或场所）。例如，浙江省慈溪市形成了以市社区学院为龙头、镇（街道）社区教育服务中心为骨干、社区市民学校为基础、家庭学习中心户为补充的四级基地网络。不管市民身处慈溪市的哪个地方，15 分钟内就可享受到公共文化服务和社区教育设施。

七　学习品牌与微课建设

近些年，我国许多城市为了推动全民终身学习，提高学习质量，投入人力、物力、财力开展学习品牌、微课资源、社区教育教材建设，社会效益显著，深受市民群众的欢迎。

1. 学习品牌

为推动全民终身学习和在职人员的继续教育，各地政府、各部门、各大企事业单位纷纷推出自己的学习项目，其中有许多项目在社会上有普适性。因此，许多地方政府教育部门就牵头开展了优秀学习项目的评比和改造提升工程，评选学习品牌和建设学习品牌成为当前社区教育发展较快地区的一项全民终身学习的重要建设工程。例如，北京市学习型城市建设领导小组办公室已经连续 5 年开展学习品牌评选，共评出百个学习品牌，并推动其升级、改造和完善，使其成为首都全面推行的全民终身学习品牌项目。

2. 微课

2011年，慕课的兴起也迅速推动了我国的微课建设。10多分钟以内的视频课程，阐明一个知识点或一个事件，为人们在时间"碎片化"时代提供了简洁、清晰的视频教材，提高了学习效率，受到市民的欢迎。例如，北京市朝阳区建设学习型城区研究会组织录制了老年教育的系列微课程100余节，制成视频和音频两种形式，供老年人观看或收听，深受欢迎。

3. 社区教育教材

随着21世纪以来社区教育在我国城乡的快速发展，文字短小精悍、内容丰富多彩、因地制宜、适用于市民的社区教育教材建设被列入议事日程，品种繁多的小册子层出不穷。

为了提高社区教育教材的质量，上海市已经制定了社区教育课程、教材的规范要求，并编撰出一批社区教育教材。北京市编制公布了社区教育课程分类编码规则，目前正组织编撰出版50余种社区教育课程的教学大纲和10本社区教育教材，2015年底可以交付出版。

第四节　终身学习文化建设

终身学习文化建设为学习型社会建设持续注入了生命力与成长力。终身学习文化建设，既要大力继承和弘扬中华文化的优良传统，又要充分吸收国外文化的有益成果。

一　终身学习文化建设策略

终身学习文化建设策略可以归纳为以下七个主要策略。一是优先发展终身学习文化。优先加以规划安排，优先加以立法保障，优先加以投入保证等。二是全面渗透。将终身学习文化发展全面渗透到人们日常生活和工作之中，渗透到社会各个角落。三是双重转移。建设终身学习文化的工作重心要下移，移到企业、移到社区；重点要前移，移到工作和生活第一线的社会基本单元。四是多元化。从学习价值观、学习目标，到学习形态、学习途径、学习方法，再到学习成就以及学习认证等均应采取多元化。五是创新。这种创新，不是全盘否定传统学习文化，而是检视并扬弃传统学习文化中不合时宜的那部分文化内涵，进而发展出符合时代的新的文化内涵。六是横向联动。学习文化、生活文化、工作文化之间相互联结融合，以求生活学习化，学习生活化；工作学习化，学习工作化；拆除教育领域与劳动领域的樊篱，拆除学校教育与社区生活的壁垒。七是转化生成。不仅应关注各种文化层面的内部建设，更应关注不同文化层面之间的互动生成。

二　终身学习文化的建设举措

终身学习文化建设主要有三大举措：营造终身学习物质文化、营造终身学习制度文化和营造终身学习精神文化。

1. 终身学习物质文化

终身学习物质文化是指终身学习文化外在的物化形态，其包括终身学习的建筑、景观、设施、资源、文物、产品、环境等。物质文化尽管是终身学习文化的浅表层面，但仍是终身学习文化的重要构成部分。

营造终身学习物质文化，可采取如下主要举措：一是终身学习的实体、设施和资源的建设，如学习机构、学习信息网络平台和学习资源的建设；二是各类学习文化的实体、载体、地域空间的建设，如图书馆、博物馆、文化馆、科技馆、社区内的"英语角"和"读报角"、学习街道、广场和园区、学习走廊和橱窗、新闻媒体宣传学习等；三是终身学习物质产品的设置和展示，如特色学习景观、石刻、雕塑、终身学习成果展、手工艺品、摄影作品、书画作品、特色教材等。

2. 终身学习制度文化

终身学习制度文化是指终身学习文化以制度规范形式所表现的文化形态，其包括终身学习的规章、制度、公约、宪章、会议纪要等。终身学习制度文化，是终身学习文化的中间层面，是终身学习文化不可缺少的重要内涵。它是由行之有效的终身学习活动累积上升所形成的长效机制。

营造终身学习制度文化可采取如下举措。一是建立和完善终身学习活动制度。例如，巩固和发展"全民终身学习活动周"制度，建立和健全读书节、科技节、文化节、睦邻学习节等各种类型、各种形式的文化学习活动节制度，建立和完善定期举办终身学习的论坛、报告会、研讨会、系列讲座制度。二是建立和完善终身学习保障条件制度。例如，终身学习法规条例建设制度，学习型社会建设规划的编制制度、建立和完善学习型社会建设管理体制的制度、学习型社会建设运行机制的建立和完善制度、职业化专业化社区教育工作者队伍的建设制度、终身学习活动的财政投入制度等。三是建立和完善终身学习的检查评价制度。例如，建立和完善终身学习先进个人和集体的评选、表彰和奖励制度，健全社区教育示范区评选、表彰和宣传制度，逐步建立和完善终身学习成果认证和互认制度、健全社区教育和终身学习特色项目、精品课程资源的评选和推介制度，建立健全数字化学习先行区和实验社区的评选和表彰制度，建立健全学习型社会建设的评价和督导制度等。

3. 终身学习精神文化

终身学习精神文化，是深层次的终身学习文化。终身学习精神文化是物质文化、制度文化在人们头脑中理念层面上的升华，其包含认知成分、情感成分、价值成分、理想成分，主要是指终身学习的价值观、道德观和信念精神等。

营造终身学习精神文化可采取如下的举措。一是愿景建设。通过确立社会（组织）成员共同认可并为之奋斗的远景目标，培植社会（组织）及成员终身学习的意识、理念和价值观，把建设终身学习的愿景过程作为不断提升全体成员的终身学习的精神境界过程。二是"一训三风"建设。即终身教育机构在建设校训、校风、教风、学风过程中培植机构及成员的终身学习精神文化。三是无形资源挖掘。对社区、单位组织经长期的积淀所形成的终身学习精神资源加以挖掘，并作为终身学习的宝贵财富，从而培植社区、单位组织及成员的终身学习精神文化。四是活动渗透。将终身学习的理念、价值观和信念精神渗透到学习教育的全过程、多方位及诸环节之中，渗透到各种学习、教育活动之中。五是实践陶冶。在开展社区教育和建设学习型社会工作实践中陶冶终身学习精神文化。六是示范引导。通过先进个人和集体的终身学习先进理念和先进事迹的宣传介绍，强有力地冲击着人们的传统观念和习惯，引导社会成员树立终身学习的远景目标和价值准则，从而使终身学习精神文化融入社会成员的血液里。

三 全民终身学习活动周

1. 全民终身学习活动周的兴起

2005 年 10 月 15 日，由中国成人教育协会、中国教科文全委会发起，福建省和北京、上海、天津等 10 个城市共同举办的"全民终身学习活动周"在北京市西城区德胜社区教育学校拉开序幕。本次活动的主题为"全民学习，终身学习，造就人生，振兴中华"，旨在通过学习活动周这样的形式，大力宣传终身教育思想，提倡树立全民终身教育、终身学习的观念，促进更多的人和社会机构积极参与全民终身学习，使学习成为人们生活的一部分。会上，中国成人教育协会和 10 城市发表了《全民终身学习倡议书》。

"全民终身学习活动周"一经提出，就受到教育部有关领导及各城市党政领导的重视，教育部和各地党政领导及有关教育部门积极支持活动的开展，或由党政部门联合发文，或由主要领导亲自参加活动，或给予经费支持，这些举措保证了各地全民终身学习活动的顺利开展。"全民终身学习活动周"还受到国际组织的关注。"全民终身学习活动周"以其鲜明的主题、灵活的形式、丰富的内容、显著的成果以及良好的社会影响受到有关部门和社会各界的关注和好评。

2. "全民终身学习活动周"的现实意义

"全民终身学习活动周"是一个富有创意和有意义的活动，它是对全民终身学习进行的很好的宣传和动员。"全民终身学习活动周"将终身教育和终身学习的理念变为实践，将党的十六大提出的"全面建设小康社会，形成全民学习、终身学习的学习型社会，促进人的全面发展"落实在行动上，将教育和学习变成全社会的责任。

在"全民终身学习活动周"开展过程中，中国成人教育协会和各地成人教育协会发挥了积极的作用。它们积极倡导、协调联络、组织动员，宣传推广，使同一时间、不同地点的几十个城市的学习周活动有条不紊地开展，并取得了良好的社会效益。

3. 每年举办，持续升温，声势越来越大

在教育部的支持下，在中国成人教育协会的积极操办下，"全民终身学习活动周"近年来在全国持续升温。经过多年的打造，越来越多的省区和城市积极参加了这一活动，每年 10 ~ 11 月全国联动，各城市在本地举行为期一周的"全民终身学习活动周"，开展终身教育与终身学习的宣传、展览，以及开设大量免费课程和教育培训活动，在社会上产生了巨大的影响。例如，宁波市已经将其作为重要内容列入了《宁波市终身教育促进条例》，规定每年 10 月的最后一周为宁波市终身学习活动周。市和县（市）区应当组织开展系列终身教育宣传活动。对在终身教育工作中做出突出贡献的单位和个人，按照国家有关规定给予表彰和奖励。太原市近年关于开展全民终身教育活动周的通知均由市委、市政府、市人大和市政协四大班子联合下发通知，影响很大。

教育部越来越重视开展"全民终身学习活动周"，教育部领导积极参加全国的"全民终身学习活动周"总开幕式，许多城市积极争当全国总开幕式城市。例如，在 2015 年"全民终身学习活动周"期间，教育部办公厅印发了《教育部办公厅关于举办 2015 年全民终身学习活动周的通知》；"全民终身学习活动周"工作小组印发了《关于印发 2015 年全民终身学习活动周工作方案的通知》《关于推荐评选 2015 年"百姓学习之星"的通知》，江苏省苏州市成为总开幕式举办城市。会上推出了全国百位"百姓学习之星"，并举办了包含从学前教育至老年教育的全纳教育成果大型展会——全民终身学习活动周展会。

第五章　我国学习型区域建设

　　各级各类学习型组织是学习型社会的另一大支柱。笔者认为，各级各类学习型组织包含"区域性学习型组织"和"典型性学习型组织"两大部分。之所以提出"区域性学习型组织"概念，是十年前在北京市建设学习型城市实践过程中总结出的一种结果。以研究公司寿命起家的学习型组织理论，在组织学习、团队学习和成员学习，人在组织中的价值实现和全面发展，组织与成员的共赢等方面的研究观点，吸引了大批学者和社会组织，并将其核心观点纳入支持学习型社会建设理论。正是由于学习型组织理论对学习型社会最初理论的丰富和演绎，使我们产生了"学习型城市、学习型街道乡镇等是不是学习型组织"的深入思考。考虑到学习型城市、学习型街道乡镇等兼有（小）社会形态的学习型社区（泛指）和学习型组织两种特征，所以将学习型城市、学习型区县、学习型街道（乡镇）等称为"区域性学习型组织"。"典型性学习型组织"是指我们常说的传统组织创建的学习型组织，如学习型企业、机关、学校、团体等。

第一节　学习型城市

　　学习型城市是通过实施全民终身学习和学习型组织建设，实现城市包容性可持续发展、各类组织创新发展和广大市民全面发展的城市。建设学习型城市就是在城市辖区内建设学习型社会。学习型城市建设是学习型社会建设的重要组成部分，它涉及市民全面发展、域内组织创新发展和城市自身包容性可持续发展三个方面。

一　学习型城市的重要特征与意义

刘延东副总理在首届学习型城市国际大会上指出，建设学习型城市，为市民提供更好的学习服务，能够提升城市居民的道德文化水平、生活品质和幸福指数，增强职业转换能力，从而可以促进每个人的全面发展、个性发展；建设学习型城市，能够整体提高劳动者素质和人力资源水平，发挥创新创造潜能，推动城市产业结构升级，营造良好的城市环境，可以激发城市发展的活力、促进城市的繁荣；建设学习型城市，确立全民学习、终身学习的基础性地位，能够应对经济全球化、世界多极化、信息化带来的机遇和挑战，有利于缩小区域发展差距，为国家可持续发展提供不竭动力。首届大会以"全民终身学习：城市的包容、繁荣和可持续发展"为主题，推动城市整合资源、发挥潜力，促进全民终身学习，顺应了时代发展要求，对于推进公平正义、促进社会和谐、增进民众福祉、创造更加美好的未来，具有重大的现实意义和深远的历史意义。①

教育部等七部门 2014 年下发的《关于推进学习型城市建设的意见》指出，建设学习型社会是实现"两个一百年"奋斗目标和中华民族伟大复兴中国梦的重要内容和有力支撑。建设学习型城市是实现学习型社会的重要基石。20 世纪末以来，我国已有近百个市（地）级以上城市先后提出建设学习型城市的目标并进行了实践探索，积累了宝贵的经验，取得了可喜的成绩，受到国际社会高度关注。建设学习型城市，对于培育和践行社会主义核心价值观，提升国家核心竞争力和社会文明程度；对于推动城市经济发展、产业结构升级，服务新型城镇化建设、促进城市建设管理创新；对于满足人民群众学有所教的终身学习需求、促进人的全面发展等具有重要意义。

我国学习型城市建设资深专家马仲良、吴晓川认为："学习型城市是以实现人的全面发展为目标，不断推进教育的社会化和社会的教育化，推进全民学习、终身学习，逐步实现市民工作学习化，学习生活化，工作生活

---

① 《教育部关于印发〈刘延东副总理在首届国际学习型城市大会开幕式上的讲话〉的通知》，http：//www. moe. gov. cn/publicfiles/business/htmlfiles/moe/s3865/201312/161338. html，最后访问日期：2015 年 11 月 30 日。

化和工作、学习、生活一体化的城市。学习型城市也是一种城市管理和城市发展的新型模式，是把教育与学习作为城市建设、城市管理和城市发展的前提、基础和关键环节的现代化城市。在一个城市的范围内构建学习型社会，就是构架学习型城市。"其特点是：学习型城市以人的全面发展作为城市发展的根本目标，以提高人的素质作为城市发展的根本保证，具有完善的终身教育体系，普遍开展学习型组织创建工作，有一个学习型政府。①

学习型城市发展涉及诸多因素，各国有不同的国情。我国许多专家学者从社会层面和城市层面阐述了发展指标。

《中国学习型城市建设评价指标体系框架要点》。中国教育发展战略学会终身教育工作委员 2013 年在高等教育出版社公开出版的《中国学习城市建设案例（第一辑）》中发表《中国学习型城市建设评价指标体系框架要点》（笔者为主要研究人员），其中包含有一级指标 4 条、二级指标 15 条和三级指标 77 条。一级指标和二级指标目录如下：

1. 终身教育体系和学习型组织建设

    1.1　学校教育　　1.2　继续教育　　1.3　社区教育

    1.4　教育融合　　1.5　学习型组织

2. 保障措施

    2.1　组织保障　　2.2　制度保障　　2.3　队伍保障

    2.4　条件保障　　2.5　经费保障

3. 建设成效

    3.1　经济社会和人的发展　　3.2　市民反映

    3.3　上级、舆论与专家评价

4. 典型示范价值

    4.1　典型意义　　4.2　示范意义

另外，吴晓川、张翠珠、杨树雨等著的《学习型城市建设指标体系研究》一书中推出了学习型城市建的初级、中级、高级三个阶段的指标体系，其中，中级阶段的指标体系如表 5－1 所示。

---

① 马仲良、吴晓川：《建设学习型城市》，北京工业大学出版社，2008，第 50～53 页。

表5－1　学习型城市建设中级阶段指标体系

一级指标	二级指标	指标编号	三级指标
一、投入与条件保障	（一）学习宣传	1	政府管理者的学习与认识水平
		2	学习型城市建设的宣传
	（二）组织保证	3	学习型城市建设的领导组织机构
		4	各区县的管理机构和责任人
	（三）制度建设	5	学习型城市建设的规划及制度
		6	终身教育"立交桥"制度建设
	（四）经费投入	7	公共教育支出占 GDP 的比例（％）
		8	人均教育事业费（元）
		9	研究与实验发展经费内部支出相当于 GDP 的比重（％）
		10	家庭教育文化娱乐服务支出占消费性支出的比例（％）
		11	学习型城市建设专项经费人均标准（元/年）
	（五）人力资本投入	12	每万人劳动力中研发人员全时当量（人年）
		13	各级各类专职教育工作者占劳动人口的比例（％）
		14	终身学习参与度（％）
	（六）服务网络与基地	15	市、区（县）、街镇（乡）、社区（村）四级教育培训体系
		16	平均每百万人拥有教育培训机构数（个）
	（七）居民学习资源	17	有线电视入户率（％）
		18	每百户城镇家庭计算机拥有台数（台）
		19	电话普及率（含移动电话）（部/百人）
		20	平均每百户互联网宽带接入数（个）
二、终身教育体系与终身学习服务体系建设	（八）国民教育发展	21	学前三年毛入园率（％）
		22	义务教育毛入学率（％）
		23	高中阶段教育毛入学率（％）
		24	中等职业教育在校生占高中阶段在校生的比例（％）
		25	高等职业教育招生数占高等教育招生总数的比例（％）

续表

一级指标	二级指标	指标编号	三级指标
二、终身教育体系与终身学习服务体系建设	（九）继续教育与培训	26	每10万人在校大学生数（名）
		27	以终身教育理念为指导的教育改革情况
		28	城乡社区教育参与率（%）
		29	企业职工教育参与率（%）
		30	农民成人教育参与率（%）
		31	干部教育参与率（%）
		32	专业技术人员教育参与率（%）
	（十）学习平台与资源	33	各级各类学校面向社会开放程度
		34	市、区两级远程教育网建设
		35	市级学习网站使用率（%）
	（十一）公益文化设施建设	36	平均每百人拥有公共图书馆藏书册数（册）
		37	平均每百人拥有报纸、期刊、图书总印数（份）
		38	平均每百万人拥有艺术表演场所数（个）
		39	平均每百万人拥有博物馆、文化馆（艺术馆）数（个）
三、学习型组织建设	（十二）区域性学习型组织	40	学习型区县创建比例（%）
		41	学习型街道、乡镇创建比例（%）
		42	学习型社区（居委会、行政村）创建比例（%）
		43	创建工作进入高级阶段的区域性学习型组织比例（%）
	（十三）单位性学习型组织	44	学习型党组织创建比例（%）
		45	学习型机关创建比例（%）
		46	学习型企业创建比例（%）
		47	学习型学校创建比例（%）
		48	其他学习型事业单位创建比例（%）
		49	学习型社团创建比例（%）
		50	创建工作进入高级阶段的单位性学习型组织的比例（%）
四、城市发展与管理创新	（十四）经济发展创新	51	人均GDP（美元）
		52	科技进步对经济增长的贡献率（%）
		53	高技术制造业产值占工业产值比重（%）
		54	恩格尔系数

续表

一级指标	二级指标	指标编号	三级指标
四、城市发展与管理创新	（十四）经济发展创新	55	新增劳动力平均受教育年限（年）
		56	主要劳动年龄人口中受过高等教育的比例（%）
	（十五）政治发展创新	57	每百万人年发明专利授权量（件）
		58	民主管理
		59	民主选举（投票率和满意度）
		60	法制建设
	（十六）社会管理创新	61	城镇登记失业率（%）
		62	城乡居民医疗保险参保率（%）
		63	城乡居民养老保险参保率（%）
		64	每百万人拥有注册社会组织数量（个）
	（十七）文化管理创新	65	城市精神的提出与普及
		66	文明城市建设达标程度
		67	市民公共行为文明指数
	（十八）环境管理创新	68	中心城公共交通出行比例（%）
		69	空气质量达到二级及好于二级天数比例（%）
		70	城市绿化覆盖率（全市林木绿化率）

资料来源：吴晓川、张翠珠、杨树雨《学习型城市建设指标体系研究》，北京出版社，2014，第254页。

二　学习型城市的实践探索

2002年5月，中共中央办公厅、国务院办公厅下发了《2002～2005年全国人才队伍建设规划纲要》，2003年12月发布的《关于进一步加强人才工作的决定》和2004年2月教育部发布的《2003～2007年教育振兴行动计划》均提出要开展创建"学习型城市"活动。

教育部积极推动。借2013年首届国际学习型城市大会举办的契机，2014年教育部等七部门联合下发了《关于推进学习型城市建设的意见》。同时，在教育部领导的支持和关怀下，教育部职业教育与成人教育司和中国联合国教科文组织全国委员会秘书处共同推动学习型城市建设案例城市遴选工作，中国教育发展战略学会终身教育工作委员会公开出版了涵盖16个直辖市、计划单列市、省会城市、地级市和县级市典型经验的《中国学习型城市建设案例（第一辑）》，编印下发了含有 24 个计划单列市、省会城市、地级市、县级市和城区的典型案例《中国学习型城市建设案例（第二辑）》。

（一）建立全国学习型城市建设联盟

在教育部成教司的大力支持下，经教育部批准，中国成人教育协会和中国联合国教科文组织全国委员会会秘书处共同发起成立了"全国学习型城市建设联盟"，并于 2013 年 7 月 8 日在北京举行了成立大会。截至 2015 年 10 月 21 日，联盟共发展了 51 个城市成员。

在我国学习型城市建设过程中，1999 年，上海市最早提出了要建设学习型城市；北京市在 2000 年提出构建学习型社会基本的框架，2001 年提出建设学习型城市。随后，2001 年大连市和常州市，2002 年南京市、青岛市、杭州市，2004 年郑州市，2005 年西安市，2006 年上海市和重庆市，2007 年北京市等城市的市委、市政府都正式下发了创建学习型城市的决定或意见，上海市、太原市和宁波市颁布了《终身教育促进条例》。据不完全统计，迄今为止，我国已有百余个城市宣布开展创建学习型城市活动，其中有 30 多个城市提出了专门意见或做出了专门决定。

1. 北京市

中共北京市委、市政府始终把创建学习型城市作为全面提高市民素质，增强城市综合竞争力的重要措施。1999 年北京市委、市政府印发了《关于深化教育改革全面推进素质教育的意见》，提出了"在全国率先进入高等教育普及化阶段；率先构建起各类教育相互衔接沟通、配套协调的现代教育体系；率先基本实现以建立终身学习制度和进入学习化社会为主要标志的教育现代化目标"。2000 年，北京市政府在《北京市国民经济和社会发展十五计划纲要》中，明确提出要在全国"率先构建起终身学习和学习型社会的基本框架"的发展目标。2001 年，北京市政府办公厅转发的《市教委关于全面推进社区教育，促进首都学习化社区建设的意见》提出："在 3 ~ 5 年内建立较为完善的社区教育体系，基本形成具有区域特色、能满足社区成员日益增长的精神文化需求的学习化社区。力争用 8 ~ 10 年时间，将北京建设成为学习化城市。"2002 年，北京市第九次党代会提出了"构建学习型社会，推进首都教育现代化"的战略目标。

2004 年，中共北京市委、市政府召开了首都教育大会，印发了《关于实施首都教育发展战略，率先基本实现教育现代化的决定》，提出"到 2010 年在全国率先基本实现现代化，学习型城市初步建成"。2005 年，中共北京市委在《关于制定北京市国民经济和社会发展第十一个五年规划的建议》中提出，"加强成人教育、继续教育，推进城乡教育的信息化建设，努力构建终身教育体系，积极推动学习型城市建设"。2007 年，中共北京市委、市政府召开了北京市建设学习型城市工作会议，出台了《关于大力推进首都学习型城市建设的决定》，决定提出到 2010 年北京初步建成学习之都，各类学习型组织的创建活动覆盖全市，各类学习型组织的创建率达 80% 以上，全市 30% 的社区（街道、乡镇）、机关、企事业单位等初步成为学习型组织。大力推进各类学习型组织的创建活动：创建学习型机关、学习型企事业单位、学习型学校、学习型社团；创建学习型街道、乡镇、社区等区域性学习型组织；积极推进学习型家庭建设；创建学习型区县，把学习型区县建设纳入区县经济和社会发展总体规划、社区建设规划和教育发展规划。决定强调：一是把推进学习型城市建设作为首都建设创新型城市、构建社会主义和谐社会首善之区的重要基础；二是加快建立首都终身教育体系和终身学习服务体系；三是大力推进各类学习型组织的创建活动；四是建设学习型城市，为成功举办 2008 年奥运会提供坚实保障；五是加强领导，完善建设学习型城市的保障机制。

　　为推动学习型城市创建工作的可持续发展，北京市教委从 2001 年起就成立了"北京市创建学习型城市专家指导委员会"，其成员来自在京高校、科研院所、企事业单位的专家学者。依靠这支专家队伍，对全市创建学习型城区、学习型企业、学习型街道、学习型乡镇、学习型学校的先进单位进行评估认定。这支队伍对指导全市各行业及各区县学习型组织建设发挥了重要作用。从 2003 年起，北京市教委每年投入大量经费，用于奖励资助在创建学习型区县、学习型企业及各类学习型组织中成绩突出的区县和单位。北京市教委每年举办 1~2 期创建学习型组织骨干培训班，对区县教委、行业和企事业单位的相关负责人进行培训。

　　为落实学习型城市建设目标，从 2001 年到 2015 年，由北京市学习型城市建设领导小组办公室牵头，北京市已经评估通过了 19 个学习型城区先进区（地区），4 个学习型城区示范区，54 家"创建学习型企业先进单位"，16 个"创建学习型社区先进街道"，6 个"创建学习型乡镇先进乡镇"，35 个"创建学习型学校先进学校"。

2000 年以来，北京市在创建学习型城市工作中取得了很好的成果。一是加快了首都教育现代化的步伐，激发了广大干部、群众的学习热情，提高了学习力，增强了劳动者就业能力，促进了首都人才队伍的建设和发展。二是优化了区域发展环境，促进了区域经济社会发展，提高了城市整体形象。三是促进了企业人力资源开发和人力资本增值，推动企业以提高学习力增强竞争力；使不少企业真正认识到：企业的竞争在更深层次上是核心竞争力的竞争，而企业的核心竞争力的形成与发展来源于学习力的提高；学习力是企业发展之源，竞争力是企业制胜之本。四是提高了党政机关的管理水平，建设了一支务实高效、勤政廉洁、人民满意的党政机关干部队伍。

多年来，北京市在创建学习型城市工作中取得了如下主要经验：一是充分发挥市教育部门统筹协调、宏观管理的重要作用，这是推动创建工作的关键；二是基本建立了党委领导、政府推动、教育主导、条块结合、全员参与的创建工作运行机制；三是整合教育资源，建立社会化的学习网络；四是以创建学习型社区为重点，全市的创建工作形式多样，丰富多彩；五是构建学习型城市的信息化平台；六是以创建学习型企业为目标，全面推进企业教育的创新，促进了企业的人力资源开发。

2. 上海市

1999 年，中共上海市委、市政府在上海市教育工作会议上提出建设学习型城市，2001 年《上海教育事业"十五"计划和 2015 年规划纲要》提出，2015 年基本建成与现代化国际大都市相匹配的"学习型城市"的远景目标。2006 年，中共上海市委、市政府出台了《关于推进学习型社会建设的指导意见》。意见提出：一是完善终身教育体系，奠定学习型社会的基础；二是发展学习型组织，培育学习型社会的载体；三是深化精神文明创建活动，丰富学习型组织建设内容；四是切实加强领导，为建设学习型社会提供保障。2007 年 4 月，中共上海市委、市政府召开上海市推进学习型社会建设大会，提出到 2010 年，上海市要初步建成"人人皆学、时时能学、处处可学"的学习型社会框架，构建既能提供学历教育，又能进行职业培训，还能开展休闲文化教育的终身教育系统，形成以终身教育体系为基础、以学习型组织为载体、以学习者为中心、人人均能终身学习的学习型社会。2010 年，上海市在全国城市中率先颁布了终身教育促进法，相关经费得以保障和大幅提高，在市教育委员会中设立了终身教育处。

3. 常州市

2001 年 8 月，中共常州市委九届二次全会通过了《中共常州市委关于建设学习型城市的决定》。决定内容如下：一是提出了 5 年建设学习型城市的主要目标：确立先进的学习理念；健全系统的学习体系；形成社会化学习网络；建立科学的人才培养机制。二是建设学习型城市的重要内容：学习政治理论，学习科技文化知识，学习市场经济知识。三是建设学习型城市的工作体系：建设开放型的终身教育体系；广泛建立各类学习型组织；全面推进继续教育；坚持优先发展各类教育事业；积极发挥社会力量在学习中的作用。四是建设学习型城市的保障措施：建立健全建设学习型城市的组织机构；充分发挥领导干部的学习表率作用；坚持和发扬理论联系实际的马克思主义学风；积极营造浓厚的舆论氛围；大力加强学习教育阵地建设。2002 年 1 月，中共常州市委决定成立以市委书记为主任的常州市建设学习型城市工作指导委员会，并制定了《常州市"十五"期间建设学习型城市规划纲要（试行）》，下发了《常州市关于促进学习型城市建设的若干意见》。2002 年 2 月，常州市分别制定了关于建设学习型机关、学习型系统、学习型企业、学习型社区、学习型村镇、学习型家庭实施意见（试行）的文件，2003 年，中共常州市委下发了《关于建设学习型党组织的实施意见（试行）》《关于建立领导干部学习积分制的意见》《常州市学习型企业创建工作先进单位考评办法（试行）》，2005 年，中共常州市委下发了《中共常州市委关于深化学习型城市建设的意见》。2005 年，中共常州市委组织部下发了《常州市 2005～2007 年建设学习型党组织三年规划》，同时下发了《关于培植建设学习型党组织先进典型的通知》和《常州市建设学习型党组织先进单位考评办法（试行）》（其中包括党政机关、村镇、企业、社区、事业单位的学习型党组织先进单位考评细则）。

4. 大连市

2001 年 5 月，中共大连市第九次代表大会一次全会正式通过了《中共大连市委关于建设学习型城市的决定》，成为全国第一个做出建设学习型城市专项决定的城市。2005 年 12 月，中共大连市委、市政府提出学习型与创新型城市同创共建的思路，并进行了积极探索。2006 年 5 月，大连市建设学习型城市领导小组做出《关于表彰建设学习型城市先进单位和先进个人的决定》，授予 21 个党组织为"学习型党组织"，授予 33 个机关单位为"学习型机关"，授予 37 个企业为"学习型企业"，授予 28 个社区为"学习型社区"，授予 26 个团队为"学习型团队"，授予 17 个村镇为"学习型村镇"；授予 13 个组织为"学习型组织"；授予 54 个家庭为"学习型家庭"；授予 97 名同志为"学习型个人"；授予 32 名同志为"大连市建设学习型城市先进工作者"。

5. 南京市

2002 年 4 月，中共南京市委办公厅、南京市人民政府办公厅转发了《关于建设学习型城市的意见》。意见提出，用 5 年左右的时间构筑起学习型城市的基本框架，坚持共同目标、示范带动、全民参与、鼓励创新的工作原则，以树立新的学习理念、推进终身教育体系建设、建设各类学习型组织、建立健全学习教育体系为工作重点，以学习节、网上论坛、新"三学"、个人学习计划、公益性讲座、家庭学习竞赛等为工作载体；成立建设学习型城市工作指导委员会，并建立联席会议制度，由市委机关工委、市委组织部、市民政局、市妇联分头牵头，负责学习型政府（机关）、学习型企（事）业单位、学习型社区和学习型家庭的建设，由市教育局负责制定并实施全市终身教育体系建设规划，加强舆论宣传和考核评估。2006 年 6 月，南京市分别制定了建设学习型家庭、学习型社区、学习型机关和创建学习型工会、班组（科室）的意见；8 月，南京市建设学习型城市工作指导委员会表彰了建设学习型城市工作先进单位、建设学习型社区工作示范单位和"学习之星"。2006 年 4 月，南京市建设学习型城市工作指导委员会、中共南京市委宣传部表彰了南京市建设学习型城市工作先进单位和学习型家庭示范户。

6. 重庆、西安、郑州、杭州、青岛等城市

2006 年，中共重庆市委、市人民政府下发了《关于实施中长期科技规划纲要，建设学习型社会和创新型城市的决定》。2005 年 7 月，中共西

安市第十届委员会第七次全体会议通过了《西安市建设学习型城市规划纲要》。2004 年 10 月，中共郑州市委、市政府下发《中共郑州市委、郑州市人民政府关于建设学习型城市的决定》。2002 年，杭州市人民政府下发了《关于杭州市构建终身教育体系建设学习型城市的实施意见》。2002 年 8 月，中共青岛市委、市政府下发了《中共青岛市委、青岛市人民政府关于创建学习型城市的意见》。

（二）学习型城市建设案例工作

2011 年 10 月，教育部副部长鲁昕出席由中国教育发展战略学会终身教育工作委员会、江苏省成人教育协会、常州市人民政府共同主办的主题为"构建终身教育体系，促进学习型城市建设"的"终身学习常州论坛"，会上听取常州市介绍创建学习型城市经验。她提议在全国范围内先形成 20 个学习型城市建设的案例，以此促进我国学习型城市建设广泛而深入地开展。2012 年 6 月，教育部职成司函请各省（自治区、直辖市）推荐案例城市，委托中国教育发展战略学会终身教育工作委员会组织案例的编写和出版。2013 年 9 月，包含北京、上海等 16 个城市典型经验的《中国学习型城市建设案例（第一辑）》（以下简称《案例（第一辑）》）由高等教育出版社出版，2013 年 10 月，此书作为首届国际学习型城市大会的重要会议资料之一被提交给 500 多名国内外代表，由此发出了响亮的"中国声音"，并为全球学习型城市建设贡献了力量。

16 个城市亮点。《案例（第一辑）》中的 16 个城市包含直辖市、计划单列市、省会城市、地级市和县级市 5 种类型的城市。笔者曾在 2013 年为推进学习型城市建设跟随中国教育发展战略学会全国学习型城市建设咨询与指导小组考察了上海、深圳、太原、长沙、常州、宁波等城市，结合案例资料，感受各城市的突出亮点如下：

北京：领导体制合理，已经形成较完善的学习型城区和各类组织评估指标体系，专家队伍稳定，理论水平与实践能力同步提升，各区县的创建力度大。

上海：率先提出终身教育立法，领导体制健全，终身教育体系完善，经费得以保障。

天津：以终身教育思想和大教育观为指导推动创建工作，建立了高标准的职业教育体系，老年教育网络已经形成。

深圳：创新城市，大部制改革，培训机构整合，民办培训机构发育，教育公平程度高，图书馆之城。

太原：终身教育立法，"全民终身学习活动周"多年来保持较大力度、部门协作能力强。

常州：各类组织建设起步早、齐步走。

宁波：号称"书藏古今，港通天下"，注重市民得实惠。

长沙：实施"建设人民满意城市三年规划"，读书达人活动形式新颖。

武汉：部门牵头，齐抓共创，持续推进学习型组织建设。

郑州：建设"学习绿城"，打造"幸福商都"。

西安：项目引领，实验示范，彰显终身教育特色。

珠海：高教资源不求所有，但求所用。

马鞍山：多点联动，构建服务市民的终身教育与终身学习服务体系。

克拉玛依：政企融合、学习型组织建设"西部一枝花"。

昆山：数字化网络与平台建设投入很大。

舞钢：以创建推动经济社会发展与管理创新。

《中国学习型城市建设案例（第二辑）》以24个计划单列市、省会城市、地级市、县级市和城区作为典型案例包括，广州市、济南市、沈阳市、大连市、佛山市、中山市、东莞市、衡阳市、岳阳市、芜湖市、焦作市、宝鸡市、宜兴市，北京市西城区、海淀区、朝阳区、顺义区、房山区、延庆县（现已改为区）、石景山区、大兴区，重庆市沙坪坝区，青岛市市南区，深圳市南山区。

三　学习型城市的发展

对于全国学习型城市建设的进一步发展，教育部等七部门下发了《关于推进学习型城市建设的意见》。该文件的主要精神如下：

（一）指导思想

全面贯彻党的十八大和十八届三中全会精神，着力培育和践行社会主义核心价值观，以服务全面建成小康社会和满足人民群众对美好生活的期盼为宗旨，把全民终身学习作为城市发展的重要基础，以改革创新为动力，以信息技术为支撑，努力构建灵活、开放的终身教育体系，积极推进城市各类学习资源的建设与共享，创造人人皆学、时时能学、处处可学的社会环境，促进全民学习、终身学习，促进城市的包容、繁荣与可持续发展。

（二）总体目标

在全国各类城市广泛开展学习型城市创建工作，形成一大批终身教育体系基本完善、各级各类教育协调发展、学习机会开放多样、学习资源丰富共享的学习型城市，充分发挥这些城市在学习型社会建设中的引领和示范作用。到 2020 年，东、中、西部地区市（地）级以上城市开展创建学习型城市工作的覆盖率分别达到 90%、80% 和 70%；各区域都要有一大批县级城市开展创建工作。

（三）基本原则

坚持特大型城市和区域中心城市引领，重点向地（市）级和县级城市拓展，城乡一体，以城带乡，全面推进。坚持示范带动，分类指导，鼓励百花齐放和突出地方特色。坚持探索和总结相结合，创建与交流互相促进，构建开放、有序、务实的长效机制。

（四）主要任务

1. 大力培育和践行社会主义核心价值观，凝聚全社会的价值共识

全面系统、分层次、有重点地开展社会主义核心价值观宣传教育，引导人们不断加深理解认同，成为精神追求和自觉行动。率先抓好党员干部特别是领导干部的教育，把社会主义核心价值观学习教育纳入地方各级党委（党组）中心组的学习计划和目标考核。深化青少年思想道德建设，把核心价值观纳入国民教育总体规划，贯穿于基础教育、职业教育、高等教育、继续教育各领域，落实到教育教学和管理服务等各环节，推动社会主义核心价值观进教材、进课堂、进头脑。不断巩固壮大积极健康向上的主流思想舆论，积极发挥城市各类新闻媒体的作用，生动形象地宣传阐释核心价值观，使之家喻户晓，深入人心。积极开展各类先进典型学习宣传、学雷锋志愿服务、公益广告宣传以及群众性精神文明创建等实践活动，形成弘扬社会主义核心价值观的生活情境和社会氛围。

2. 构建终身教育体系，促进各类教育融合开放

通过深化教育综合改革，推进学历教育与非学历教育协调发展，职业教育与普通教育相互沟通，职前教育与职后教育有效衔接，有效发挥学校教育在全民终身学习中的基础作用。在基础教育阶段加强学生终身学习意识和能力的培养；发挥高等教育在人才培养、科学研究、社会服务等方面的重要作用；发挥职业教育和继续教育在提高社会成员素质以及满足终身学习需求中的核心和骨干作用。引导和支持各类学校向社会开放学习资源，与社区融合。

3. 加强企事业单位职工教育培训，提高从业人员能力素质

建立完善现代企业职工教育培训制度，全面加强人力资源开发。鼓励支持行业企业在职工教育培训中发挥主渠道作用，将职工教育培训纳入行业企业发展规划和年度工作计划。支持企业内设教育培训机构建设。充分发挥学校特别是职业院校在职工教育培训中的服务功能。鼓励社会力量举办各类职业培训，促进社会化培训健康发展。加大对农民工、失业者、低技能者、残疾人等弱势群体职业培训的扶持。

4. 广泛开展城乡社区教育，推动社会治理创新

总结推广社区教育实验区建设成果，发挥社区教育示范区辐射作用，建立健全以城带乡、城乡一体的社区教育协调发展机制。培育多元社区教育主体，支持社区居民自主学习、自我教育，进一步激发城乡社区教育活力。建立社区教育联席会议、社区教育理事会等制度，完善社区教育多元参与协商、合作机制，提高社区治理能力，推动社会治理创新。加快推进面向"三农"的公民教育、农村实用技术培训和社会文化生活教育。积极开展农民工教育培训，促进农民工融入城市社区。

5. 推进各类学习型组织建设，增进社会组织活力

积极推进学习型机关、企事业单位、社会团体等各类学习型组织建设，增强社会组织的学习能力，充分发挥学习对组织发展的促进作用。加强对学习型组织建设的引导支持，分类研究制订各类学习型组织的建设标准，依托社会第三方建立各类学习型组织评价机制，培育积极向上的组织文化，增强各类组织的凝聚力和创新力。鼓励发展民间学习共同体。

6. 统筹开发社会学习资源，促进学习资源开放共享

统筹区域内各类学习资源，推进学习资源的社会化。建立有效的协调机制，促进各部门、各系统的学习资源开放共享。进一步发挥公共文化设施的社会教育功能，深入推进公共图书馆、文化馆（站）、博物馆、美术馆、科技馆等各类公共设施面向社会免费开放。鼓励机关、企事业单位、社会团体等向市民开放学习场所和设施，为市民终身学习提供便利。积极利用报纸、杂志、广播、电视以及网络媒体等各类传播媒体提供多种形式的学习服务。

7. 有效应用现代信息技术，拓展学习空间

将促进全民终身学习纳入城市信息化建设，建立互联网、移动电话、数字电视、卫星等多网合一、优势互补的远程学习网络、服务平台和学习资源库，拓展优质教育资源覆盖面。加强终身学习网站、数字图书馆、数字文化馆等公共学习服务平台建设，办好开放大学，加强对农村、边远地区现代远程教育的服务与支持，缩小数字鸿沟。降低在线学习成本，优化数字学习环境，加强学习质量保障，满足广大学习者的个性化学习需求。

（五）政策措施

1. 建立健全领导管理体制

各地要进一步提高对学习型城市建设重要性和紧迫性的认识，将学习型城市建设纳入当地经济社会发展规划，明确和细化学习型城市建设的目标、任务、路径及步骤。要建立多部门共同参与的学习型城市建设领导协调机制，指导和推进相关工作，广泛动员社会力量，形成党委领导、政府统筹、行业部门联动、社会协同、全民参与的学习型城市建设工作格局。教育部门要积极构建终身教育体系，统筹学校教育资源服务学习型城市建设。精神文明建设指导部门要将学习型城市建设与本地区文明城市建设相结合，着力提升社会道德水平。发展改革部门要将学习型城市建设纳入相关发展规划，明确相应阶段性目标。民政部门要将学习型城市建设与社区建设相结合，把社区教育工作纳入社区服务体系建设规划，提高居民能力素质，促进社会和谐。财政部门要加大学习型城市建设的支持力度。人力资源和社会保障部门要将学习型城市建设与区域人力资源开发结合起来，积极开展继续教育活动，不断提升劳动者素质。文化部门要将学习型城市

建设同公共文化服务体系建设结合起来，积极探索公共文化资源服务社会的有效途径，不断满足人民群众多样化的精神文化需求。

2. 推进法规制度建设

推进终身学习立法进程，进一步明确政府、企事业单位和个人在终身教育方面的权利、义务和责任。推动地方政府根据实际情况，研究出台学习型城市建设和终身学习的相关地方法规与政策。推进各级各类学校（教育培训机构）实行学分制，积极开展终身学习成果积累与转换工作试点，拓宽终身学习通道。建立健全与就业准入、工作考核、岗位聘用、职业注册等制度相衔接的终身学习、继续教育激励机制。

3. 加强队伍建设

加强参与学习型城市建设相关工作的社会工作者队伍建设。培育一支结构合理、素质高的继续教育专兼职教师队伍，扩大一支热心参与终身学习服务的志愿者队伍，组建一支水平高、责任心强的咨询指导专家队伍。加强队伍培养培训，不断提高业务水平和服务能力。

4. 加大多渠道投入力度

拓宽学习型城市建设经费投入渠道。各地应根据财力状况，加大对学习型城市建设的支持力度。企业依法履行职工教育培训和足额提取教育培训经费的责任。鼓励社会资金积极投入学习型城市建设，逐步形成政府、用人单位和学习者分担学习成本、多渠道筹措经费的投入机制。

5. 营造终身学习文化氛围

积极培育终身学习文化，营造全社会关心、支持、参与学习型城市建设的浓郁氛围，使学习风尚融入城市文化，提升城市的文化特色和品位。各地要利用各种媒体及其他途径，广泛宣传终身学习理念和学习型城市建设的重要意义。积极举办"全民终身学习活动周""市民大讲堂"等群众喜闻乐见的学习活动，倡导和支持全民阅读。

6. 开展评价、监测与国际交流

加强学习型城市建设的科学研究，形成具有中国特色的学习型城市建设理论。建立健全终身学习的统计信息体系，研制监测评估指标体系，支持社会组织等第三方开展学习型城市建设与发展状况评价和监测活动。加强与国际组织及世界各国在相关领域的交流与合作。

（六）进一步拓展方向

一是国家和特大型城市、中心城市促进终身学习的立法成当务之急；二是倡导和动员更多的城市加入学习型城市建设的行列之中；三是大型、特大型城市要建立终身教育和终身学习服务体系，中小城市要因地制宜地建立终身教育体系和终身学习服务体系的节点；四是已经开展学习型城市建设的城市要从规模效应更多地转向针对性、实用性、个性化的质量效应拓展；五是在抓好全民终身学习的基础上，大力开展各类学习型组织的建设，强化团队学习和组织学习；六是强化现有教育系统资源整合开发、社会学习资源共享和以计算机为基础的各类网上学习资源库建设；七是充分发挥社区学院（学校）在社区教育中的重要作用，形成以社区学院（学校）为龙头，街道（乡镇）社区教育中心为骨干，社区内中小学校、市（村）民学校和家庭教育为基础的社区教育网络；八是以智慧城市建设引导信息通信技术（ICT）应用，依托远程教育网络，发挥广播、影视、数字传媒等技术优势，使每一位公民的手机成为"掌上大学"。

第二节　学习型城区

在学习型城区建设上，我国主要是在学习型城市建设工作开展得比较好的大中型城市中开展。北京、上海、大连、青岛、太原等城市都有很好的典型经验。

与教育部在全国统一推进的与学习型城区建设相关的是 1999 年开始的社区教育实验区建设和 2004 年开始的社区教育示范区建设。截至 2015 年，全国共设立了社区教育实验区 98 个，示范区 90 个。这些实验区和示范区的设立对促进我国的全民终身学习和社区文化建设起到了巨大的推动作用。

一　社区教育实验区建设

1999 年，自从国务院批转教育部《面向 21 世纪教育振兴行动计划》，提出"开展社区教育实验工作，逐步建立和完善终身教育体系，努力提高全民素质"的要求以来，教育部积极推动社区教育实验工作。2001 年11 月，教育部召开了全国社区教育实验工作经验交流会议，明确了我国社区教育实验工作的目标任务和政策措施，并确定了 28 个全国社区教育实验区。2003 年，全国社区教育实验区进一步扩大到 61 个，基本覆盖了各省（自治区、直辖市）和计划单列市。许多省级、市级教育行政部门，也分别确定了一批省级和市级社区教育实验区。

《教育部关于推进社区教育工作的若干意见》（教职成〔2004〕16 号）提出："进一步扩大社区教育实验范围。到 2007 年，全国社区教育实验区要扩展到各省（自治区、直辖市），各省级、市级实验区的范围进一步扩大，并形成一批具有较高发展水平的省市级的社区教育实验区和普遍开展社区教育的城市；创建一批全国社区教育示范区，为学习型城市建设奠定扎实的基础；在经济教育较发达的东部地区，社区教育延伸到农村地区并取得初步经验。中部和西部地区在条件较好的农村地区开展社区教育实验。全国社区教育实验区要达到较高的发展水平，对全国社区教育工作发挥骨干和示范作用。主要任务：大力开展多层次、多内容、多形式的教育培训活动；进一步开展创建'学习型组织'的活动；充分利用、拓展和开发各类教育资源，形成社区教育培训网络。"

2009 年，《教育部关于重新公布全国社区教育实验区名单的通知》（教职成函〔2009〕4 号）中公布的社区教育实验区为 98 个。

二　社区教育示范区建设

1. 全国首批社区教育示范区与基本标准

《教育部关于推进社区教育工作的若干意见》（教职成〔2004〕16 号）提出创建一批全国社区教育示范区。2004 年 12 月 1 日，教育部以教育部办公厅名义下发《关于推荐全国社区教育示范区的通知》。通知认为，不少实验区工作卓有成效，它们的经验和做法具有典型示范意义，已经具备了在全国评估一批社区教育示范区的基本条件。因此决定在全国评估、确定一批社区教育示范区。开展社区教育评估的主要内容和基本标准是：（1）社区教育培训活动的情况。广泛开展在职人员培训、再就业培训、老年教育、青少年校外教育、特殊人群教育等各类教育培训活动，社区居民全年参加各类教育培训活动的总人数达到常住人口的 50% 以上，社区教育有效地推进了素质教育的实施，不断提高居民的整体素质。（2）社区教育开展创建学习型组织的情况。积极开展创建学习型组织活动，评选学习型家庭，数量逐年增加；创建学习型企业、学习型单位和学习型街道等先进单位的数量逐年增加，社区学习氛围浓厚。（3）社区教育的条件保障情况。充分利用各类教育资源，社区内各类教育培训机构以及文化、体育、科技等场所基本实现对居民开放，在整合教育资源的基础上，建设区县社区教育学院或社区教育中心、街道（乡镇）社区学校、居委会社区教育教学点，形成基本完善的社区教育培训网络；社区教育示范区要有多渠道筹措社区教育经费的机制，能按照常住人口人均不低于1元的标准设立社区教育专项经费，落实到位，社区内企业事业单位的职工教育经费得到落实；有一支专兼结合的社区教育工作者队伍，每个街道（乡镇）应有一名教师；重视开展社区教育的宣传与理论研究。（4）社区教育制度建设的情况。建立有完善的社区教育各项规章制度，包括联席会议制度、目标责任制度、管理制度、评估检查和督导制度、奖励表彰制度等。（5）社区教育组织领导的情况。有比较健全的社区教育的领导组织机构与部门分工协作体制，从区县到街道（乡镇）和居委会都建立有健全的管理网络，制订了社区教育发展规划并列入当地社会与经济发展规划和教育发展规划当中，教育部门要有专人管理社区教育工作。

2008年，教育部公布的全国首批社区教育示范区为34个城区，即北京市西城区、海淀区、朝阳区，天津市河西区、和平区，太原市杏花岭区，沈阳市和平区，大连市甘井子区，长春市朝阳区，哈尔滨市南岗区，上海市闸北区、徐汇区、浦东新区、嘉定区，南京市鼓楼区、玄武区，江阴市、苏州市金阊区、杭州市下城区、萧山区，宁波市海曙区、鄞州区，厦门市思明区，济南市历下区、市中区，青岛市四方区、市南区，武汉市硚口区、青山区，深圳市宝安区，重庆市渝中区，成都市青羊区，西安市碑林区，克拉玛依市克拉玛依区。

2. 全国第二批社区教育示范区与《社区教育示范区评估标准（试行）》

为贯彻落实全国教育工作会议精神，根据《国家中长期教育改革和发展规划纲要（2010～2020年）》关于"大力发展城乡社区教育"的有关要求，教育部2010年印发了《教育部办公厅关于印发〈社区教育示范区评估标准（试行）》的通知》《教育部办公厅关于推荐全国社区教育示范区的通知》《教育部关于确定第二批全国社区教育示范区的通知》，确定了北京市东城区等 34 个区（市）为全国社区教育示范区，即北京市东城区、顺义区、房山区，天津市南开区、河东区，太原市小店区，鞍山市铁东区，沈阳市皇姑区，上海市长宁区、普陀区、静安区、杨浦区，昆山市，南京市建邺区，常州市钟楼区，无锡市崇安区，平湖市，杭州市上城区、拱墅区，芜湖市镜湖区，泉州市鲤城区，福州市鼓楼区，南昌市西湖区，诸城市，济南市天桥区，武汉市武昌区，长沙市岳麓区，成都市武侯区，宝鸡市金台区，克拉玛依市独山子区，大连市沙河口区，青岛市城阳区，宁波市江东区，深圳市南山区。

为深入发展社区教育，不断提高社区教育质量，建立和完善覆盖全社会的终身学习服务体系，满足人民群众日益增长的多样化学习需求，为建设全民学习、终身学习的学习型社会奠定基础，教育部制定了《社区教育示范区评估标准（试行）》（见表 5-2）。

表 5-2　社区教育示范区评价指标[①]

一级指标	二级指标	三级指标	分值
1. 领导与管理（16 分）	1.1 认知理念	1.1.1 区（县、市）、街道（乡镇）领导对社区教育内涵，及其开展的指导思想、宗旨、原则有清晰的认识。（2 分）	2 分
	1.2 发展规划	1.2.1 区（县、市）、街道（乡镇）均制定社区教育发展规划和实施计划，列入本地经济和社会发展规划、社区建设规划和教育事业规划之中，并加以认真落实。（2 分）	2 分
	1.3 管理体制	1.3.1 区（县、市）、街道（乡镇）建立由党政领导牵头的社区教育委员会或领导小组，其办公室设在教育部门，并有专人负责。（2 分）　1.3.2 实行党政统筹领导、教育部门主管、有关部门共同参与的社区教育管理体制。（2 分）	4 分

①　参见《教育部办公厅关于印发〈社区教育示范区评估标准（试行）〉的通知》，http://www.moe.edu.cn/publicfiles/business/htmlfiles/moe/s5169/201008/96620.html，最后访问日期：2015 年 11 月 30 日。

续表

一级指标	二级指标	三级指标	分值
1. 领导与管理（16分）	1.4 制度建设	1.4.1 建立并实施社区各项规章制度，包括责任目标制度、会议制度、资源共享制度、机构和队伍建设制度、经费投入制度、评估检查制度、激励制度等，并纳入政府教育督导评估范围。(4分) 1.4.2 注重档案建设，形成规范齐全的档案资料。(2分)	6分
	1.5 宣传动员	1.5.1 通过多渠道，采取多形式向社区成员宣传社区教育和终身教育思想。(2分)	2分
2. 条件与保障（24分）	2.1 基地与网络建设	2.1.1 已建成区（县、市）、街道（乡镇）、居（村）三级社区教育系统，区（县）建立社区学院或社区教育中心，街道（乡镇）建立社区学校、市民学校或未成年人活动站，居（村）建立社区教育机构、市民学校分校或儿童活动乐园。(5分) 2.1.2 积极推进终身教育网络建设，建有网络学习平台，社区数字化学习取得明显效果。(2分)	7分
	2.2 资源开发和服务	2.2.1 社区内普通中小学、幼儿园、中等职业学校、成人教育培训机构、高等学校等积极向社区开放，为社区教育服务。(2分) 2.2.2 社区非教育机构教育资源得到较好地开发，为社区教育服务。(1分) 2.2.3 社区重视无形教育资源的总结、提炼，作为社区教育宝贵资源。(1分) 2.2.4 社区积极创造条件，建设学习资源服务圈。(1分)	5分
	2.3 经费保障	2.3.1 区（县、市）财政一般按常住人口每年人均不低于2元的标准设立社区教育专项培训经费，并落实到位。经济发达地区，在此基础上进一步增加社区教育的经费投入；(3分) 2.3.2 建立多渠道筹措经费的机制。(1分)	4分
	2.4 队伍建设	2.4.1 已建立一支素质较高，懂得社区教育，专兼职结合的社区教育管理队伍，街道（乡镇）有1名专职管理人员；(3分) 2.4.2 有一支相对稳定、适应社区教育需要的、专职、兼职和志愿者结合的社区教育辅导员（师资）队伍，街道（乡镇）建立社区教育辅导员小组；(3分) 2.4.3 制定社区教育工作者队伍建设规划，开展社区专职教育人员转岗前的转岗培训和在岗的提高性培训，培训率达90%以上。(2分)	8分

续表

一级指标	二级指标	三级指标	分值
3. 教育培训与学习活动（20分）	3.1 教育培训活动	3.1.1 东部地区，全年接受社区教育的社区成员达全体成员的50%以上；中西部地区达30%以上。（2分） 3.1.2 城市社区，登记在册的下岗待业失业人员培训率达70%以上；或农村社区，农民实用技术培训率达30%以上。（2分） 3.1.3 城市社区，登记在册的进城务工人员培训率达50%以上；或农村社区，农村劳动力外出转移培训率达50%。（2分） 3.1.4 注重对社区各类人员心理疏导和调适的教育培训。（2分） 3.1.5 注重向社区家长进行科学育儿和家庭教育的培训辅导。（2分） 3.1.6 注重向社区内儿童开展各种活动。（2分）	12分
	3.2 学习型组织的创建	3.2.1 各类学习型组织创建力度大、进展快、创建率较高；（3分） 3.2.2 学习型党政机关创建率达80%左右；（2分） 3.2.3 学习型社区创建率，东部地区达70%，中西部地区达50%。（3分）	8分
4. 社区教育成效（20分）	4.1 社区成员的认知和评价	4.1.1 社区成员对社区教育的知晓率、认同率达80%以上；（5分） 4.1.2 社区成员对接受社区教育服务的满意率70%以上。（5分）	10分
	4.2 社区成员综合素质的提高	4.2.1 社区成员的社区归属感、遵守社会公德自觉性、扶贫帮困、参加公益活动等公民素质有较大的提高。（2分） 4.2.2 社区成员终身学习观念有明显增强，求知欲有明显提升。（2分） 4.2.3 社区成员的知识和技能含量明显提高。（1分）	5分
	4.3 社区发展和成员生活质量的提升	4.3.1 推进了"文明社区""安全社区""健康社区""生态社区""数字社区"等各类创建工作。社区文明程度有较大提高，获省（直辖市、自治区）级及以上"文明社区"称号。（2分） 4.3.2 社区和谐稳定，各类案件发生率下降。（1分） 4.3.3 社区成员的精神生活质量和环境生活质量有了改善。（2分）	5分

一级指标	二级指标	三级指标	分值
5. 特色与创新 （20分）	5.1 特色	5.1.1 注重社区教育课程和活动的研发，已形成具有社区特色的课程及活动资源。（5分） 5.1.2 注重社区教育特色建设，已打造出有关项目、载体、平台等方面特色品牌。（5分）	10分
	5.2 创新	5.2.1 注重社区教育问题研究和实验探索，已产出具有创新价值的实验研究成果，指导社区教育新发展。（5分） 5.2.2 注重社区教育的管理体制、运行机制、教育教学、督导评估等方面改革创新，成效较为显著。（5分）	10分

2010 年，在杭州召开的全国社区教育工作座谈会上，教育部领导参会，总结了 10 年来各地发展社区教育的做法与经验，还为两批 68 个全国社区教育示范区举行了授牌仪式。

3. 第三批全国社区教育示范区

为贯彻落实党的十八大关于"积极发展继续教育"的战略部署和教育部关于"广泛开展城乡社区教育"的要求，进一步推进社区教育实验区、示范区建设，教育部职业教育与成人教育司 2013 年下发《关于推荐第三批全国社区教育示范区的通知》（教职成司函〔2013〕172 号），在全国社区教育实验区范围中，组织遴选第三批全国社区教育示范区。申报的基本条件为：申报单位应被评为"全国社区教育实验区"两年以上或者被评为"省级社区教育实验区（或示范区）"3 年以上。该文还提出，各地在推荐全国社区教育示范区时，应注意听取当地精神文明建设、民政等部门的意见。2014 年，教育部确定了北京市大兴区等 22 个区（市、县）为第三批全国社区教育示范区，名单如下：北京市大兴区、延庆县（现已改为区），天津市河北区，沈阳市沈河区，上海市闵行区、宝山区，南京市秦淮区，常州市武进区，湖州市德清县，杭州市江干区，合肥市蜀山区，马鞍山市雨山区，福州市福清市，淄博市张店区，长沙市雨花区，广州市越秀区，重庆市沙坪坝区，成都市锦江区、成华区，大连市金州新区，青岛市市北区，宁波市慈溪市。

至此，全国社区教育示范区三批共达 90 个区（市、县）。

三　社区教育实验区、示范区调研

2014 年 11 月，教育部职业教育与成人教育司为贯彻党的十八大关于"积极发展继续教育，完善终身教育体系，建设学习型社会"的要求，以及教育部关于广泛开展城乡社区教育的要求，更好地推动实验区、示范区建设，下发了《关于开展社区教育实验区、示范区建设情况调研的通知》（教职成司函〔2014〕号）。

1. 调研目的

通过调研，深入了解各地社区教育实验区、示范区建设现状，推动地方政府和教育行政部门落实相关文件要求；总结提炼好的经验和做法，发现各地工作中存在的问题，督促进行整改，促进社区教育持续健康发展。

2. 调研依据和内容

调研依据：《教育部关于推进社区教育工作的若干意见》《社区教育示范区评估标准（试行）》《社区教育工作者岗位基本要求》，教育部等七部门下发的《关于推进学习型城市建设的意见》。

调研内容：地方政府统筹规划社区教育情况；建立健全工作机制情况（包括社区教育治理体系建设情况、社区教育三级机构建设情况、社区教育管理者队伍和教师队伍建设情况、社区教育保障机制、社区教育资源整合与开发情况等）；推进社区教育内涵建设情况（包括社区教育课程体系建设、全国社区教育项目实验进展情况、数字化学习社区建设情况、社区教育理论研究工作等）；各类学习型组织建设情况；社区内各类教育培训活动开展情况及成效；社区教育实验项目完成情况。

3. 调查形式

组织自查和职成司选派（从社区教育专家库中抽调行政人员、专家和一线社区教育工作者组成）调研组对部分实验区、示范区进行实地调研。调研组听取相关部门关于社区教育发展情况的汇报；查阅资金拨付、政策制定、制度建设等相关文件资料；召开座谈会，听取社区教育机构、社会组织、社区居民等对社区教育发展的意见和建议。各调研组在实地调研结束后提交调研报告。

4. 调研地点

山东省淄博市张店区、临淄区，青岛市市南区、市北区；河南省平顶山市新华区、湛河区；湖南省长沙市雨花区，岳阳市岳阳楼区；广东省广州市萝岗区，佛山市顺德区；陕西省西安市未央区，宝鸡市渭滨区。

四　2015 年推荐全国社区教育实验区和示范区

为全面贯彻落实党的十八大和十八届三中全会、四中全会精神，推进社区教育规范化、制度化发展，根据《教育部 2015 年工作要点》和教育部职业教育与成人教育司《职业教育与继续教育 2015 年工作要点》部署，确定新一批全国社区教育实验区和示范区，教育部职业教育与成人教育司发文要求推荐全国社区教育实验区和示范区。

申报全国社区教育实验区的基本条件：区（县、市）政府重视，将社区教育工作纳入本区（县、市）经济社会发展的总体规划，制定了社区教育发展规划；初步形成社区教育"党委领导，政府统筹，教育部门主管，有关部门配合，社会积极支持、社区自主活动、群众广泛参与"的管理体制和运行机制；初步建立了社区教育三级机构。以区（县、市）社区教育学院为龙头、街道（乡镇）社区学校（社区学习中心）为骨干、居委会（行政村）社区教育教学点为基础的三级社区教育机构；面向城乡社区居民开展了公民素养、人文艺术、科学技术、体育保健、生活休闲、职业技能等方面的教育培训活动，有内容、有载体；初步形成了一支专职人员为骨干、兼职人员为主体的社区教育管理者队伍和教师队伍；建立了社区教育经费投入机制。区（县、市）政府按照常住人口人均不少于 1 元的标准投入社区教育，并列入经常性财政开支。

申报全国社区教育示范区的基本条件：申报地区原则上为已被确定为全国社区教育实验区 2 年以上或省级示范区 3 年以上的地区；基本符合《教育部办公厅关于印发〈社区教育示范区评估标准（试行）〉的通知》的规定；在组织机构建设、内涵建设（包括课程教材建设、实验项目、队伍建设、信息化建设等）、体制机制创新、特色品牌项目、示范引领作用等方面成效显著。

五　北京市学习型城区建设

1. 先进区评估

2001 年，北京市教委印发了《关于在全市开展"发展社区教育促进学习化社区建设先进区县"评估工作的通知》。2004 年，由北京市教委牵头，首都精神文明建设办公室、北京市民政局联合再次印发了《关于开展创建学习型城区工作的通知》，并制定评估指标体系。2007 年开始由北京市学习型城市领导小组办公室继续牵头先进区建设与评估工作，并修改了评估指标体系。

2. 示范区评估

2012 年开始"北京市学习型城市建设示范区评估"工作。从 2002 年至 2015 年，北京市原有的 19 个区县（含燕山地区）均通过了先进区的评估。从 2012 年至 2015 年，西城、顺义、房山、门头沟四个区通过了示范区的评估。示范区评估指标体系如表 5 - 3 所示。

表 5 - 3　北京市建设学习城市工作示范区（县）评估指标

一级指标	二级指标	三级指标
1. 学习与认识	1.1 学习政策和理论	1.1.1 区（县）领导班子及其成员认真学习党和国家及北京市委、市政府关于建设学习型社会、学习型政党、学习型城市的相关方针政策
		1.1.2 学习终身教育与终身学习、学习型组织、学习型社会等理论，把握其本质和基本要素
	1.2 形成动力和共识	1.2.1 区（县）领导能够联系区域经济社会发展实际，认识创建的必要性，形成清晰的工作思路和目标
		1.2.2 区（县）各部门、各级管理和工作人员能够紧密结合本部门、本单位的改革发展需要认识建设学习型区县、学习型组织的重要意义
		1.2.3 在全区（县）广泛宣传学习型区（县）建设工作的意义和作用，营造良好的建设环境和终身学习氛围，不断提高学习型社会、学习型组织建设的知晓率和参与率

续表

一级指标	二级指标	三级指标
2.组织与保障	2.1 战略规划	2.1.1 制定了学习型区（县）建设的专项规划。把学习型区（县）建设工作纳入区（县）域经济社会发展规划以及教育和人才队伍建设等专项规划
		2.1.2 各系统、部门、单位制定了学习型组织建设规划或方案
	2.2 组织领导	2.2.1 区（县）党委和政府每年召开专题会议研究建设工作，制定和出台有关政策文件。将学习型区（县）建设工作纳入政府工作考核体系
		2.2.2 学习型区（县）建设工作领导小组充分发挥全面统筹协调的作用，定期召开会议。各成员（单位）按照职责分工推进建设工作
		2.2.3 领导小组下设办公室。有专人负责学习型区（县）建设日常工作，形成有效的工作机制和制度
		2.2.4 各部门、单位有相应机构和责任人，落实学习型区（县）建设工作责任目标；管理工作形成网络体系
	2.3 工作机制	2.3.1 加强制度建设，建立科学的工作管理流程，丰富工作方法
		2.3.2 充分发挥人大、政协的监督和检查作用。将创建工作纳入政府督察项目。有专门机构和队伍对创建工作进行检查、评估和奖励
		2.3.3 建立注重探索创新的工作机制。重视调查研究、理论研讨，开展项目试验，指导、推动工作实践和创新
	2.4 队伍保证	2.4.1 建立健全专兼职结合的建设学习型区（县）管理者、教师、专家、志愿者工作队伍，完善其管理和培训制度。建立人才资源库
		2.4.2 做好中小学教师进社区工作，抓好教师队伍建设；妥善解决社区教育学校（社区教育中心、乡镇成人学校）人员编制和待遇问题，明确专职人员的工作职责
	2.5 经费保障	2.5.1 区县政府能够按常住人口每人每年不低于5元的标准设立学习型区县建设专项经费；并随区县财政收入的增长而增加，做到专款专用
		2.5.2 企业按工资总额的1.5%至2.5%足额提取员工教育培训经费，事业单位、机关等参照执行。切实保障员工教育培训的经费投入，并接受检查和监督
		2.5.3 建立筹措经费的其他社会渠道

一级指标	二级指标	三级指标
3. 建设与发展	3.1 终身教育体系建设	3.1.1 根据区域实际完善现代国民教育体系；转变教育观念，服务和促进终身学习
		3.1.2 加快发展继续教育，各单位积极开展各类教育与培训工作，使其规范化、制度化
		3.1.3 推动社区教育内涵发展。健全社区教育制度，完善课程体系，加强特色课程和教材建设；创新手段和方法，积极开展多层次、多形式和多渠道的教育培训活动；营造未成年人成长的良好环境；重视老年教育、流动人口及弱势群体教育
	3.2 学习服务体系建设	3.2.1 定期开展市民学习需求调研，掌握需求变化和动态，有针对性地提供学习服务
		3.2.2 不断加强学习服务基地网络建设。建设有较高规格的社区学院；形成区（县）、街镇（乡）、社区（村）三级学习服务网络；打造社区终身学习服务圈
		3.2.3 注重发挥各类社会组织的作用，各级各类学校以及企事业单位加大资源的开放力度，为市民提供学习服务
		3.2.4 充分发挥区域内文化、科技、体育等机构和媒体的社会教育作用；完善布局合理的市民终身学习服务基地网络
		3.2.5 整合利用社会信息资源、丰富网络学习资源，建设区域性网络学习服务平台，提供丰富的、个性化的学习服务。探索建立区域性市民学习成果积累、认证与转换系统
		3.2.6 创设内容丰富、形式多样的学习载体。各级各类主题学习活动覆盖不同学习群体，形成若干系列。积极培育学习品牌、创新项目
	3.3 学习型组织建设	3.3.1 大力开展各级各类学习型组织建设，学习型党组织和学习型机关建设走在前列。重视学习型社区、学习型家庭建设，形成全面创建格局。组织学习、团队学习成为促进个人学习、推进组织发展和创新的重要途径
		3.3.2 各类学习型组织建设工作分别有牵头单位，各牵头单位切实负起组织、推动的责任
		3.3.3 各单位学习型组织创建形成长效机制；建立激励学习的机制，促进用人机制改革；形成良好的学习和创新文化

续表

一级指标	二级指标	三级指标
4. 成效与评价	4.1 建设成效	4.1.1 区域经济社会发展水平和质量不断提高
		4.1.2 全区（县）新增劳动力平均受教育年限有所增长。从区域人口特点出发，针对特定人群开展培训。全年参加各类教育培训和学习活动的总人数达到区县常住人口的 40% 以上。流动人口、弱势群体的培训率达到相关要求。参加老年教育学习活动的人数不少于老年人口的 80%
		4.1.3 充分发挥社区学院在建设学习型区（县）中的龙头作用，进一步拓展其教育服务功能。成为社区教育教学指导和课程研发中心、市民终身学习的咨询指导中心、终身学习成果认证管理和实施中心、社区教育和学习型区（县）建设的理论研究中心
		4.1.4 创建学习型党组织优秀率达到 20% 以上；其他学习型组织创建优秀率达 20% 以上
	4.2 示范作用	4.2.1 学习型区（县）建设在体制、机制等方面的创新取得突破
		4.2.2 在构建终身教育体系和终身学习服务体系、学习型组织建设方面有示范或创新项目；培育了一批具有区（县）域特色的学习品牌
		4.2.3 形成了学习型区（县）建设的典型经验或模式，有较大影响，相关理论与实践研究走在全市前列
	4.3 社会反映	4.3.1 建设学习型区（县）在促进人的全面发展、和谐社会建设等方面成效显著，受到广大市民、各系统、各部门、各街道和乡镇社区的普遍好评
	4.4 相关评价	4.4.1 建设学习型区（县）在促进区（县）改革发展方面取得成果；获得市级以上表彰奖励以及影响较大的新闻媒体专题报道，评价较高

注：资料来自北京市学习型城市建设领导小组办公室。

第三节　学习型社区

党中央提出，要把城乡社区建设成为管理有序、服务完善、文明祥和的社会生活共同体；要健全党委领导、政府负责、社会协同、公众参与的社会管理格局，健全基层社会管理体制；最大限度地激发社会创造活力，最大限度地增加和谐因素，最大限度地减少不和谐因素；要健全党委领导、政府负责、社会协同、公众参与的社会管理格局，健全基层社会管理体制；最大限度地激发社会创造活力，最大限度地增加和谐因素，最大限度地减少不和谐因素。

一　我国的社区与行政区划

社区通常是指集中在固定地域内的家庭间相互作用所形成的社会网络。社区是我们生活中不可缺少的一个综合基础的群众基础机构。它对我们居住在一个固定区域的居民群体范围内的居民，起到一种媒介桥梁作用，是我们信任的一个基础机构，是与居民群众生活有着息息相关的基层组织。形象地说：社区就是我们的家园。

社区至少包括以下特征：有一定的地理区域；有一定数量的人口；居民之间有共同的意识和利益，并有着较密切的社会交往。一个村落、一条街道、一个县、一个市，都是规模不等的社区。在日常生活中，人们常提及的社区往往是与个人的生活关系最密切的、有直接关系的小型社区，如农村的村或乡、城市的住宅小区。

乡村社区中，人们从事的经济活动主要是农业。随着社会的发展，许多乡村社区也开展了工业生产和商业活动，成为新型的"城市化"的乡村社区。

和乡村社区相比，城市社区经济、政治活动集中，以工业、商业、服务业为主。人们的居住和工作场所非常集中，人口密度往往比乡村社区大得多。

较大的城市社区通常有着明显的功能特征，社会结构非常复杂，比如居住区、商业区、旅游区、港口区、自然保护区、科技园区，等等。

一个成熟的社区具有政治、经济、文化、教育、服务等多方面的功能，能够满足社区成员的多种需求。

二　学习型社区建设的特征

本文所指的社区是当前我国行政管理体系中的街道办事处和乡镇政府所管辖的区域，含居民委员会和村民委员会所辖区域。

2002 年 5 月，中共中央办公厅、国务院办公厅下发了《2002～2005 年全国人才队伍建设规划纲要》。该纲要提出开展创建"学习型社区"。2003 年 12 月，中共中央、国务院发布的《关于进一步加强人才工作的决定》提出："在全社会进一步树立全民学习、终生学习理念，鼓励人们通过多种形式和渠道参与终身学习，积极推动学习型组织和学习型社区建设。"

学习型社区建设是在党和政府领导下，依靠社区力量，整合社区资源，强化社区功能，解决社区问题，促进社区政治、经济、文化、环境协调和健康发展，不断提高社区成员生活水平和生活质量，实现社区居民在更高水平和层次上的自我管理、自我教育、自我服务、自我监督的一项社会系统工程。学习型社区建设内容广泛，其实质是对中国传统城市管理体制的改革，是城市文明的一个重要组成部分。

建设学习型社区是建设学习型社会的基础，是构建学习型城市的重要载体，是促进社会稳定和持续发展的关键，是实现全面小康的重要体现，是坚持以人为本，促进人的全面发展的重要途径。

三 学习型街道建设

这里所说的街道，是指我国不设市辖区的城市（即县级市）、较大城市市辖区的行政分区。街道管理机构称为街道办事处，是市辖区政府或县级市政府的派出机关，也是城市管理中的政府基层机构。直辖市以及副省级城市的街道属于正处级行政区，地级市以及县级市的街道属于乡级行政区。

目前，虽然学习型街道建设在全国的专题理论研究较少，但是实践探索开展得比较普遍，许多学习型城市建设做得比较好的地方，学习型街道建设也成为其中的重头内容。

随着我国城市化进程的加快，企事业单位养老保障制度的改革和住房商品化，城市居民生活中有越来越多的问题需要政府通过街道和社区层面来解决，街道办事处、居委会不得不加快改革的速度、扩大管理的范围和提高服务的质量，同时也带来了街道努力学习的需求和创新发展的机遇。创建学习型街道主要应抓好以下四方面的工作。

1. 街道办事处机关的学习型机关建设

街道办事处应首先在街道区域内带头创建学习型机关，在机关内部开展学习型党组织、学习型领导班子、学习型科室、学习型团组织等内部组织的学习型组织和学习型团队建设，强调党员和领导干部带头学习，鼓励和帮助机关工作人员开展终身学习，实现全面发展。

2. 街道区域内各类组织的学习型组织建设

现代城市的街道区域内，除了传统的居委会组织、上级驻区单位和国有企事业单位之外，大量的民营企业、新经济组织和新社会组织也不断增加。它们的出现给当地经济社会建设发展带来了活力和财富，给街道管理也带来了压力。例如，深圳市宝安区福永街道和平社区，户口居民1060余人，实有居住人口15万人，管理难度可想而知；再如，北京市海淀区上地街道工委仅有2名专职党务人员，但驻区非公科技企业数量众多，党组织组建和属地管理的难度加大，就出现了很多新的管理模式。

因此，倡导和推动居委会组织、上级驻区单位和国有企事业单位、新经济组织和新社会组织开展创建学习型组织活动就显得意义非常重大。创建学习型组织不仅能提高这些组织的学习力、创新力和竞争力，还能提高本街道的管理能力、管理效率、声誉。

3. 街道区域内的学习型社会建设

创建学习型街道要注重区域内社会建设，建立本街道居民的共同愿景，形成社会主义主流价值观。要注重精神文明建设和注重区域文化建设，特别是老城区、老街道，要注重挖掘优良的传统文化使之成为现代城区文化创新的基础。要注重和谐社区、平安社区、幸福社区、绿色社区建设。

4. 社区教育与居民终身学习平台建设

社区教育与文化活动场所建设。为推动终身教育体系建设和市民终身学习，要大力发展社区教育。通过街道社区教育学校（或中心）、街道图书馆、文化馆、博物馆、文体活动中心、青少年活动中心、亲子早教中心、体育文化广场、公园、爱国主义教育基地等场所的基础建设，为居民提供接受社区教育和文化教育的场地和交流空间。例如，北京市海淀区中关村学院的市民学习体验中心设立的书法与国画、中餐与厨艺展示、葡萄酒文化、西点制作等 6 大体验学习项目，深受广大市民群众的欢迎。

域内社区教育资源共享。创建学习型街道，街道要努力为居民提供更多的教育资源。通过街道区域内的各类学校教育资源的统筹，引导驻区企事业单位开展教育资源共享。例如，北京市东城区采用学区化的方式，将每个街道内的多所中小学联合起来，由一所骨干中学牵头，形成社区居民教育中心，骨干中学的校长参与街道的社区教育管理工作，使公办中小学资源为社区教育服务，街道与社区的资源向中小学生课外教育与活动开放。又如，广州市萝岗区社区学院就得到了民办高校——广东岭南职业技术学院的鼎力支持，该院选派两名副院长兼职，还选派了 5 名专职工作人员以及划拨场所。在运作过程中还聘请了广东岭南职业技术学院的许多教师下社区讲课，这是一个驻区高校大力支持社区教育，使社区教育公益事业和民办高校双赢的典型案例。

计算机网络学习资源建设。随着计算机与互联网技术的飞速发展和市民多样化学习需求的增加，市民网上学习超市和学习资源库的建立成为大城市或富裕城市城区和街道关注的社区教育创新点。例如，江苏省常州市钟楼区社区培训学院，为市民发放了数万张市民网上课程免费学习与记分卡，受到广大居民的欢迎。

"学习指导师"队伍的建立。2008 年笔者就在出版的著作和公开发表的论文中提出逐步组建指导居民终身学习的"学习指导师"队伍。目前，服务于社区教育的专兼职教师不仅有讲课的，还有一些是兼职管理和指导或辅导学习的。例如，全民终身学习活动周期间，北京市东城区命名和表彰了一批"社区教育优秀指导教师"，当时市教委的领导就提出了命名的科学性问题；朝阳区在全区社区教育工作大会上命名和表彰了一批"朝阳区优秀学习指导教师"。这充分说明学习指导师的需求已经凸显，是到了认真研究建设这支队伍的时候了。北京市及顺义区已将学习指导师队伍建设归入相关规划。学习指导师岗位应列入我国的岗位分类大典。

5. 创建学习型街道案例

北京市也是开展创建学习型街道实践行动较早的城市之一。2005年，市教委会同市民政局等部门，印发了《关于创建学习型社区先进街道评估标准》，并于2007年进一步修订。根据这个评估指标体系，一些创建学习型街道工作走在前列的街道积极申报评选北京市级创建学习型社区先进街道。通过市专家组对其进行视导和进一步培育，经现场评估，有16个街道被评为创建学习型街道市级先进单位。2011年，北京市学习型城市建设领导小组办公室又将《关于创建学习型社区先进街道评估标准》与《关于创建学习型社区先进乡镇评估标准》合并为《关于创建学习型社区先进街道（乡镇）评估标准》（见表5－4）。根据新标准，2011年北京市有13个街道申报参评，2012年初对其进行了评估。

表5－4 创建北京市学习型社区先进街道（乡镇）评估指标体系

一级指标	二级指标	三级指标
1. 认识与宣传	1.1 学习与认识	1.1.1 学习党和国家及北京市委、市政府关于建设学习型社会、学习型城市等方针政策和终身教育、终身学习及学习型组织理论，理解创建意义
		1.1.2 联系区域经济和社会发展实际，形成创建动力
	1.2 宣传与普及	1.2.1 通过举办学习周和读书节活动，编印宣传手册或有关材料、开展网络和橱窗以及街头宣传等多种载体和形式，向辖区居民宣传普及创建理念，营造全民学习、终身学习的良好氛围，创建知晓率达到90%以上
2. 组织与管理	2.1 组织领导	2.1.1 成立由街道（乡镇）主要领导任组长的创建领导小组，下设办公室，有专人负责。各职能部门有明确分工，形成多方参与、分工负责、齐抓共管的创建局面
		2.1.2 领导小组每年至少召开两次会议，研究创建工作
	2.2 方案	2.2.1 明确创建目标和思路，制定与街道乡镇发展规划相协调的创建方案
	2.3 过程管理	2.3.1 创建有计划、有总结、有检查、有改进，对创建过程进行有效管理

续表

一级指标	二级指标	三级指标
3. 条件与保障	3.1 机制建设	3.1.1 建立并完善各种学习和教育培训制度
		3.1.2 建立并完善检查评价、反馈改进和交流、表彰的创建管理制度，执行有力，形成长效机制
	3.2 经费保障	3.2.1 财政按照常住人口每人每年不低于 2 元的标准支付，社区教育（农村成人教育）开展的经费逐年有所增加
		3.2.2 开拓其他经费投入渠道
	3.3 基地建设	3.3.1 街道有独立的社区教育中心（或社区教育学校），建筑面积不少于 1000 平方米；有标准教室不少于 2 间，图书阅览室容纳不少于 30 人，图书音像资料不少于 3000 册，有必要的教学培训设备。另有共享的社区教育基地，总使用面积不少于 2000 平方米
		3.3.2 居委会社区均建有市民文明学校，使用面积不少于 100 平方米，教室不少于 1 间，有必要的教学培训设备
		3.3.3 辖区内有 80% 以上的教育、文化、体育、科普等学习资源有组织地面向居民开放，内容丰富，效果良好
		3.3.4 建立"学习超市"，汇总辖区内学习型培训机构及其培训项目，为居民个性化自主学习提供"菜单"及咨询服务
	3.4 队伍建设	3.4.1 有创建管理队伍、专兼结合的教师队伍和志愿者队伍
		3.4.2 开展"三支队伍"的教育培训，提高创建管理水平及教育教学水平
	3.5 技术支撑	3.5.1 推进信息化（数字化）建设，利用计算机网络、远程教育等现代化信息技术手段开展教育培训工作，交流、共享、积累学习成果和工作经验，促进知识管理
4. 实施与成效	4.1 社区文化建设	4.1.1 形成共同愿景，不断加强社区凝聚力
		4.1.2 加强社区文化建设，形成具有自身特点的区域文化，树立良好社区（乡村）形象
	4.2 学习教育活动	4.2.1 每年开展居民学习需求调研，增强社区教育（农村成人教育）的针对性
		4.2.2 社区教育（农村成人教育）有课程设置和教材，多元课程能满足居民教育需求
		4.2.3 为提高居民的思想道德、科学文化、身心健康素质和职业技能水平，开展形式多样、内容丰富的学习培训和宣传教育活动

续表

一级指标	二级指标	三级指标
4. 实施与成效	4.2 学习教育活动	4.2.4 每年参加学习教育活动的人次不少于常住人口的 50%
		4.2.5 为青少年接受校外教育、参与义工、志愿活动等社会实践提供支持
		4.2.6 关注弱势群体与特殊群体，针对辖区内下岗失业人员、来京务工人员、农转非人员等开展职业技能培训，针对老年群体开展老年教育
		4.2.7 面向居民的终身学习服务，形成品牌服务项目，有区级（含）以上认定的市民学习品牌
	4.3 辖区内学习组织创建	4.3.1 开展学习型领导班子、学习型党组织、学习型机关创建，取得良好效果，在学习型社区建设中发挥带头作用
		4.3.2 开展学习型社区（新村）、学习型楼院（门栋）、学习型社会组织和学习型家庭等创建，有创建先进典型
		4.3.3 学习型社区（新村）创建率不低于 50%，区级（含）以上创建率不低于 10%
		4.3.4 每年至少召开 1 次辖区内学习型组织创建经验总结交流会（或表彰会）
	4.4 社区改革与发展（8 分）	4.4.1 创建推进了社会管理的改革和创新，提高了社会服务水平，提高了解决影响发展和民生问题的能力
		4.4.2 创建激发了居民的学习热情，提高了居民的综合素质，涌现出一批学以致用、成绩突出的个人学习典型，有区级（含）以上评选的学习之星
5. 特色与创新	5.1 特色	5.1.1 学习型街道（乡镇）创建成效显著，在某些方面有突出特色
	5.2 创新	5.2.1 学习型街道（乡镇）创建（观念、内容、方法、举措等）有创新点

　　注：资料来自北京市学习型城市建设领导小组办公室。

四　学习型乡镇建设

　　乡镇，即乡和镇，泛指较小的市镇。乡镇是我国最基层的政府机构驻地，一头连着城市，一头连着农村，在农村乃至整个国家经济社会发展中发挥着基础性作用。

乡镇具有以下六个主要特性：行政地域的完整性、人口规模的适度性、管理层级的有序性、机构设置的合理性、职能定位的科学性、组织制度的规范性、政权名称的固定性。

中国是个农业大国，农业、农村、农民，这"三农"问题历来是党中央、国务院高度关切的问题。学习型乡镇建设是我国学习型社会建设中的基础性建设，也是"三农"建设最直接的形式之一。学习型乡镇建设应该主要从三个方面开展工作。

1. 乡镇党政机关的学习型组织建设

乡镇党政机关是我国最基层的政府机关，它的学习型组织建设就包含学习型机关的建设。在乡政府机关内部，开展学习型党组织、学习型领导班子、学习型科室、学习型直属单位、学习型团组织、学习型妇联等组织建设与团队建设，要求领导干部和党员做学习的模范，鼓励职工争做知识型职工。

2. 乡镇区域内的学习型社会建设

推动机关外部各类组织的学习型组织创建。在创建学习型乡镇的过程中，加大宣传力度和政策引导，推动域内企业、学校、村委会、居委会、社团等组织开展学习型组织建设活动和学习型家庭活动，特别是扶植农民经济合作组织创新学习型组织的建设和可持续发展。

农村经济社会发展模式转型与农民观念更新。现代农村的科技兴农、绿色种植和养殖、农民致富、环保和宜居、健康生活方式与文明程度提高都成为在学习型乡镇建设过程中越来越值得关注的问题。

大中城市周边的学习型乡镇建设，应重点关注农村经济社会发展模式转型。例如，北京、上海、广州等大城市的现代都市型农业发展，就成为周边乡镇经济社会发展转型的机遇与挑战。在农村城市化进程中，农民失去土地、搬迁上楼，生活观念和方式都发生了很大的变化，学习现代城市文明知识，成为生存的需要。

3. 农民的基层学习服务体系建设

以乡镇成人学校为主线，强调继续教育、职业教育和普通教育的"三教统筹"，使青少年能分享社区教育资源，使成年人能分享普通教育资源，实现教育资源共享，推动域内教育与学习资源共享。

以农民实用技术培训为重点，利用现代远程教育手段培养一批懂管理、会经营的新型农民企业家；利用田间学校，培养出一批农村养殖、种植技术能手；利用乡土自然资源和优良人文传统，开发中小学校本课程和开展课外活动，将青少年培育成有特色知识、爱劳动和爱家乡的"四会"（会生存、会学习、会做事、会共处）本土人才；建设以乡土特色为主的学习超市和学习资源库，鼓励农民争做知识型农民。

4. 学习型乡镇建设的实践案例

国内比较早地提出学习型乡镇建设的省份是江苏，这与江浙一带农村经济发展较好、乡镇企业较多直接相关，例如 2002 年第 9 期《苏南乡镇》杂志刊登江苏省张家港市杨舍镇构建学习型乡镇实践总结的文章，2002 年 2 月，江苏省常州市分别制定了关于建设学习型村镇的实施意见等 6 个文件。2005 年，中共常州市委组织部制定和下发了《常州市 2005～2007 年建设学习型党组织三年规划》，下发了《关于培植建设学习型党组织先进典型的通知》和《常州市建设学习型党组织先进单位考评办法（试行）》（其中包括村、镇等学习型党组织先进单位考评细则）。

北京市也是开展创建学习型乡镇实践行动较早的省市之一。2005 年，北京市教委会同市农委等部门，印发了《关于创建学习型社区先进乡镇评估标准》以及《关于创建学习型新村先进村评估标准》，并于 2007 年进一步修订和下发了《关于创建学习型社区先进乡镇评估标准》。根据这个评估指标体系，一些创建学习型乡镇工作走在前列的乡镇积极开展了北京市创建学习型乡镇先进乡镇的评选活动。通过市专家组对其进行视导和进一步的培育，经现场评估，有 6 个乡镇被命名为"创建学习型乡镇市级先进单位"。2011 年北京市又将《关于创建学习型社区先进乡镇评估标准》与《关于创建学习型社区先进街道评估标准》合并为《关于创建学习型社区先进街道（乡镇）评估标准》。[①] 根据新标准，2011 年有 10 个乡镇申报参评，2012 年初对其进行评估。

北京市各区县在创建学习型乡镇过程中，也有很好的经验和做法。如顺义区将创建工作纳入乡镇政府年度工作考核和领导干部工作考核，并占

---

① 以上文件均出自北京市学习型城市领导小组办公室内部资料。

一定权重的分值，组成了由组织部、人事局、文明办、总工会、民政局、教委等部门领导为成员的先进考评小组，到现场听汇报、查档案确定考评结果；又如，怀柔区近几年来要求乡镇每年有创建学习型乡镇的计划和总结，创建率达到100%。再如，延庆县（现已改为区）组成学习型乡镇建设师资队伍，分组包干，从宣讲、视导到档案整理和最后评估，均有社区教育中心的专门教师负责；门头沟区在学习型乡镇建设的教育资源共享方面，采用"一长管两校（校长管成人校、中小学校）、一校管两教（成教、普教）、一师管两学（老师教农民和孩子）"的办法。

五　学习型居委会、村委会建设

在我国城市，基层社区管理组织是居民委员会；在农村，基层社区管理组织是村民委员会。

我国现存的居委会和村委会是分别依据1989年12月26日第七届全国人民代表大会常务委员会第十一次会议通过的《中华人民共和国城市居民委员会组织法》和2010年10月28日第十一届全国人民代表大会常务委员会第十七次会议修订的《中华人民共和国村民委员会组织法》开展工作的。

1. 居委会

居民委员会是居民自我管理、自我教育、自我服务的基层群众性自治组织，是人民民主专政和城市政权的重要基础，也是党和政府联系人民群众的桥梁和纽带之一。它在基层政权或者它的派出机构的指导下开展工作。

不设区的市、市辖区的人民政府或者它的派出机关对居民委员会的工作给予指导、支持和帮助。居民委员会协助不设区的市、市辖区的人民政府或者它的派出机关开展工作。

居民委员会的任务：一是宣传宪法、法律、法规和国家的政策，维护居民的合法权益，教育居民依法履行应尽的义务，爱护公共财产，开展多种形式的社会主义精神文明建设活动；二是办理本地区居民的公共事务；三是调解民间纠纷；四是协助维护社会治安；五是协助人民政府或者它的派出机关做好与居民利益有关的公共卫生、计划生育、优抚救济、青少年教育等项工作；六是向人民政府或者它的派出机关反映居民的意见、要求和提出建议。

居民委员会根据居民的居住状况，按照便于居民自治的原则，一般在100~700户的范围内设立。居民委员会的设立、撤销、规模调整，由不设区的市、市辖区的人民政府决定。

居民委员会主任、副主任和委员，由本居住地区全体有选举权的居民或者由每户派代表选举产生。根据居民意见，也可以由每个居民小组选举代表2~3人选举产生。居民委员会可以分设若干居民小组，小组长由居民小组推选。

2. 村委会

村民委员会是村民自我管理、自我教育、自我服务的基层群众性自治组织，实行民主选举、民主决策、民主管理、民主监督。

村民委员会管理本村的公共事务和公益事业，调解民间纠纷，协助维护社会治安，向人民政府反映村民的意见、要求和提出建议。

村民委员会的设立、撤销、范围调整，由乡、民族乡、镇的人民政府提出，经村民会议讨论同意，报县级人民政府批准。

村民委员会可以根据村民居住状况、集体土地所有权关系等分设若干村民小组。

乡镇人民政府对村民委员会的工作给予指导、支持和帮助，但是不得干预依法属于村民自治范围内的事项。村民委员会协助乡、民族乡、镇的人民政府开展工作。

村民委员会根据需要设人民调解、治安保卫、公共卫生与计划生育等委员会。

村民委员会主任、副主任和委员，由村民直接选举产生。

3. 学习型居委会、村委会建设

学习型居委会、村委会建设是最基层的地域管理组织和最小区域的建设。

根据我国社会发展状况，目前的学习型社区建设应当重点培育和完善以下几种社区功能：一是管理功能，管理生活在社区的人群的社会生活事务；二是服务功能，为社区居民和单位提供社会化服务；三是保障功能，救助和保护社区内部弱势群体；四是教育功能，提高社区成员的文明素质和文化修养；五是安全稳定功能，化解各种社会矛盾，保证居民生命财产安全。

学习型居委会、村委会建设的主要内容包含终身学习理念的建立、终身教育和终身学习服务场所的建立、居民学习条件的提供和学习资源、学习平台的建设。同时，包含推动地域内各类组织的学习型组织建设和学习型家庭建设。通过全民学习、终身学习、学习型组织建设和学习型家庭建设，推动区域的整体发展和公民素质的提高，最终目的是促进人的全面发展与社区和谐。

在学习型居委会、村委会建设中，对社区居委会、村委会、社区和村的党委、党总支、党支部，集体经济组织，服务性、公益性、互助性社会组织而言，更多的是强调开展组织建设；而对行政区域内的居民和村民，更多的是强调接受终身教育和开展终身学习。

学习型居委会、村委会建设，从目前的实践情况看，都是在各级政府的要求和组织下统一开展的。例如，北京和上海在创建学习型城市的影响下，学习型居委会、学习型村委会建设的工作力度就很大。江苏、山东等省的学习型居委会、学习型村委会建设工作也开展较好。2005年，北京市教委会同市农委等部门，印发了《关于创建学习型新村先进村评估标准》，该标准成为各区县、乡镇开展创建学习型新村先进村的参照标准，使用它评估确认了一大批本区域的学习型社区（居委会、村委会）建设先进社区。2007年，北京市又修订并下发了《关于创建学习型社区先进街道评估标准》，各区县、街道参照以上标准又制定了本区县、街道的创建学习型社区（居委会、村委会）评估标准，使用这些标准评估确认了一大批本区域的学习型社区建设先进社区（居委会、村委会）。北京、上海等大城市开展学习型社区建设，涌现出大批学习型小区（院）、学习型楼门等。

六　社区教育活动

学习型社区建设中还有一项重要的工作是开展社区教育活动。社区教育在中国起步的时间较晚，但发展的速度却非常快。随着社区建设的不断加强，人们对社区的需求越来越大，社区教育日益成为社区居民生活的重要内容。虽然目前在我国享受社区教育的实际主体人群是老年人，但社区教育不仅是社区的老年教育，而且包括了社区行政区划内各类人群的教育，并且要特别关注社会弱势群体的教育。同时，社区内各类公有教育资源整合与共享的问题是亟待解决的问题。

社区教育在社区中的表现形式不仅是教育培训、讲座和鼓励自学活动，更多是开展丰富多彩、群众喜闻乐见的文化教育活动和相互交流、沟通活动，要特别注意寓教于乐、寓学于乐，通过为社区居民办实事来提高参与率、提高实效。

第六章　我国学习型组织建设

2002 年，中共中央办公厅、国务院办公厅印发的《2002～2005 年全国人才队伍建设规划纲要》提出开展创建学习型组织。2003 年，《中共中央国务院关于进一步加强人才工作的决定》提出积极推动学习型组织建设。2004 年 2 月，经国务院批准的《2003～2007 年教育振兴行动计划》提出开展创建学习型企业、学习型组织。2004 年，中共十六届四中全会报告提出建设学习型政党。2007 年，党的十七大报告指出，要按照建设学习型政党的要求加强党的学习。党的十七届四中全会提出，建设马克思主义学习型政党，各级党组织要成为学习型党组织、各级领导班子要成为学习型领导班子。2012 年，党的十八大报告提出，建设学习型、服务型、创新型的马克思主义执政党。《国家中长期教育改革和发展规划纲要（2010～2020 年）》强调要加快各类学习型组织建设。

第一节　学习型党组织

胡锦涛同志提出，各级党组织都应该成为学习型组织，各级领导班子都应该成为学习型团队，各级领导干部都应该成为学习的表率。习近平同志强调，建设马克思主义学习型政党必须把建设学习型党组织作为基础工程和组织保障抓实抓好。①

---

① 《习近平在中央党校 2009 年秋季学期第二批进修班开学典礼上的讲话》，http：//politics. people. com. cn/GB/1024/10402913. html。

一 创建学习型党组织的阶段

1. 第一阶段——提出建设学习型政党

2001 年，在全国干部教育培训工作会议上，曾庆红指出，努力营造学习型政党、学习型社会的氛围。[①] 2003 年 2 月，曾庆红在中央党校发表讲话中再次强调指出，建设学习型社会，很大程度上要靠建设学习型政党来导向、来推动。[②]

2004 年 9 月，党的十六届四中全会《中共中央关于加强党的执政能力建设的决定》提出努力建设学习型政党。胡锦涛同志在 2005 年全国保持共产党员先进性教育会议上和 2006 年 11 月中央政治局会议研究干部教育培训工作会议时都强调要推动学习型政党建设；2007 年 1 月在中央纪律检查委员会第七次会议上又要求各级领导干部"努力在建设学习型政党和学习型社会中走在前列"。2006 年 3 月，中央颁布的《干部教育培训工作条例（试行）》提出推动学习型政党建设。

本阶段是从学习型组织建设的角度，认识到中国共产党作为一种组织也要建设学习型组织，并在学习型社会建设中发挥重要作用。

2. 第二阶段——提出建设马克思主义学习型政党、学习型党组织和学习型领导班子

2008 年 2 月，胡锦涛同志在全国组织工作会议上强调，各级党组织都应该成为学习型组织，各级领导班子都应该成为学习型团队，各级领导干部都应该成为学习的表率。

党的十七届四中全会报告提出，建设马克思主义学习型政党和学习型党组织，使各级党组织成为学习型党组织，各级领导班子成为学习型领导班子。

中共中央办公厅印发的《关于推进学习型党组织建设的意见》提出，

---

① 参见《曾庆红在全国干部教育培训工作会议上的讲话（摘要）》（2011 年 5 月 14 日），http：//www.2sdx.gov.cn/news/la441170 - 4313 - 40179 - 9762 - r2u000000057.html，访问时间：2016 年 3 月 22 日。

② 参见 http：//news.xinhua.net.com/newscenter/2003 - 02/12/content：726302.htm，访问时间：2016 年 3 月 22 日。

把各级党组织建设成为学习型党组织，是建设马克思主义学习型政党的基础工程。

习近平同志 2008 年在全国组织工作会议上强调，要按照建设学习型政党的要求，实施全覆盖、多手段、高质量的培训。2009 年，他提出，建设马克思主义学习型政党必须把建设学习型党组织作为基础工程和组织保障抓实抓好。①

在本阶段，中国共产党作为马克思主义政党，所要建立的学习型组织应具有特定的意义和内涵，必须强调要建立具有马克思主义特征的学习型政党。要建设马克思主义学习型政党，其中的重要任务之一就是要使各级党组织都成为学习型党组织，要使各级领导班子成为学习型领导班子。

3. 第三阶段——提出学习型、服务型、创新型马克思主义执政党

2012 年，党的十八大报告中提出，建设学习型、服务型、创新型的马克思主义执政党。

本阶段更进一步提出，中国共产党作为执政党，要牢记为人民服务的宗旨，要适应飞速发展的社会和化解各种矛盾，就必须不断创新，因此，我们真正要建设的必须是学习型、服务型、创新型的马克思主义执政党。

二　马克思主义学习型政党的内涵

什么是马克思主义学习型政党？习近平在中央党校 2009 年秋季学期第二批进修班开学典礼上的讲话中指出，我们所要建设的马克思主义学习型政党，应该是高举中国特色社会主义伟大旗帜，坚持推进马克思主义中国化并自觉用以指导实践的政党；是目光远大、胸怀宽阔、善于总结经验、善于吸收一切人类文明成果的政党；是始终走在时代前列，勇于变革、勇于创新、永不僵化、永不停滞的政党；是学以立德、学以增智、学以创业，在学习意识、学习能力、学习成效上引领全社会、全民族的政党。归根到底，应该是科学理论武装、具有世界眼光、善于把握规律、富

---

① 参见《习近平在中央党校 2009 年秋季学期第二批进修班开学典礼上的讲话》，http：//politics. people. com. cn/GB/1024/10402913. html。

有创新精神的马克思主义政党。

三　党的十七届四中全会的决定的相关要点

1. 建设马克思主义学习型政党的重要意义

党的十七届四中全会的决定告诫全党：全党必须牢记，党的先进性和党的执政地位都不是一劳永逸、一成不变的，过去先进不等于现在先进，现在先进不等于永远先进；过去拥有不等于现在拥有，现在拥有不等于永远拥有。

世界在变化，形势在发展，中国特色社会主义实践在深入，不断学习、善于学习，努力掌握和运用一切科学的新思想、新知识、新经验，是党始终走在时代前列引领中国发展进步的决定性因素。必须按照科学理论武装、具有世界眼光、善于把握规律、富有创新精神的要求，把建设马克思主义学习型政党作为重大而紧迫的战略任务抓紧抓好。

2. 建设马克思主义学习型政党的任务

推进马克思主义中国化、时代化、大众化。坚持把马克思主义作为立党立国的根本指导思想，紧密结合我国国情和时代特征大力推进理论创新，在实践中检验真理、发展真理，用发展着的马克思主义指导新的实践，是建设马克思主义学习型政党的首要任务。坚持运用马克思主义的立场、观点、方法准确把握当今世界发展大势，准确把握社会主义初级阶段的基本国情，准确把握改革发展实际，及时总结党领导人民创造的新鲜经验，围绕什么是马克思主义、怎样对待马克思主义，什么是社会主义、怎样建设社会主义，建设什么样的党、怎样建设党，实现什么样的发展、怎样发展等重大问题，不断做出新的理论概括，增强理论说服力和感召力，丰富发展中国特色社会主义理论体系，为进一步认识世界和改造世界、推动党和国家事业发展提供强有力的理论指导。深入实施马克思主义理论研究和建设工程，建设充分反映马克思主义中国化最新成果的学科体系和教材体系，培养造就一大批马克思主义理论家特别是中青年理论家，推动中国特色社会主义理论体系进教材、进课堂、进头脑，增强科学理论教育引导群众的作用。

用中国特色社会主义理论体系武装全党。组织党员、干部深入学习马克思列宁主义、毛泽东思想、邓小平理论、"三个代表"重要思想以及科学发展观，牢固树立辩证唯物主义和历史唯物主义世界观和方法论，系统掌握中国特色社会主义理论体系。认真总结深入学习实践科学发展观活动成功经验，形成有利于学习研究和贯彻落实科学发展观的政策导向、舆论导向、用人导向和体制机制，不断推动学习实践向深度和广度发展。党员领导干部要做真学、真懂、真信、真用的表率，着力提高理论素养和解决实际问题能力。中央委员和省部级领导干部要认真研读马克思主义特别是中国特色社会主义理论体系的基本著作，切实提高战略思维、创新思维、辩证思维能力，带头探索回答重大理论和实践问题。大力弘扬理论联系实际的学风，引导党员、干部把学习理论同研究解决人民群众最关心、最直接、最现实的利益问题、本地区本部门改革发展稳定的重大问题、党的建设突出问题结合起来，增强工作的原则性、系统性、预见性、创造性。

开展社会主义核心价值体系学习教育。党员、干部模范学习践行社会主义核心价值体系，是建设马克思主义学习型政党的重要任务。把理想信念教育作为全党学习践行社会主义核心价值体系的重中之重，教育引导党员着力增强贯彻党的基本理论、基本路线、基本纲领、基本经验的自觉性和坚定性，增强走中国特色社会主义道路、为党和人民事业不懈奋斗的自觉性和坚定性，做共产主义远大理想和中国特色社会主义共同理想的坚定信仰者。引导党员、干部增强党的意识、宗旨意识、执政意识、大局意识、责任意识，做到为党分忧、为国尽责、为民奉献。加强党的意识形态工作和思想政治工作，引导党员、干部增强政治敏锐性和政治鉴别力，筑牢思想防线，自觉划清马克思主义同反马克思主义的界限，社会主义公有制为主体、多种所有制经济共同发展的基本经济制度同私有化和单一公有制的界限，中国特色社会主义民主同西方资本主义民主的界限，社会主义思想文化同封建主义、资本主义腐朽思想文化的界限，坚决抵制各种错误思想影响，始终保持立场坚定、头脑清醒。加强思想道德建设，加强党的优良传统教育，加强中华优秀文化传统教育，引导党员、干部带头弘扬以爱国主义为核心的民族精神和以改革创新为核心的时代精神，自觉践行社会主义荣辱观，培养高尚道德情操和健康生活情趣，保持昂扬奋发的精神状态。

建设学习型党组织。在全党营造崇尚学习的浓厚氛围，积极向书本学习、向实践学习、向群众学习，优化知识结构，提高综合素质，增强创新能力，使各级党组织成为学习型党组织、各级领导班子成为学习型领导班子。组织党员、干部重点学习马克思主义理论，学习党的路线方针政策和国家法律法规，学习党的历史，同时广泛学习现代化建设所需要的经济、政治、文化、科技、社会和国际等各方面知识。加强对全党学习的指导和服务，加强理论宣讲队伍建设，完善和落实党委（党组）中心组学习制度。把理论素养、学习能力作为选拔任用领导干部的重要依据。充分发挥党校、行政学院、干部学院和国民教育体系在建设马克思主义学习型政党中的重要作用。

四　《关于推进学习型党组织建设的意见》要点

1. 建设学习型党组织的重要意义

建设学习型党组织，是党始终走在时代前列、引领中国发展进步的重要基础。当今世界正处在大发展、大变革、大调整时期，世界多极化、经济全球化深入发展。特别是现代科学技术日新月异，知识创造、知识更新速度大大加快，创新能力越来越成为综合国力和国际竞争力的核心因素。

建设学习型党组织，是党领导人民夺取全面建设小康社会新胜利、开创中国特色社会主义事业新局面的必然要求。建设中国特色社会主义，是一项前无古人的开创性事业，是一个在理论与实践上不断探索的过程。当前，我国已进入新的发展阶段，经济社会发展呈现出一系列阶段性特征，推动科学发展、促进社会和谐的任务繁重而艰巨。前进道路上新情况、新问题、新矛盾不断涌现，我们不熟悉、不了解、不懂得的东西还很多。高度重视学习，通过全党广泛而深入的学习推动事业的大发展大进步，是我们党的宝贵经验。开拓中国特色社会主义更为广阔的发展前景，要求各级党组织和广大党员干部必须在新的实践中重新学习、继续学习，切实掌握和运用好党的理论创新成果，不断深化对中国特色社会主义规律的认识，不断完善适合我国国情的发展道路和发展模式，使中国特色社会主义道路越走越宽广。

建设学习型党组织，是提高党的执政能力、保持和发展党的先进性的紧迫任务。党的执政能力与党的思想理论水平密切相关，只有提高全党的马克思主义水平，才能提高党的领导水平和执政能力。我们党历来重视学习，通过学习提高全党的思想理论素养，不断为党的执政能力建设和先进性建设注入强大动力。特别是进入新世纪新阶段以来，党中央坚持把学习放在更加突出的位置，中央政治局带头坚持集体学习制度，各级党组织和广大党员干部自觉加强学习，有力推动了党的思想理论建设和党的事业的蓬勃发展，也推动了党的执政能力的提高和党的先进性的发展。

2. 主要原则

坚持解放思想、实事求是、与时俱进，用发展着的马克思主义指导新的实践。深入贯彻党的思想路线，准确把握当今世界发展大势，准确把握社会主义初级阶段基本国情，准确把握改革发展实际，深入研究回答重大理论和实际问题，在全面推进社会主义经济建设、政治建设、文化建设、社会建设以及生态文明建设和党的建设过程中不断做出新的理论概括，推进马克思主义中国化、时代化、大众化。

坚持理论联系实际的马克思主义学风，切实推动实际问题的解决。大力弘扬求真务实精神，把学习型党组织建设与促进改革发展稳定紧密结合起来，与推动本地区、本部门、本单位的各项工作紧密结合起来，学用结合，学以致用，在实践中深化学习，做到学习理论与运用理论、改造客观世界与改造主观世界相统一，把学习成果转化为运用科学理论、科学知识分析和解决实际问题的能力，增强工作的原则性、系统性、预见性和创造性。

坚持领导干部做表率，调动广大党员的积极性、主动性。党员领导干部要坚持把学习作为提高素质、增长本领、做好领导工作的根本途径，先学一步，学深一些，做不断学习、善于学习的表率，推动本地区、本部门、本单位党组织和党员的学习。充分发挥广大党员的主体作用，激发党员的学习热情，满足党员多方面的学习需求。

坚持改革创新，鼓励大胆探索。保持改革创新、开拓进取的精神状态，按照体现时代性、把握规律性、富于创造性的要求，坚持继承与创新相统一，营造宽松环境，尊重基层党组织和党员的首创精神，积极拓展学习的内容、途径、渠道，不断创新组织学习的思路、办法和机制。

3. 学习的主要内容

深入学习马克思列宁主义、毛泽东思想，深入学习邓小平理论、"三个代表"重要思想以及科学发展观，全面系统、完整准确地掌握中国特色社会主义理论体系的重大意义、时代背景、实践基础、科学内涵和历史地位，深刻领会贯穿其中的马克思主义立场、观点、方法。

深入学习实践科学发展观。认真总结深入学习实践科学发展观活动的成功经验，引导党员干部准确掌握科学发展观的科学内涵和精神实质，深刻理解科学发展观对各方面工作提出的新要求，不断推动学习实践向深度和广度发展。着力转变不适应不符合科学发展要求的思想观念，使各级党组织和广大党员干部在本地区本部门本单位实现什么样的发展、怎样发展等重大问题上形成共识。

学习践行社会主义核心价值体系。广泛开展社会主义核心价值体系学习教育，努力把社会主义核心价值体系体现到党员干部教育管理全过程，融入党员干部日常工作学习生活中，以党员干部的模范带头作用推动全社会学习践行社会主义核心价值体系的深化。

学习掌握现代化建设所必需的各方面知识。积极推动党员干部学习人类社会创造的一切文明成果，学习现代化建设所需要的经济、政治、文化、科技、社会和国际等各方面知识，学习反映当代世界发展趋势的现代市场经济、现代国际关系、现代社会管理和现代信息技术等方面知识。

学习总结实践中的成功经验。既要向书本学习，又要向实践学习、向群众学习。要深入改革发展生动实践，加强调查研究，虚心向群众请教，集中民意，不断总结人民群众创造的新做法、新经验。要善于学习借鉴其他地区部门单位的好做法、好经验，紧密联系自身实际，有机地运用到实际工作中去，丰富和拓展本地区、本部门、本单位改革发展的思路和办法。

4. 立足实际，务求实效

在推动本地区、本部门、本单位的工作上下功夫。建设学习型党组织，要同研究解决本地区、本部门、本单位改革发展稳定的突出矛盾和问题结合起来，提出化解矛盾、解决问题的有效措施和办法。要同研究解决人民群众最关心、最直接、最现实的利益问题结合起来，始终关注群众的安危冷暖，加大改善民生力度，努力实现好、维护好、发展好人民群众的根本利益。贯彻发展是硬道理、稳定是硬任务的战略思想，不断提高各级领导班子和领导干部谋划发展、统筹发展、优化发展、推动发展的本领和做好群众工作、公共服务、社会管理、维护稳定的本领，增强新形势下依法办事的能力和在应急管理、舆论引导、新媒体运用、做好民族宗教工作等方面的能力。

在推动本地区、本部门、本单位党的建设上下功夫。要认真查找和解决影响发挥党委（党组）的领导核心作用、基层党组织的战斗堡垒作用、党员的先锋模范作用的主要问题，使党组织真正成为深入贯彻落实科学发展观的组织者、推动者和实践者，使广大党员真正成为深入学习实践科学发展观的模范。开展领导干部走进矛盾、破解难题活动，查找和解决影响党群、干群关系的突出问题，特别是官僚主义、形式主义等群众反映强烈的问题，增强贯彻民主集中制的自觉性，切实弘扬党的优良传统，大兴密切联系群众之风、求真务实之风、艰苦奋斗之风、批评和自我批评之风，以优良党风促政风、带民风。建设学习型党组织，要同研究解决反腐倡廉建设方面存在的突出问题结合起来，在坚决惩治腐败的同时加大教育、监督、改革、制度创新力度，不断以反腐倡廉的新成效取信于民。

在提高党员干部思想政治素养上下功夫。要着重加强理想信念教育，引导广大党员干部坚持高举中国特色社会主义伟大旗帜不动摇、坚持中国特色社会主义道路不动摇、坚持中国特色社会主义理论体系不动摇、坚持改革开放不动摇，把学习成效转化为坚持共产主义远大理想和中国特色社会主义共同理想的坚定信念，转化为与人民群众同呼吸、共命运、心连心的真挚情感，增强贯彻党的理论路线方针政策的自觉性和坚定性，增强走中国特色社会主义道路、为党和人民事业不懈奋斗的自觉性和坚定性。加强党性锻炼和党性修养，常怀忧党之心，恪尽兴党之责，牢固树立正确的世界观、人生观、价值观、权力观、地位观、利益观，牢记"两个务必"，增强党的意识、宗旨意识、执政意识、大局意识、责任意识，讲党性、重品行、做表率。

5. 学习型党组织建设的方法和途径

创新建设学习型党组织的方法。坚持运用好过去组织学习的有效做法，结合实际积极探索富有时代特点的新方式。加强和改进党委（党组）中心组学习，严格规范管理，增强学习效果。加强和改进务虚研讨，深入研究重大问题和热点难点问题。加强和改进专题调研，深入总结实践经验，形成改进工作的思路和举措。加强和改进主题宣讲，面对面地解答党员干部思想认识上的困惑。加强和改进形势政策教育，深入解读国家发展形势和重大方针政策。加强和改进个人自学，引导党员干部养成良好学习习惯。加强和改进专题讲座、报告会、专题电视片、主题教育等学习教育方式，鼓励和支持参加各种形式的成人教育、函授教育、网络教育，不断增强建设学习型党组织活动的吸引力凝聚力，扩大覆盖面和参与度。

完善建设学习型党组织的途径。组织各种形式的主题学习教育活动，运用学习讲坛、读书会、知识竞赛、技能比赛、参观考察等广大党员喜闻乐见的手段，特别是结合党和国家重大政策出台、重大活动开展和重大节庆日纪念日等契机，不断丰富完善工作抓手。围绕党的全国代表大会和中央全会的召开，组织学习贯彻党的理论创新成果和中央重大决策部署，把全党思想及时统一到中央精神上来。围绕"五一""五四""七一""八一""十一"等重要节庆日以及重大历史事件纪念日，组织开展党的历史、新中国历史以及党的优良传统和优良作风、民族精神和时代精神、促进民族团结和军民团结等方面的专题学习教育。围绕纪念革命领袖、革命先烈、杰出历史人物等活动，组织学习英烈英模和英雄人物的先进事迹和崇高思想。围绕我国传统节日，组织学习中华民族的悠久历史和灿烂文化，增强民族认同感。

拓展建设学习型党组织的阵地。充分发挥党校、行政学院、干部学院在教育培训中的主渠道、主阵地作用，发挥高等院校、研究机构以及部门和行业培训机构的作用，努力改进培训方法，提高培训质量。充分运用各级各类新闻媒体和互联网、手机等新兴媒体，引导其发挥自身优势。积极运用信息网络技术手段，加强党员干部远程教育、电化教育等学习教育网络建设，加强数字图书馆、数字出版物等网络学习教育平台建设，推进文化信息资源共享工程建设，不断提高党员干部学习教育的信息化水平。

健全建设学习型党组织的制度。总结党员干部学习教育的经验，进一步明确学习教育的时间、内容、目标、责任以及相关的考勤、交流、通报等要求，推进党员干部学习教育的科学化、制度化、规范化。建立健全党组织集体学习制度，领导班子要定期务虚，保证集体学习每个季度不少于1次，提高学习质量。建立健全培训制度，科学安排岗前培训、业务培训、晋职培训、理论培训等，县处级以上党政领导干部参加脱产培训每年一般不少于110学时。建立健全调查研究制度，省部级领导干部到基层调研每年不少于30天，市、县级领导干部不少于60天，领导干部要每年撰写1～2篇调研报告。建立基层党员轮训制度，建立健全党员个人自学制度，建立健全学习考核制度，建立健全学习成果转化制度。

6. 组织领导

各级党委（党组）要把建设学习型党组织工作摆在突出位置，切实抓紧抓好。要把推进学习型党组织建设列入各级党委（党组）重要议事日程，专门部署，精心组织，狠抓落实。认真落实抓学习、促学习的工作责任制。中央和国家机关各部门党委（党组）要立足部门实际和职能特点，按照中央要求制订具体实施方案，明确学习重点，突出自身特色，确保建设学习型党组织的任务落到实处。地方各级党委要结合本地具体实际和改革发展稳定任务，按照分层分类推进要求，制定切实可行的具体实施意见，提出操作性强的措施要求，推动学习型党组织建设深入开展。各级党委组织、宣传部门和其他有关部门，要在党委统一领导下，密切配合，抓好学习型党组织建设工作。宣传部门要切实发挥牵头负责作用，加强协调，扎实推进，同时牢牢把握正确导向，努力形成浓厚学习氛围。组织部门要把建设学习型党组织与干部教育培训、加强领导班子和干部队伍建设、基层党组织和党员队伍建设结合起来。

领导机关和领导干部要带头学习，发挥示范带动作用。中央和地方党政领导机关要率先垂范，进一步加强和改进党委（党组）中心组学习，把领导班子建设成为学习型领导班子，推动下属部门和下级党组织的学习。党员领导干部特别是中高级领导干部要以身作则，努力成为建设学习型党组织和学习型领导班子的精心组织者、积极促进者、自觉实践者，带动全党形成良好学习风气。

切实把建设学习型党组织的任务落实到基层。企业、农村、机关、学校、部队、社区的基层党组织，要积极开展各种形式的创建学习型党组织活动。充分发挥基层党组织的积极性、主动性、创造性，鼓励和支持从实际出发，因地制宜，采取生动活泼的方式，动员广大基层党员投身到学习型党组织建设中来。要注意抓好离退休人员、偏远地区农村党员、非公有制经济组织和新社会组织中党员、下岗失业人员和流动人口中党员的学习，努力使建设学习型党组织的任务覆盖每个基层党组织、每个党员。

加强分类指导和督促检查。各级党委（党组）要根据不同类别、不同层次、不同岗位党员干部的特点，把学习的普遍性要求与特殊需要相结合，分别提出相应的任务和要求。经常了解下属部门和单位党组织的学习情况，根据不同特点和情况，有针对性地加强指导。党委组织、宣传部门要定期对下级党组织学习情况进行督促检查，针对存在的问题和不足，提出加强和改进的具体要求。要组织开展经验交流，适时召开学习经验交流会，宣传先进典型，推广成功经验。要坚持求真务实，力戒形式主义。

第二节　学习型机关

我国各级政府的学习型政府建设主要体现在创建学习型机关的活动中。例如，教育部机关就较早地提出了建设学习型机关。在城市的学习型城市建设中，学习型机关的建设在各类学习型组织的建设中扮演着龙头的角色。各地学习型机关的建设往往是由党委组织部或人事厅局作为牵头单位。在全国创建学习型机关的活动中，地市级和县区级政府部门层面较为活跃，地税和政法等系统的基层单位走在了前面。

这里使用的"机关"一词是指各级政府的职能部门或办理事务的部门与机构。学习型机关的建设在理论层面上实质是学习型政府的建设。

一　学习型政府

现代社会中的三大组织阵营为政府、企业和社会组织。学习型政府建设内容主要有以下几个方面。

政治文明：学习型政府建设如同学习型政党建设一样，在学习型社会建设中代表着现代社会中重要的政治文明建设。从传统政府向学习型政府转变的过程，就是现代社会政治生态向更高层次发展的重要内容。

　　新公共管理：建设学习型政府，就意味着对传统政府管理模式和管理方法的重新定位和调整，其中，首当其冲的就是要完成传统行政向新公共管理和社会治理的转变。

　　治理结构：在经济全球化的时代，一国的竞争力不仅是由国土面积的大小和军队的强弱来决定的，而且与生产率和创新力直接相关，创造一个公平的竞争环境、良好的经营环境和支持性制度，确保政府、企业和社会组织的良好互动，是学习型政府改善社会治理结构的重要任务。

　　政府精神：政府精神存在于政府组织（机关）所形成的共同愿景之中，并在共同愿景的陪伴下成长。建设学习型政府就是要把人和制度有效地结合起来，以人为本，以制度为自律准则，以责任为保证，塑造积极的政府精神。

　　在我国，学习型政府建设的实践主要是以学习型机关形式出现的，也就是说多数创建是由各级政府中的某些职能部门或机构单独提出或在纵向的本系统内提出的，习惯称之为学习型机关建设。因此，作为整体的政府和内部分支的机关，在创建学习型组织的特点上是有区别的。

二　学习型机关建设

1. 关于学习型机关的基本认识

　　学习型机关是一种基于"学习"为特征的机关，它在我国各类学习型组织建设中扮演着龙头的角色。

　　虽然学习型机关借助学习型组织的基本理论框架和创建程序，但由于政府机关缺乏先天的竞争性基因，不像经济全球化下的企业，因此机关之间不具有你死我活和跨行政区划竞争的环境和需求。这种先天的竞争力需求不足需要后天的、时代快速发展的社会需求、民众需求来弥补，即增添新的理论要素。

　　学习型机关建设的基础目标：精干、高效、公正、廉洁、守法、忠诚的服务型政府部门。在这 12 字的服务性政府提法中，精干、高效与学习型组织理论提出的组织"扁平化"一脉相承，便于理解，也是中国共产党长期熟悉的机关建设方针，如延安时期就提出过精兵简政。公正、廉洁是在中华民族几千年来的政权治理中广为民众传颂的美好政府理想和官吏理想。守法、忠诚,是现代社会对社会主义民主法治政府的强烈要求和约束,《行政许可法》和相关法律法规要求政府机关自身要守法;忠诚于党、忠诚于国家、忠诚于人民和对纳税人负责,都是现代社会对政府的要求。

主要任务:一是培养组织正义,塑造积极的政府精神;二是完成传统行政向新公共管理和社会治理的转变;三是致力于政府治理结构的转变,创造一个良好的经营环境和支持性政策,确保政府、企业和社会的良性互动;四是支持和引导非政府组织(非营利组织、第三部门、志愿者部门)的健康发展。社会主义市场经济体制的建立和发展,越来越需要大量非政府组织来弥补政府与市场的裂痕,这是拯救市场失灵和政府失灵的一剂良药。

以"互联网+"为时代特征建立"虚拟政府",通过现代通信技术和科技平台克服官僚主义,拉近与人民的距离、增加透明度、提高政府决策水平、节约成本、创新流程、提高办事效率。例如,工商系统的网上办公系统,税务机关的网上申报和纳税系统等。互联网、计算机、OA办公系统将影响着党政机关的组织结构、岗位设置和人员职责。

2. 创建学习型机关

创建学习型机关,还没有全国性的统一行动,一些部委、省(自治区、直辖市)对开展学习型机关建设做了很多实践探索。例如,2007年4月11日北京市委、市政府召开了"北京市建设学习型城市工作会议",专门讲创建学习型机关,强调它的龙头作用,并将创建学习型机关用专门的一个段落写入《关于大力推进首都学习型城市建设的决定》。北京市政府各委办局也在本系统内提出了创建学习型机关的要求,各区县每年还评选出一大批学习型机关建设先进单位。

3. 创建学习型机关集三项任务于一身

一是本机关的学习型组织创建,这是内因需求和本质性的;二是被管理组织的创建,这属于机关管理和服务职能所需,协助被管理和服务对象前进;三是推动区域建设,为社会建设做出贡献。

4. 结合学习型组织理论深入创建学习型机关的思路

一是要追求价值,结合工作(生活)敢于自我超越;二是更新理念,与时俱进改善心智模式;三是寻求和谐,上下合力建立共同愿景(体系）；四是集众智慧，领导班子与科室开展团队学习；五是持续发展，组织与个人创争系统思考。

5. 面上具体工作的结合

机关文化建设，既是当前形势所需，也是各地各级政府机关做得比较多的。要积极推动面上创建学习型党组织、学习型领导班子和学习型科室活动。特别是党中央提出各级学习型党组织都要建成学习型党组织，各级领导班子都要建成学习型领导班子之后，学习型机关建设的内容更加丰富了，主要目标和着力点也更加明确了。

将传统的学习与专题研究、专题调查结合起来，将领导班子开动脑筋想办法与动用专家队伍的咨询和立项研究结合起来，使决策更具科学性和针对性，并要帮助机关成员做好职业生涯设计。

学习型机关建设成效最关键的检验标准是：群众满意不满意！

6. 国家税务总局案例

国家税务总局于 2005 年印发了《全国税务系统学习型机关建设指导意见》。国家税务总局根据党的十六大提出的"形成全民学习、终身学习的学习型社会，促进人的全面发展"的小康社会目标要求，以及党的十六届四中全会提出的"努力建设学习型政党"和国务院提出的各级行政机关建设学习型政府的号召，为进一步推动全国税务系统学习型机关建设，提出了指导意见。

建设学习型机关的总体目标：（1）更新学习理念，促进终身学习。在税务干部中牢固树立学习是生存和发展需要的理念，终身学习的理念，工作学习化、学习工作化的理念，形成全员学习、团队学习、全程学习的习惯和氛围，使学习成为税务机关和干部的自觉行动。（2）明确学习任务，提升创新能力。有创建学习型机关的规划、目标和实施办法，突出创新能力，有明确的各类人才培养计划、任务和激励措施，有健全的学习培训体系，形成良好的团队学习平台和多层次的学习网络，各类学习资源得到合理、有效利用。（3）建立长效机制，促进人才成长。有健全的领导体系和指导部门，坚持学用一致、学用结合的原则，建立鼓励学习与创新的各项制度，落实培训与使用相结合的激励约束机制和政策保障机制，维护干部学习权利，促其履行义务，保证干部学习和教育培训经费，为干部接受教育培训提供平等机会，形成干部培养使用的良性循环。结合能级管理，制定岗位工作标准，大力开展以"六员"为对象的一线岗位人员培训，建立业务骨干人才库，形成各类岗位合理的梯次人才队伍。（4）提高全员素质，增强工作效能。税务干部队伍的思想道德素质、科学文化素质和税收工作能力不断提高，干部的学习热情、学习成果和创新得到充分肯定和尊重，形成了以学习推动工作，以工作促进学习的局面，实现了学习成果与工作成就的共享与互动，人员素质、税收管理水平、收入水平和社会形象得到提高，机关凝聚力、创新力不断增强，工作作风不断改进，依法治税、税收管理、工作效能和服务水平不断提高，构建和谐的税务机关，促进税收工作与经济社会的和谐发展。

学习型机关建设的主要内容：加强政治理论学习，深入学习马列主义、毛泽东思想、邓小平理论和"三个代表"重要思想，学习改革开放有关重大理论和方针政策，学习社会主义市场经济理论，认真学习并牢固树立和落实科学发展观。加强科学文化知识、计算机知识、法律知识以及外语知识的学习。紧密联系税收工作实际，加强税收理论、财务会计、审计、税收管理、稽查等专业知识学习。各种知识的学习要结合自身岗位需要，突出针对性、实效性，学以致用，不断提高解决实际问题、做好本职工作的能力。

以提升素质和能力为目标，制定适合机关特点和个人需要的学习计划。各级税务机关要根据学习型机关建设的要求，结合本单位工作和干部队伍的实际，制订创建学习型机关的具体方案和干部培养培训计划。要结合干部的工作岗位、学习经历等实际情况，以提高综合素质和岗位技能为重点，按照"干什么学什么、缺什么补什么"的要求，提出不同的学习目标、学习计划和研修任务。要坚持对新录用人员在试用期内进行初任培训，提高岗位适应能力；对晋升领导职务的公务员在任职前或者任职后一年内进行任职培训，提高领导能力；对从事专项工作的公务员应当进行专门业务培训，提高专门业务管理能力；对全体公务员应当进行在职轮训，其中对担任专业技术职务的公务员，应当按照专业技术人员继续教育的要求，进行专业技术培训，不断更新知识，努力适应经济、政治、文化、社会发展的新要求。要有计划地加强对后备干部的培训，为履行新职位要求积累知识和能力。每位干部职工都要积极参加学习培训，认真开展在岗学习，努力完成学习任务。

　　7. 北京案例

　　2005年，北京市教委会同市委教育工委、首都精神文明办公室、市农委、市人事局、市民政局、市教育工会等部门，印发了《关于创建学习型机关先进单位评估标准》。

　　北京市各委办局积极开展学习型机关建设，市财政局、市药监局、市税务局等系统在创建学习型机关活动中涌现出许多先进典型。

　　为了深入贯彻落实党的十七届六中全会精神，进一步推进首都学习型城市建设，构建和谐社会首善之区、建设中国特色世界城市、打造中国特色社会主义先进文化之都，北京市在全市党政机关中大力培育和弘扬"北京精神"，加强机关文化建设。2012年4月13日，北京市建设学习型机关现场会在房山区召开。北京市直属机关工委、北京市思想政治工作研究会，房山区委、北京市机关文化建设协会、北京市学习型城市建设研究中心的有关领导和专家，北京市各区（县）直机关工委领导、房山区学习办、房山区直机关各单位主管领导等200余人参加了会议。此次会议表彰奖励了近年来创建学习型机关的先进单位，展示了房山区自2004年以来创建学习型机关取得的丰硕成果。房山区国税局、房山区工商分局、房山区市政市容委分别介绍了创建学习型机关的经验做法。房山区检察院、房山区药监分局、房山区审计局对学习型机关建设进行了交流。会议要求各级机关要进一步增强建设学习型机关的责任感，科学有效地推进学习型机关建设；要不断创新学习载体和学习方法，把建设学习型机关引向深入；要在建设学习型机关的过程中不断培育和弘扬"北京精神"，大力推进机关文化建设和机关核心价值理念的培育。

第三节　学习型企业

　　在我国学习型组织建设发展历程中，企业比其他各类组织更早地开展了学习型组织的建设活动。因此，我国的学习型企业建设是最早的学习型组织建设。我国开展学习型企业建设的切入点大多是从企业教育入手的，引领企业主要是国有大中型企业，影响最大的组织推动是全国"创建学习型组织，争做知识型职工"活动。

一 创建学习型企业的意义

1. 对企业的意义

创建学习型组织是当今企业管理的最高阶段。第一代企业管理是古典科学管理，第二代是行为科学管理，第三代是企业文化管理，第四代是学习型组织理论。学习型组织能够使组织管理扁平化，使决策权下移，为我国建立现代企业制度增添了新的内涵，促进了企业内部的各项建设，为企业创造了竞争优势。

2. 对员工的意义

向员工提供追求充实生活的工作环境，使员工由"工具性成长"向自我发展和全面发展转变，超越了办公室政治，改善了干群关系。例如，我国的"创建学习型组织，争做知识型职工"活动，强调职工素质建设，维护学习和发展权；倡导终身学习，提高职工的学习、实践和创新能力；创造更多学习和成才的机会。

3. 对社会的意义

学习型组织建设首先产生于企业建设，它对形成学习型社会起到了促进作用；为创建其他各类学习型组织提供了经验；组织支持每位员工充分自我发展，而员工也对组织的发展尽心回报；缓解了工作与家庭之间的矛盾，让丰富的家庭生活与充实的工作两者相得益彰。例如，我国的"创建学习型组织，争做知识型职工"活动是保持和发展工人阶级先进性的重要举措，代表了工人阶级的长远利益和根本利益，是各有关部门推动全心全意依靠工人阶级根本指导方针贯彻落实的具体体现。

二 创建学习型企业的方法与步骤

1. 创建模式的选择

一是彼得·圣吉的物象修炼模式；二是企业管理与文化创新模式；三是企业教育和人才战略模式；四是中国特色学习型组织模式，该模式是我国在前三种一般性模式基础上结合中国国情提炼出的新模式。

2. 创建学习型组织"十步法"

创建学习型组织"十步":全员培训,转变观念,增强危机感;打破部门界限,促进交流;重新定位领导角色;组建创建指导团队;上下沟通,建立愿景体系;开展团队学习和职工教育与培训;把学习作为一种可持续的行为;树立标杆,面上推广;坚持不懈,向外单位学习;总结评估,做好下一轮规划。

3. 学习型团队建设

一是学习型领导班子建设;二是基层学习型党组织建设;三是学习型处室(科室)建设;四是学习型车间、班组建设。

4. 建立学习型企业的员工学习服务体系

一是建立员工学习管理体制与组织结构;二是建设员工学习平台;三是开发员工学习的软件;四是员工学习的保障措施。

5. 对创建学习型企业的建议

一是建立"一把手工程";二是创建初期应有负责的机构或岗位;三是培养创建活动的骨干人员;四是科学设计创建活动(长远规划);五是编写辅导教材,开办专题培训班;六是建立各层次学习型团队;七是建立学习体系;八是建立愿景体系。

6. 其他注意事项

一是仅仅开展全体成员的个人学习活动是远远不够的,要更多关注团队学习和组织学习;二是注重过程,长期持续深入创建;三是突出特点,千企千面;四是巧借"外力"和"外脑"推动创建;五是推动企业管理创新;六是塑造优秀的企业文化;七是注重员工的全面成长。

三 我国学习型企业建设实践过程

《2003~2007年教育振兴行动计划》提出开展创建学习型企业。2005年,国务院《关于大力发展职业教育的决定》提出建设学习型企业。1996年,上海中美合资施贵宝制药有限公司和安徽江淮汽车集团公司分别开始了创建学习型企业的活动,这成为我国企业创建学习型企业的起点。

1. 教育部推进学习型企业建设

2003年4月,教育部职业教育与成人教育司印发《关于进一步推进学习型企业创建工作暨推荐创建学习型企业成绩突出单位的通知》（教职成司函〔2003〕25号），根据要求，各省（自治区、直辖市）教育厅（教委）和部门、行业推荐了108个创建学习型企业成绩突出单位，10月，教育部又要求以上108个企业报送创建学习型企业经验材料。

2004年7月，教育部职业教育与成人教育司印发《关于在开展创建学习型企业活动中确定上海宝钢集团等31个企业作为教育部职成司联系单位的通知》（教职成司函〔2004〕35号），在各地、各部门、行业最终推荐的114个在创建学习型企业活动中取得突出成绩的单位中遴选出31个企业，由该司直接联系。

2006年12月，教育部职业教育与成人教育司印发《关于"确定第二批创建学习型企业成绩突出单位"的通知》，确定了47家单位为第二批创建学习型企业成绩突出单位。

2. 全国"创争"活动

2003年12月底，在中华全国总工会第十四次代表大会上，正式举行了全国"创建学习型组织、争做知识型职工"启动仪式。为了使全国"创争"活动持续健康地发展，成立了由中华全国总工会、中央文明办、国家发展和改革委员会、教育部、科技部、人事部、劳动和社会保障部、国务院国有资产监督管理委员会、全国工商联九部委主管领导组成的全国"创争"活动领导小组，宏观管理并指导全国"创争"活动的开展。同时成立了由上述单位有关司局负责同志组成的"全国创争活动指导协调小组"，具体实施"创争"活动的各项工作要求，组织信息和经验交流，检查、监督和评估工作开展情况。指导协调小组下设办公室，由全国总工会宣传教育部负责办公室日常具体工作。将原"全国职工自学成才奖评审委员会"更名为"全国学习型组织、知识型职工评审委员会"，评审委员会由上述指导协调小组成员和全国总工会有关部门负责人员组成，在领导小组的领导下，负责全国学习型组织先进单位和知识型职工标兵的评审认定工作。全国各省、自治区、直辖市也按照上述精神，组成相应组织领导机构和评审机构，并制定了相关的工作计划和要求。

2004年1月，中华全国总工会等九部委联合下发了《关于印发＜关于开展全国"创建学习型组织，争做知识型职工"活动的实施意见＞的通知》，提出了"学习型组织"和"知识型职工"的基本条件；3 月，出版了《创建学习型组织 争做知识性职工百题问答》；4 月，全国创争活动总网开通；10 月，全国"创争"活动现场推进会在山东省青岛市召开。中共中央政治局委员、全国人大常委会副委员长、中华全国总工会主席王兆国出席会议并讲话。全国"创争"活动领导小组在各省市上报的 60 余家单位中评出 23 家先进单位，对其授予"全国创建学习型组织，争做知识型职工活动示范单位"称号，会上举行了授牌仪式。

学习型组织的基本条件：一是在广大职工中普及终身学习的理念，形成团队学习、全员学习、全程学习的制度和氛围，组织内各种学习型团队（班组、科室）普遍建立，并取得一定实效。二是有创建学习型组织的长远规划、近期目标和实施办法，有健全的组织领导体系，有明确的各类人才培养目标和任务，教育培训工作在本行业同类组织中保持先进。三是维护职工学习权利，为职工接受职业教育与培训提供平等机会和保障措施，保证企业职工教育和培训经费不低于职工工资总额的 1.5%，从业人员技术素质要求高、培训任务重、经济效益好的企业，不低于工资总额的2.5%。四是职工的学习热情、学习成果和劳动创造得到充分肯定和尊重，形成了工作学习化、学习工作化，以学习推动工作，以工作促进学习的局面，实现了学习成果与工作成就的共享与互动，推动了组织的持续发展。五是领导成为学习的带头人，组织内有形与无形的教育资源得到充分利用，建立了终身学习和学以致用的激励机制。六是职工队伍的思想道德素质、职业文明程度、科学文化素质和技术技能水平得到不断提高，通过开展"创争"活动，使各类组织得到发展，社会效益、经济效益均得到提高，组织的创新力和竞争力不断增强。七是完成国家规定的各类人员继续教育任务和职工培训任务。

知识型职工的基本条件：一是热爱党、热爱祖国、热爱社会主义，拥护党的基本路线、基本纲领，有科学、正确的世界观、人生观、价值观，有良好的职业道德，甘于奉献，拼搏进取。二是确立终身学习理念，有强烈的学习要求，明确的学习目标和完善的学习计划，结合工作实践学习，以学习促进工作。三是具备所从事工作岗位必备的文化和专业基础知识，有较强的学习能力，勤于学习，善于学习，不断学习新知识、掌握新技能，形成了工作学习化、学习工作化的良好习惯，在团队学习中发挥突出作用，学习事迹突出，成效显著。四是有较强的实践能力，具备适应岗位变化要求、适应社会发展需要的技能和本领。五是有较强的创新能力，善于运用学习、掌握先进科学文化技术知识，充分发挥自身潜能，勇于创造，不断创新，在本职工作岗位上有突出业绩并有创造性的贡献。

2005 年 1 月，全国"创争"活动领导小组授予 15 家单位为第二批"全国创建学习型组织，争做知识型职工活动示范单位"荣誉称号。2月，全国"创争"活动指导协调小组办公室下发了活动考核评价指标体系实施办法。6 月，下发了全国学习型组织标兵单位和知识型职工标兵评选表彰办法，编著出版了《学习型组织创建指导读本》《学习型班组培训读本》《知识型职工培训读本》《学习型组织创建在中国范例》。10 月，公示了 20 家全国学习型组织候选标兵单位名单。12 月，北京翠微大厦股份有限公司等 10 家单位被授予"全国学习型组织标兵单位"称号；10 家单位被授予"全国学习型组织优秀单位"称号；首钢总公司等 76 家单位被授予"全国学习型组织先进单位"称号。2006 年 1月，中华全国总工会等十部委在京联合召开"创争"活动表彰电视电话会议，中共中央政治局委员、全国人大常委会副委员长、中华全国总工会主席王兆国接见与会代表并讲话。

2008 年 2 月，全国"创争"办对全国学习型组织标兵单位和标兵班组进行复核检查。

2009 年 1 月，全国"创争"活动领导小组又表彰了北京建工集团等第二批创建学习型组织十大标兵单位、十大优秀单位和近百家先进单位。

笔者有幸参加了学习型组织、学习型班组和知识型职工 3 个评估指标体系的研究，以及《学习型组织创建在中国范例》的编写，参与了2006 年中华全国总工会、财政部等 12 家部委联合下发的"财建字〔2006〕号文"的起草，2008 年，笔者在北京翠微大厦、天津石化分公司、上海宝钢股份公司、浙江正泰集团、上海航天局班组等十大标兵单位的现场复核检查活动中，深切感受到了宏大而火热的创建活动带来的积极成效。

3. 北京市案例

2000 年，北京市教委印发了《关于深化企业教育综合改革，建立现代企业教育制度，创建学习型企业的意见》。2001 年，由北京市教委牵头，与市经委、商委、建委、市政管委等部门联合印发了《关于"发展企业教育创建学习型企业先进单位"评估工作的通知》。2005 年，北京市教委印发了《北京市教育委员会关于加强企业教育推动学习型企业创建工作的意见》，市教委会同市总工会印发了《关于评选发展企业教育，创建学习型企业先进单位的意见》，并于 2007 年进行了修订，评估指标体系如表 6 - 1 所示。目前，北京市已经评估通过了 54 家创建学习型企业先进单位。

表 6 - 1　北京市发展企业教育，创建学习型企业先进单位评估指标体系

一级指标	二级指标	观测点及评分标准（标准分值）
1. 学习与认识	1.1 法律法规与方针政策	1.1.1 深入学习党和国家关于全面建设小康社会、创建学习型社会、促进人的全面发展的有关精神，树立科学的发展观、人才观、学习观，从本企业实际出发开展学习型企业创建工作，创建目的明确
		1.1.2 深入学习贯彻《教育法》《职业教育法》及北京市的实施办法等有关法律法规。提高对现代企业教育工作重要性的认识，增强依法办教育的意识和能力
	1.2 学习型企业理论	1.2.1 企业领导者注重树立终身教育理念，能正确理解学习型企业的内涵和本质，努力实践领导者角色的转变
		1.2.2 采取多种形式，广泛深入宣传创建学习型企业的重要意义，营造创建学习型企业的舆论氛围，在员工中普及学习型企业基本知识，提高终身学习的自觉性，增强创新意识；结合时代特点和企业实际，充分认识创建学习型企业的必要性和紧迫性，形成创建动力
2. 组织与管理	2.1 规划与计划	2.1.1 有明确的创建工作思路，把创建工作融入企业发展规划和年度计划；有员工广泛认同的创建学习型企业共同远景和实施方案，实施方案的指导思想明确、措施具体可行
		2.1.2 有企业人力资源开发规划，规划指导思想明确、措施具体可行
		2.1.3 有企业教育培训工作的年度计划，目标明确、任务具体、措施得力

续表

一级指标	二级指标	观测点及评分标准（标准分值）
2. 组织与管理	2.2 组织机构	2.2.1 将人力资源开发和教育培训工作纳入公司章程；有全面统筹、协调、指导教育工作和学习型企业创建工作的企业领导机构，主要领导分管教育培训工作、学习型企业创建工作；建立健全各级领导责任制，实行目标管理，领导班子定期研究教育培训工作和学习型企业创建工作
		2.2.2 教育培训和学习型企业创建工作管理系统健全且职责清楚、分工明确；创建工作形成了多方参与、分工负责、齐抓共管的良好运行机制
	2.3 过程管理	2.3.1 职能部门对创建学习型企业工作的执行情况进行有效监控，措施可行；职能部门对人力资源开发的执行情况进行有效监控，措施可行；职能部门对教育培训规划或计划的执行情况进行有效监控，措施可行
		2.3.2 对创建学习型企业活动和企业教育培训的质量进行跟踪管理，措施可行；定期进行检查评估，并不断改进工作
		2.3.3 重视发展企业教育、创建学习型企业工作经验的总结和交流；开展相关的理论研究，有成果
3. 条件与保障	3.1 制度建设	3.1.1 建立和完善培训、考核、使用、待遇一体化的激励机制；建立和完善鼓励员工不断创新和自我发展的有效机制
		3.1.2 健全企业教育培训的工作制度，制度规范、实用；健全创建学习型企业的工作制度，制度规范、实用
	3.2 队伍建设	3.2.1 有一支素质高、能力强的教育培训管理工作者队伍；有一支素质高、能力强的创建学习型企业管理工作者队伍
		3.2.2 有一支实力较强、结构合理、善于创新的师资队伍；重视对师资队伍的培训和提高
	3.3 经费保障	3.3.1 教育培训的经费投入有保证。一般企业要严格按照不低于职工工资总额的 1.5% 的比例，技术要求高、经济效益较好的企业要按照不低于职工工资总额的 2.5% 的比例足额提取教育培训经费；企业培训经费投入及时到位，经费的三分之二要直接用于一线职工的岗位技能培训
		3.3.2 多渠道筹措教育培训经费
		3.3.3 职工教育培训经费专款专用，使用合理、规范，符合有关规定
	3.4 设施条件	3.4.1 企业具备教育培训场所和训练基地；具备相应的培训设施、现代化教育教学设备，加强信息网络设施的建设；有图书室、资料、教材等
		3.4.2 根据实际需要，充分运用社会教育资源；开展联合办学，实行校企合作

一级指标	二级指标	观测点及评分标准（标准分值）
4. 实施与操作	4.1 员工发展	4.1.1 企业努力营造良好的学习环境，措施得力、有成效；激励员工将学习与工作有机结合，在工作中不断学习、创新，鼓励人人成才
		4.1.2 企业引导和帮助骨干员工制定职业生涯规划，企业引导全体员工制订学习计划。实施企业和员工共同发展的双赢战略
		4.1.3 企业提供学习的机会和条件，切实保障员工的学习权利，努力满足员工多样化学习需求；认可员工的学习成果
	4.2 团队学习	4.2.1 注重总结个人和团队的学习经验与成果；注意将个人和团队学习成果广泛进行传播，转变为组织的财富，推进组织变革和工作效能的提高
		4.2.2 企业领导带头创建学习型领导班子。企业内学习型团队（部门、车间、班组）建设普遍开展，并涌现出一批先进典型。开展学习型团队创建参与率逐年提高，2010 年达到 80% 以上。企业尝试进行组织学习和知识管理，使创建工作进一步深入
	4.3 培训项目	4.3.1 能结合体制改革、资本运作、管理创新、科研开发、产品更新、技术改造等组织开展学习、培训活动；能按计划保质保量完成各项学习、培训任务
		4.3.2 注重培训项目设计，重点开展符合本企业发展要求的特色培训，加强创新型、复合型和紧缺的高技能性人才培养，培训项目设计科学、规范；努力提高员工的工作能力、职业转换能力和创业能力，培训目标明确、形式灵活多样
	4.4 培训方法	4.4.1 开展培训方式和方法的改革，善于运用更加便利、更能挖掘员工潜力的新方式、新方法；尝试使用深度汇谈等学习工具和方法开展团队、组织学习
		4.4.2 注重运用现代教育技术开展培训，成效显著
5. 成果与效益	5.1 企业教育	5.1.1 从实际出发组织开展形式多样的教育培训活动，教学质量不断提高
		5.1.2 紧密结合企业的生产经营活动开展教育培训，取得明显的经济效益和社会效益
	5.2 企业文化	5.2.1 重视企业文化建设，有明确的经营管理理念、企业精神和发展目标，形成与时俱进、追求卓越、勇于创新、人际和谐的组织文化，在较大范围内推广，得到员工的广泛认同
		5.2.2 注重企业形象设计，建立能够突出企业个性特征的识别系统，并被员工所认知；注重企业形象建设，提高企业知名度和美誉度

续表

一级指标	二级指标	观测点及评分标准（标准分值）
5. 成果与效益	5.3 员工素质	5.3.1 企业员工主动参加各类教育培训，并投入一定的个人学习时间和学习费用
		5.3.2 每年企业开展全员培训，年培训率达到90%以上
		5.3.3 管理人员中大专及以上学历的达到90%以上，员工中具有高中及以上文化程度的占75%
		5.3.4 专业技术人员每年参加继续教育学习，时间累计达到72学时的比例达到85%
		5.3.5 在管理层和有明确要求的部门人员中普及了计算机培训和外语培训
		5.3.6 新员工的岗前培训率达到100%
		5.3.7 执行劳动准入制度，特种作业人员持证上岗率达到100%
		5.3.8 科技人员、管理人员和技术工人获得行业认定的职业资格证书者占80%以上，部分员工获得国际通用职业资格证书
		5.3.9 员工中的初级工比例低于30%，中级工比例高于50%，高级工和技师的比例达到20%
	5.4 人才成长	5.4.1 企业主动创造良好的人才成长环境，既重视研究、管理型人才的培养，也重视技能、技艺型人才的培养
		5.4.2 涌现一批职业道德好，有较高知识水平和本岗位工作能力的人才。各类人才在企业发展中发挥着重要作用，在同行业和社会中有较大影响
	5.5 经营管理	5.5.1 企业经营管理水平得到提高，企业的业绩和贡献得到员工和社会的广泛认同，在经营管理的某些环节上成效显著
		5.5.2 近三年，企业产品质量不断提高，销售额、利税持续增长
6. 特色	6.1 特色	发展企业教育，创建学习型企业成效显著，在某些方面有特色
	6.2 创新	在发展企业教育，创建学习型企业工作中有所创新

注：资料来自北京市学习型城市建设领导小组办公室。

第四节　学习型学校

　　这里所指的学校，主要是指我国义务教育学校和普通教育的学历教育学校。继续教育、成人教育学校和非学历教育的培训机构，因其或多或少具有市场竞争性特征，暂不属于此处讨论的主体，但涉及的理论、方法和创建流程均可供它们借鉴。

学校在学习型社会中的特殊位置。学校不仅在各级各类学习型组织建设中占有一席之地，而且在终身学习服务体系中具有更加重要的作用。学校教育的发展要"面向现代化，面向世界，面向未来"，使受教育者"学会求知、学会做事、学会共处、学会做人"，学会幸福生活，"一切为了孩子，为了孩子的一切"。

一、学习型学校建设理论

学校不同于企业，在学习型组织建设理论上有两点本质区别。一是学习型学校的共同愿景要包含"产品"——学生的愿景；二是学校不具有像企业一样的竞争基因，对竞争力的需求不那么强烈，学校办得是否好，不是它存亡的核心依据。

1. 学习型学校的基本思想和意义

学校不就是学习的地方吗？为什么要创建学习型学校呢？这是社会上普遍存在的疑问。这说明，存在此疑问的人既没有真正理解学习型组织理论的内涵，也没有意识到学校这类组织持续创新发展与学生全面成长之间的内在关系。因此，我们必须了解学习型学校的基本思想和创建的重要意义。

学校面临学习型社会与终身学习思想的挑战。人的前半生在校学习的知识已经无法满足一生的需要，接受终身教育和坚持终生学习必然使学校垄断教育的时代一去不复返，学校从办学理念到教学方法、教学内容、接受对象都需要进行大的改变。

面对知识经济社会，学校感到有心无力。社会的飞速发展和人才的多样化需求对受大工业影响而"批量生产"学生的传统学校提出挑战。

信息时代的教师不再是权威。互联网使学生随时能从世界各地自由获取各种知识和信息，这向教师与讲堂提出了挑战。

学习型班级、学习型学校和学习型社区代表了一种激起人们希望的途径。团队学习能在班级内部、教师与家长之间、团队的成员之间、寻求成功学校改革的"精英"分子之间进行。社会用人单位与家长对学校充满了新的期待。

2. 影响"学习型学校"的4个系统

一是班级——学习型班级，教师、学生、家长；二是学校——学习型学校，教育督导员、校领导和管理人员（含董事会成员或社区教育委员会成员）；三是社区——学习型社区，社区成员、终身学习者；四是党的教育方针。

3. 学校学习的切入点

一是创建学习型班级——培养班级学习效率，寻求学校和社区的支持；二是班级中的系统思考——引导学生在心理模式方面交流，最终在全校形成共有观念；三是学校的共同愿景——管理者、教师、家长改革倾向一致；四是教改、教师校本培训、校本课程、校本教材。

4. 学习型班级的创建

一是开放课堂——创建学习型课堂；二是关注学习者；三是开展实践；四是进行有效的讨论；五是开展系统思考。

5. 当前国内中小学教育改革面对的问题

教育公平做得不够、优质教育资源总量不足、教育发展在城乡之间很不均衡、应试教育尚盛行、素质教育处于叫好不叫座的尴尬地位。现在，尽管教育改革活动在学校系统内热火朝天地进行着，但是，在我国各级各类学校中本末倒置的教育活动比比皆是，偏离了教育原有的目的。

二　国内及北京创建学习型学校概况

1. 我国学习型学校建设的概况

1996 年，同济大学成教学院开始了国内较早的创建学习型学院探索，做了两个三年规划并认真实施，其创建成果接受了民营中介组织的评估。从面上的情况看，在成人教育的中高等院校中，自发创建学习型学校的行为较多；在义务教育和高中阶段学校中，创建学习型学校活动主要是靠当地政府教育主管部门指导和推进；普通高校有个别院校开展此活动。其特征为创建学习型学校以政府教育部门推动为主。

2. 北京创建学习型学校的兴起

进入 21 世纪，北京实验二小、京源学校等几所中小学开始自发探索学习型学校建设。在 2001～2006 年学习型城区建设中，各区县的学习型学校建设是以区教委推动为主。2004 年，海淀区开始评选创建学习型学校和幼儿园先进单位，三年评出近百所，其中包括北京科技大学等单位。从 2007 年至今，学习型学校建设均在各区县学习型城区建设领导小组办公室的推动下开展活动，并每年评出一批先进学校，在"全民终身学习活动周"等适当时节和场合大张旗鼓地给予表彰。

3. 北京市创建学习型学校先进单位评估

2005 年，北京市教委出台了创建学习型学校的评估指标，许多区县尝试使用其推动创建，2007 年又对创建学习型学校评估指标体系进行了修改。2007 年 4 月北京市委、市政府召开"首都创建学习型城市会议"之后，由北京市学习型城市领导小组办公室启动了"创建学习型学校先进校评估"组织评估工作，评估指标体系如表 6 - 2 所示，各区县公办中小学踊跃申报，民营学校和高等院校也积极申报。

至今，北京市通过培育、视导和专家组入校评估，分两期评出了35 所学习型学校建设市级先进学校。其中，除了市、区两级所属的普通中小学和职业中等专业学校之外，既有像中国林业科学院研究生院这样的研究院所、北京宣武红旗业余大学和朝阳社区学院这样的成人高等院校，也有北京新东方学校这样的民营教育培训机构和空军直属机关蓝天幼儿园。

表 6 - 2　北京市创建学习型学校先进单位的评估指标体系

一级指标	二级指标	三级指标
1. 创建保障	1.1 组织机构	1.1.1 领导班子高度重视，成为创建工作的设计者，有专人负责创建工作
		1.1.2 创建工作管理系统健全，分工合理，具体部门责权明晰
	1.2 制度建设	1.2.1 有领导班子定期研究创建工作的制度，并能够有效落实
		1.2.2 有定期检查、评价、总结创建工作的制度，并能够将结果用于工作改进
		1.2.3 建立了符合实际的全员学习制度，教师能力建设和校本培训有制度保障

续表

一级指标	二级指标	三级指标
1. 创建保障	1.2 制度建设	1.2.4 建立合理的教师聘用、工作考核与奖罚制度，形成有利于教职工学习和成长的激励机制。制定过程合理、公正、公开，大多数教职工对以上制度、制定程序和效果了解、理解并表示满意
	1.3 条件保障	1.3.1 学校保证开展创建工作所需经费
		1.3.2 建立多元、开放、反馈的学习系统，有一定的硬件保障，努力为教职工培训、学习提供机会和条件
2. 创建过程	2.1 学习宣传	2.1.1 深入学习中共中央和北京市委建设学习型社会和学习型城市的文件精神、学习型组织的基本理论，中层以上干部要能够把握学习型组织的本质特征和基本要求，大部分教职工了解学习型组织的本质特征和基本要求
		2.1.2 采取有效方式，宣传建设学习型组织对于学校发展的必要性、紧迫性，宣传本学校的创建思路，做到大多数教职工了解，并获得大多数教职工的认同和支持
		2.1.3 学校班子成员能够结合教职工存在的问题与困惑，深入浅出地宣讲学习型组织的基本理论和本学校的创建思路
	2.2 方案计划	2.2.1 有与学校发展规划相协调的创建工作方案。该方案符合学校实际，工作目标、工作重点与阶段目标明确；制定过程合理，绝大多数教职工了解、认可，有利于凝聚力量
		2.2.2 有创建工作学年度计划。该计划与总体方案相协调，措施具体、可行、针对性强，效果可检测，相关人员清楚本部门年度工作任务与重点
	2.3 工作运行	2.3.1 创建工作方案与学年度计划落实到位
		2.3.2 依制度加强监控，定期检查、评价、总结和改进创建工作
	2.4 组织学习	2.4.1 制订符合实际、针对性强的计划，能够落实教师能力建设和校本培训制度
		2.4.2 教师能力建设和校本培训工作落实到位，实施过程有管理、有考核、有改进；效果得到大多数教职工的认可
		2.4.3 在鼓励个人不断学习的基础上，采取多种形式开展团队学习、组织学习
		2.4.4 加强知识管理，校内传播、交流、共享学习成果和工作经验的渠道畅通，建立了本校积累成果和经验的有效方法，并取得良好效果
		2.4.5 采取多种沟通交流形式，形成干群之间、教师之间、师生之间平等对话、互动研讨解决学校问题的环境和氛围

续表

一级指标	二级指标	三级指标
2. 创建过程	2.5 教师成长	2.5.1 学校领导倡导和指导教职工根据社会发展、学校建设和自身发展的需要，制定职业生涯规划，引导教职工个人的职业生涯目标尽可能与学校发展的目标相协调的同时，积极创造人人成才的机制与环境
		2.5.2 教师能力建设和校本培训工作要考虑教师个体职业发展的需要
		2.5.3 鼓励教师针对教育教学中的问题，积极开展教科研工作，不断改革创新，寻求有效的解决方案
	2.6 文化构建	2.6.1 学校发展共同愿景明确，形成过程注重有效的全员参与，在大多数教职工中形成共识，能够凝聚全体教职工的力量
		2.6.2 学校的办学理念能够反映现代教育思想，体现以学生全面发展为本的精神；通过有效途径，逐步成为引导、规范教职工教育行为的无形力量
		2.6.3 学校管理制度和风格能够体现办学理念，充分考虑了教职工和学生的利益，既有利于调动教职工积极性，又有利于约束、引导教师行为
		2.6.4 加强师德教育，教职工的职业道德和行为方式能够体现办学目标和教育理念
		2.6.5 重视校园文化建设，努力塑造良好的学校整体形象
3. 创建成效	3.1 管理变革	3.1.1 学校领导团结协作，能够系统、全面地分析、解决学校发展面临的优势与挑战，管理能力和管理水平得到提高
		3.1.2 学校管理民主化、科学化程度得到改善，教职工、学生、家长、社区参与学校管理的渠道畅通，提出的意见、建议得到重视，并被积极采纳，群众反映良好
		3.1.3 校内各部门配合默契，教职工工作积极性较高
		3.1.4 有组织地开放学校的教育资源，积极参与社区教育活动，在学习型社区中发挥作用，促进学校、家庭和社会教育的有机结合
	3.2 文化形成	3.2.1 转变观念，学校教职工的学习观、学生观、教育观与学校办学理念相协调
		3.2.2 形成具有本校特点的组织文化，其核心价值体现在学校的各项工作和活动中
		3.2.3 形成宽松、和谐而又充满活力的组织氛围，形成有利于学生健康发展的良好氛围

续表

一级指标	二级指标	三级指标
3. 创建成效	3.3 组织发展	3.3.1 大多数教职工有较强的终身学习意识，认识学习对个人发展和组织发展的作用，能够结合工作自主学习，反思，涌现出在全国、全市或本地区有较大影响的优秀教师、学科带头人、骨干教师等
		3.3.2 教职工积极创新，勇于自我超越，学校教育教学改革和科研成果丰富
		3.3.3 学校的教育教学水平有较大幅度提高，学生发展在同类型学校中达到较高水平
		3.3.4 学生、家长、社区的满意度有较大幅度提高
4. 特色与创新	4.1 特色	4.1.1 创建学习型学校成效显著，在某些方面有特色
	4.2 创新	4.2.1 创建学习型学校工作中有所创新

注：资料来自北京市学习型城市建设领导小组办公室。

4. 北京实验二小创建学习型组织的经验和体会

该校引入学习型组织理论，提出"双主体育人"的办学思路（学生是学习活动的主体，教师是教育工作的主体）。主要做法：一是建立民主、开放、和谐的团队氛围；二是将校长的办学理念转化为全校教职员工的共识；三是重视学习指导，构建学习网络；四是建立发展性培训机制，鼓励教师自我超越；五是关注教师的生命价值和职业价值的内在统一，帮助教师拥有成功的人生；六是转变管理者的角色与行为，充分发挥引领作用；七是形成独具特色的学校文化。

北京实验二小的教师队伍在创建学习型组织活动中不断成长：创建活动形成了系统；改善心智模式形成了团队氛围；形成共同愿景达到了全员共识；构建团队学习组成了学习网络；引领自我超越建立了培训机制；编写了学校《"双主体育人"实施手册》；建立了快乐生命学说和适合学说。

学校文化：从制度到文化，追求超越制度的管理。一是教师文化——形象、学习、合作；二是学生文化——美、学、玩、做；三是家长文化——权利、责任、成长；四是党员文化——旗帜、奉献、正气、引领；五是管理文化——授权、人本、激励、沟通；六是制度文化——共识、自律、崇善、动态；七是课程文化——个性、超越、未来；八是课堂文化——生本、对话、求真、累加；九是校园文化——关爱、和谐、精致。

5. 北京十一学校对教师与学生发展的关注

该校成立了导学中心，4 位专职人员来自心理咨询和教研岗位，在整合原有业务的基础上，又承担了知识管理、教师职业生涯规划管理和学生生涯规划管理工作；形成对教师和学生全面发展的设计和指导学习部门；从形式到内容均有所创新。

第五节　学习型社团等

我国学习型组织建设中有工、青、妇及各类社团、医院、图书馆、科研院所等系统和单位参与。他们在学习型组织建设中除了继续深入开展本系统、本单位的内部建设，还充分发挥其与社会建设天然联系的优势，积极开放本系统、本单位教育资源、学习资源，与社会教育资源、学习资源形成共享，为周边居民提供更多更好的学习条件和服务，成为学习型社会和学习型城市建设的重要方面军。

另外，家庭也被纳入学习型社会和学习型组织建设中来。近几年，各类群众性的独具特色的市民学习共同体也如雨后春笋般涌现出来。

一　学习型社团建设

中华全国总工会、中国共产主义青年团和中华全国妇女联合会（以下简称"工会、共青团、妇联"）是中国共产党领导的群众团体，也是我国最具特色的社会团体。他们在我国的学习型社会、学习型组织建设和倡导终身学习方面都起到了重要的作用。21 世纪以来，社团建设飞速发展，在学习型社团建设方面，除了深入自身的组织建设，还发挥了其具有的政府与大众之间天然联系的优势，在促进和谐社会建设，缓解社会矛盾，特别是为基层群众和弱势群体服务方面发挥了重要作用，在促进全民学习、帮助提供"人人都有出彩机会"的活动中做了大量工作。

在我国，各级工会不仅号召下属的工会组织积极投身创建学习型组织，而且在各地和国有大中型企业的"创争"活动中扮演了重要的角色。在学习型城市的建设中，属地的共青团组织扮演着重要的角色，大量的团支部努力创建学习型团支部，使青年人健康成长。妇联直接牵头组织全国学习型家庭的建设，在学习型城市的建设中，属地的妇联组织也扮演着重要的角色，大量的基层妇联组织也在努力创建学习型妇联。还有协会、学会等群众团体、学术团体也在积极创建学习型组织和开展推进学习型组织建设的工作。例如，北京市西城区民政局在 2013 年社团、民营非企业 1000 分考评活动中就学习型社团建设分别给出了 100 分、150 分的考核要求。

二　学习型家庭建设

家庭是社会的细胞，是一个人学习的起点。但是，由于家庭不同于一般意义上的社会组织，所以，在创建学习型组织的理论方面，存在着学习型家庭建设是否属于学习型组织建设的不同观点。很多专家、学者认为，学习型组织建设不包含学习型家庭建设，家庭学习属于家庭成员个人学习的范畴。也有人认为，家庭是社会成员组成的最小集体形式，也是一种特殊的组织，学习型家庭的建设应该包含在学习型组织建设之中。

1. 建设学习型家庭的内涵与意义

在学习型社会，家庭不仅是以婚姻、血缘和收养关系联结起来的特殊社会组织，而且是以学习和合作关系联结起来的集体。学习型家庭提供了一种开放、互动的学习气氛，容许个人自我学习和全家共同学习，扩充生活知识和经验，在学习中达到提高家庭综合素质、提升家庭文明程度、提升家庭的社会价值、提升家庭成员的情感质量的目的。因此，学习型家庭建设为家庭生活注入了丰富的生命力和幸福感。

学习型家庭是培育高素质人才的重要力量，是推动社会道德文明建设的重要力量，是推动社区人性化建设的重要力量。学习型家庭能促进社区文明建设，促进社区邻里沟通，催生社区新形态。学习型家庭建设是以提高家庭的社会适应力和生活质量为目的的家庭成员共同学习、相互学习、自我改变、自我完善、共同成长的过程。

学习型家庭具有以下基本特征：一是浓厚的学习氛围。每个家庭成员都能确立终身学习的理念，并具有自主学习的动机。在个人生涯与家庭生命周期的每个阶段，使学习成为人生永恒的主题，使学习成为生活中不可缺少的一个组成部分。二是平等、民主、相互尊重的人际关系。不管是夫妻之间还是亲子之间，在个人发展、家庭发展、生活学习上都能相互关心、相互支持，以此来实现家庭的情感互动，营造温馨的家庭气氛，建立交互式的共同成长的学习模式。三是畅通无阻的沟通渠道。学习与分享是家庭成员之间双向沟通的重要渠道，父母能与孩子平等对话，子女能对长辈尊重体谅，两代人双向互动，具有理智化解家庭矛盾的能力，使家庭成员永远乐观向上。四是共同分享、积极进取的精神。家庭成员之间相互依存，共同发展，既各自承担家庭义务和责任，又共同分享成果和利益。五是注重实践能力的培养。学习型家庭不仅重视在书本中学习，而且重视在生活、实践、社会、大自然中的学习，具备适应社会的能力和解决问题的能力。六是不断增加学习投入。其中包括时间投入和必要的家庭学习硬件的物质投入。这种投入是建立在家庭物质生活逐步改善的基础上的，是建立在每个家庭合理配置休闲时间的基础上的，它使家庭学习的硬件和软件同步发展。

2. 学习型家庭建设的实践

我国的学习型家庭建设分为两个层面：第一个层面是各级政府和妇联在管辖范围内创建学习型家庭建设的氛围和环境，积极推动居民家庭的学习型家庭建设，通过理念宣传、倡导创建、做活动方案、组织家庭交流、评选先进家庭等方式开展建设活动；第二个层面是各个家庭在政府和妇联的号召下，自觉结合终身学习和学习型组织理论，开展家庭成员的个人学习和成员之间的相互学习与交流，达到共同成长和幸福生活之目的。

我国的学习型家庭建设，在早期主要产生于开展创建学习型企业的独立工矿区国有大中型企业。随着学习型城市建设的兴起，各地妇联围绕党中央提出的建设学习型社会的要求，与当地开展的特色活动结合起来，直接引导了学习型家庭的创建。2006 年 3 月，全国妇联、民政部、文化部、国家环保总局、国家广电总局等单位联合下发《关于开展学习型家庭创建示范城市、示范社区活动的通知》（以下简称《通知》）。《通知》认为，学习型家庭创建活动是文明家庭创建活动面对城市经济社会生活的新特点、新需求的创新，是城市精神文明建设的有效载体。在构建社会主义和谐社会的新形势下，发挥学习型家庭创建工作在城市精神文明建设及和谐社区、和谐家庭建设中的重要作用，进一步加大学习型家庭创建工作的力度，拓展学习型家庭创建工作的内涵和外延，将学习型家庭创建与文明城市、文明社区创建工作有机结合，不断提高学习型家庭创建工作的水平，倡导健康、科学、文明的生活方式，对于在新时期不断深化文明家庭创建活动，推动城市和社区精神文明建设的进一步发展，促进社会主义和谐社会的建设具有重要的意义。

《通知》要求在全国联合开展学习型家庭创建示范城市、示范社区活动，拟命名若干个全国学习型家庭创建示范城市、300 个全国学习型家庭创建示范社区。《通知》还提出了全国学习型家庭创建示范城市和全国学习型家庭创建示范社区的申报条件。

2006 年 11 月，"全国学习型家庭创建示范城市工作推进会"在青岛召开。大会向北京市海淀区、天津市河西区、大连市、哈尔滨市、上海市浦东新区、南京市、杭州市、宁波市、厦门市、青岛市、武汉市、广州市、深圳市、南宁市、重庆市渝中区、成都市这 16 个城市（城区）颁发了"全国学习型家庭创建示范城市"牌匾，向青岛市、北京市海淀区等16 个示范城市（城区）妇联组织的家庭志愿者服务队授旗。同时，北京市东城区和平里街道东河沿社区等 300 个社区被授予"全国学习型家庭创建示范社区"。2007 年 11 月，全国学习型家庭创建示范城市（城区）工作会和全国妇联系统宣传思想工作会在成都市召开。

2010 年 5 月 15 日，国际家庭日之时，全国妇联在北京举办了中国和谐家庭建设与社会发展论坛。时任全国人大常委会副委员长、全国妇联主席陈至立出席论坛并讲话，为全国创建学习型家庭示范城市（城区）、社区的代表授牌。

目前，由妇联牵头创建学习型家庭，已经成为各地创建活动的稳定模式，并形成了规模效应，促进了学习型社区、学习型机关、学习型企事业单位的建设。在基层，学习型家庭建设和评选表彰活动也已经普遍融入日常的社区教育活动之中。

三　学习共同体建设

"学习共同体"这一概念最早由博耶尔（Ernest L. Boyer）于 1995 年提出，他认为："学习共同体是所有人因共同的使命并朝共同的愿景一起学习的组织，学习共同体中的人共同分享学习的兴趣，共同寻找通向知识的旅程和理解世界运作的方式，朝着教育这一相同的目标相互作用和共同参与。"①

随着我国学习型社会建设在城乡社区的普遍开展，国内对学习共同体的探索也逐步开展起来。有的学者认为，学习共同体更多的是一种学习方式，在特定情境中，人与人之间构成互动的团体，在相互交流中互相汲取营养，通过共同探索将公共知识转化为个人知识。这种常见的方式主要有研究性学习、小组学习、合作学习等。在杭州举办的"共同学习，让生活更美好——社区学习共同体"专题高级研讨会上，有专家提出，社区学习共同体是由城乡社区居民以实现自身生命价值为根本目的，以享受共同学习过程为出发点而自愿结成的相对稳定的学习群体。目前，我国学习共同体主要活跃在社区居民层面，特别是在老年群体中更为普遍。建设社区居民学习共同体对于应对老龄化社会的到来，实施积极老龄化对策具有十分重要的意义。

建设社区居民学习共同体也是对社区居民学习模式的深入探索。学习共同体改变了传统班级式学习，以一种更为灵活、个性化的方式成为社区居民的新型学习活动载体，各社区居民学习共同体可有丰富的个性化主题，灵活的组织结构，对居民需求更具有实用性。

创新学习共同体的学习方式，提升学习效率。第一，集体学习与个人学习相结合。与其他学习不同，社区居民学习具有很强的独立性和自主性，每个成员都有自己的关注点和学习习惯。在此基础上，要保证学习共同体学习时间的一致性和内容的互通性，大家集体讨论社区的热点、难点，在提高自身素质的同时提高社区建设能力。第二，理论学习与实践活动相结合。在居民学习共同体的建设过程中，不仅要学习时事政治，读书读报，还要立足社区发展，结合本社区的实际情况，组建专题小组，进行调查研究，提出解决问题的新思路和措施，在实践中提升居民素养。第三，专家指导与交流学习相结合。团队要采取"打开门，请进来"的方式，请相关专家进行有针对性的报告，拓展学习深度，提升团队品质。

① 梅文静：《社区治理视角下居民学习共同体建设内涵及路径探究》，《亚太教育》2015年第13期。

同时，要积极"走出去"，在区与区之间、市与市之间交流学习。

四　知识型公民培育

在理论上，公民个人学习不属于组织学习或团队学习，由此看好像知识型公民培育不应纳入本章进行阐述。但是，中国特色的学习型组织建设，更多的是关注组织或团队中个人的学习行为。事实上，团队学习也是建立在个人学习基础之上的。声势浩荡的全国"创争"活动也是将创建学习型组织和争做知识型职工联系在一项活动之中。

进入 21 世纪，中国提出要从人力资源大国走向人力资源强国，党中央和国务院非常重视广大职工和人民群众的素质提高。结合学习型社会建设，对各类人员队伍建设也提出了新的要求，对人才观也有了新的认识。

1. 新时期干部教育培训

2015 年 10 月，中共中央印发了《干部教育培训工作条例》（以下简称《条例》）。《条例》强调，干部教育培训是建设高素质干部队伍的先导性、基础性、战略性工程，在推进中国特色社会主义伟大事业和党的建设新的伟大工程中具有不可替代的重要作用。干部教育培训工作必须坚持以马克思列宁主义、毛泽东思想、邓小平理论、"三个代表"重要思想、科学发展观为指导，深入贯彻习近平总书记系列重要讲话精神，紧紧围绕全面建成小康社会、全面深化改革、全面依法治国、全面从严治党的战略布局，以坚定理想信念、增强执政意识、提高执政能力为重点，把"三严三实"要求贯穿在干部教育培训全过程，培养造就信念坚定、为民服务、勤政务实、敢于担当、清正廉洁的好干部，推动学习型、服务型、创新型马克思主义执政党建设和学习型社会建设，推进国家治理体系和治理能力现代化，为不断夺取中国特色社会主义新胜利、实现中华民族伟大复兴的中国梦提供思想政治保证、人才保证和智力支持。

《条例》强调，干部教育培训工作应当遵循下列原则：服务大局，按需施教；以德为先，注重能力；分类分级，全员培训；联系实际，学以致用；与时俱进，改革创新；依法治教，从严管理。

《条例》指出，干部教育培训的对象是全体干部，重点是县处级以上党政领导干部和优秀中青年干部。干部应当根据不同情况参加相应的教育培训：贯彻落实党和国家重大决策部署的集中轮训；党的基本理论和党性教育的专题培训；新录（聘）用的初任培训；晋升领导职务的任职培训；在职期间的岗位培训；从事专项工作的专门业务培训；其他培训。省部级、厅局级、县处级党政领导干部应当每5年参加党校、行政学院、干部学院，以及干部教育培训管理部门认可的其他培训机构开展的累计3个月或者550学时以上的培训。提拔担任领导职务的，确因特殊情况在提任前未达到教育培训要求的，应当在提任后1年内完成培训。干部教育培训管理部门应当作出规划，统筹安排。其他干部参加教育培训的时间，根据有关规定和工作需要确定，每年累计不少于12天或者90学时。《条例》还对教育培训内容、教育培训方式方法、教育培训机构、师资、课程、教材、经费、考核与评估均做了详细的规定。

2. 高层次和高技能人才建设

党的十七大报告明确提出，要统筹抓好高层次人才和高技能人才为重点的各类人才队伍建设。《中共中央关于制定国民经济和社会发展第十三个五年规划的建议》提出，落实高校毕业生就业促进和创业引领计划，带动青年就业创业。推行终身职业技能培训制度；实施新生代农民工职业技能提升计划；推行工学结合、校企合作的技术工人培养模式，推行企业新型学徒制；提高技术工人待遇，完善职称评定制度，推广专业技术职称、技能等级等同大城市落户挂钩的做法。

为贯彻落实中共中央、国务院《关于进一步加强人才工作的决定》和《关于实施科技规划纲要增强自主创新能力的决定》精神，我国力争到2020年，使高、中、初级技能劳动者的比例达到中等发达国家水平，形成与经济社会和谐发展的格局。动员社会各方面力量开展高技能人才培养工作；以企业行业为主体，开辟高技能人才培养的多种途径；建立高技能人才校企合作培养制度；支持和鼓励职工参加职业技能培训；加强高技能人才培训基地建设。健全和完善高技能人才考核评价制度；广泛开展职业技能竞赛活动；积极组织高技能人才技术交流活动。健全高技能人才岗位使用机制；进一步完善高技能人才激励机制；表彰和奖励做出突出贡献的高技能人才。引导高技能人才按需合理流动；完善高技能人才社会保障制度。加大资金投入力度，建立政府、企业、社会多渠道筹措的高技能人才投入机制；做好高技能人才基础性工作。切实加强对高技能人才工作的领导；加强舆论宣传，营造尊重劳动、崇尚技能、鼓励创造的良好氛围。

3. 职工素质建设工程

全国总工会等部门在全国广泛开展了职工素质建设工程，受到了各级组织和职工的欢迎和好评，参加培训的职工普遍认为非常受益。职工素质建设工程的总体目标：努力营造有利于人才成长的环境和氛围，建立健全和完善提高职工素质的工作体系、体制、机制和运作方式，搭建各种有利于人才成长的平台和载体，培养和造就一支能够适应新世纪新要求的高素质职工队伍。职工素质建设工程的目标：各级地方工会和规模以上企业、事业、机关单位基本形成科学规范的实施职工素质建设工程的推进机制；各行各业基本形成尊重劳动、尊重知识、尊重人才、尊重创造的良好环境和激励职工勤奋学习、苦练技艺、岗位成才、创新创优的良好氛围；职工思想道德、职业道德素质和法律意识有明显增强，文化科学素质有较大幅度的提升，业务能力和职业技术技能水平显著提高，职工的身体体质更加健康，现代文明素养更加健全，各项综合素质有较大提高。

职工素质建设工程正逐渐形成鲜明的特点，它既继承和发展了工会传统的、行之有效的教育培训形式和方法，又赋予其新内容，如开展读书自学活动、岗位成才活动和形式多样的主题教育活动；同时吸收新的教育及管理理念，借鉴现代教育培训方式和组织形式，如引入创建学习型组织的科学理念及运作方式，开展"创争"活动；充分运用各种现代化教育培训手段，如电化教育、网络教育、远程教育等，拓展教育培训的广度和深度；利用社会教育培训资源，采取"送出去、请进来"的办法，提高职工综合素质。这些特点使得职工素质建设工程更加契合现实需要，从而赋予职工教育崭新的面貌和吸引力。创新我们的学习——开创职工素质教育新局面，成为职工素质建设工程的出发点和终极目标。

4. 新农村农民教育

新型农民教育工程要为全民素质提高添彩。我国的农民人数众多，农民生活水平的提高和农民素质的提高历来受到党和政府的高度重视并列入重要议事日程。随着农村城市化进程的加快，一些农民逐渐转变成为城市居民，其身份会发生很大的变化。如何使他们在实现社会角色的转变后，尽快适应城市的生活，做合格的城市居民是一个亟待解决的问题。

《国务院关于解决农民工问题的若干意见》强调：一是要加强农民工职业技能培训。各地要适应工业化、城镇化和农村劳动力转移就业的需要，大力开展农民工职业技能培训和引导性培训，提高农民转移就业能力和外出适应能力。二是要落实农民工培训责任。完善并认真落实全国农民工培训规划。劳动保障、农业、教育、科技、建设、财政、扶贫等部门要按照各自职能，切实做好农民工培训工作。三是要大力发展面向农村的职业教育。农村初、高中毕业生是我国产业工人的后备军，要把提高他们的职业技能作为职业教育的重要任务。支持各类职业技术院校扩大农村招生规模，鼓励农村初、高中毕业生接受正规职业技术教育。

对于仍从事农业的农民，各地培训的内容应多种多样，培训的重点是新技能、新方法。如在以种植水果为主的地区鼓励农民参加绿色证书的培训，使农民取得绿色证书。有的地区以养殖为主，乡镇和村就组织农业技术人员对他们进行培训。

5. 百姓（市民）学习之星

为推动全民学习、终身学习，全国各地都积极采取鼓励个人学习的激励政策。由此，近几年，各地积极评选"百姓学习之星""市民学习之星"，在社会上反响强烈，效果很好。例如，2015 年 10 月，在由全国全民终身学习活动周工作小组等单位在苏州联合举办的"全国全民终身学习活动周总开幕式"上，推出了百名"百姓学习之星"，教育部领导亲自为"百姓学习之星"代表颁奖，场面感人。又如，2015 年北京市已经连续 6 年评选出 6 届共 600 名各行各业、各年龄段的"首都市民学习之星"，对每年的"十佳"还给每人奖励一台笔记本电脑。该活动受到北京市各区县、各委办局（行业系统）的高度重视，每年申报参选的积极性很高。申报工作采取个人自荐、社会举荐、组织推荐 3 种形式。北京市建设学习型城市工作领导小组办公室组成专家评审小组，按照"首都市民学习之星"的条件和个人事迹材料，进行初审，确定候选人名单，并通过媒体进行公示，接受社会各界的监督，公示期满后，报北京市建设学习型城市工作领导小组审核，确定"首都市民学习之星"名单，并在每年的"全民终身学习活动周"开幕式上进行表彰。

后 记

搁笔心静，回想本书的创作历程。

十年前，范周博士的文化产业研究项目和卜希霆处长（当时职务）等收集的文化产业信息资料，使我开始关注文化产业发展领域，有了一股学习的冲动。在我主持完成了社会公开竞标课题《北京市平谷区"十一五"社会发展规划前期研究》（其中有文化产业和体育产业部分）后，我对文化产业有了一点理性认识。至 2010 年，恰逢中国传媒大学文化发展研究院在校内师生中招聘兼职研究人员，我积极参加了应聘。在入职座谈会上，卜希霆书记的"五勤"要求至今记忆犹新。随后，我分别参与完成了范周院长、赵书波博士、杨剑飞博士领衔的涉及天津市、大连市、宁夏石嘴山市和吴忠市、内蒙古巴彦淖尔等城市的 6 个文化产业规划项目，主持完成了江苏省徐州市铜山区文化产业规划项目，分别应邀参加了张春河教授和朱敏副教授主持的文化产业规划项目的评审。我在文化发展研究院同志们的帮助下学习、成长，从青年教师身上感受到了更多的文化创新精神。

2015 年暑假期间，范周院长向我伸出橄榄枝。刚过退休年龄的我，诧异之余，了解到他对研究院发展的战略考虑之后，被他的创业热情和宏图大略深深打动！我感谢他和研究院同志们的信任，欣然接受加盟之邀，正式办理了校内调动手续。到花甲之年、耳顺之时还正式调动工作岗位，少有呀！用时尚的话说：怪怪的！

2016 年开学入院，恰逢全院为十年院庆组织编纂丛书，并鼓励每位老师借此大好时机参与著书立说。研究院发展的大手笔令我感动！但考虑到初来乍到，原来专业领域略有区别等原因，就未想参与写作。但经与范周院长一番面谈，使我转变了想法，决定还是利用有限的时间积极参与，努力写作，赶上大家的进度。当然，时间紧、任务重，原有的相关积累不足，个人水平有限，使得本书的质量有待进一步提高。值得欣慰的是，我也算是积极参与了院庆十周年的准备工作，未做旁观者，没辜负研究院领导的期望。

在此，我要感谢中国传媒大学文化发展研究院的同志们。首先，我要感谢范周院长，还要感谢卜希霆书记、赵书波博士、杨剑飞博士等同志。

当然，还要感谢学校有关领导、高等教育研究所领导对我本次工作调动的理解和支持。

借十年大庆良辰吉日，祝愿中国传媒大学文化发展研究院 30 年、50 年可持续创新发展，办成百年研究院，办成国际著名的文化发展研究院！

杨树雨
2015 年 12 月于北京定福庄

参考文献

联合国教科文组织：《教育－财富蕴藏其中》，联合国教科文组织总部中文科译，教育科学出版社，1996。

联合国教科文组织国际教育发展委员会编著《学会生存－教育世界的今天和明天》，教育科学出版社，1996。

〔美〕彼得·圣吉：《第五项修炼——学习型组织的艺术和实务》，郭进隆译，上海三联书店，1994。

吴晓川、张翠珠、杨树雨：《学习型城市评估指标体系研究》，北京工业大学出版社，2014。

学习型社会建设研究课题组：《学习型社会建设的理论与实践》，高等教育出版社，2010。

孙磊、杨树雨、沈拓、蒋仁勇：《中国学习型社会建设报告》，研究出版社，2009。

中国教育发展战略学会终身教育工作委员会：《中国学习型城市建设案例（第一辑）》，高等教育出版社，2013。

北京市学习型城市建设领导小组办公室：《北京建设学习型城市案例分析——组织变革篇》，北京出版社，2012。

吉利、张翠珠、苑大勇：《学习型党组织建设的理论与方法》，中央编译出版社，2011。

陈乃林：《建设区域性学习型社会的实证研究报告——以江苏为个案》，高等教育出版社，2010。

杨树雨：《中国特色学习型企业创建实务》，中国工人出版社，2007。

俞启定：《中国教育简史》，中央广播电视大学出版社，2005。

《联合国教科文组织发布"教育 2030 行动框架"——描画全球未来教育的模样》，胡佳佳、吴海鸥译，《中国教育报》2015 年 11 月 15 日第 3 版。

徐辉、李薇：《迈向学习型社会的重要宣言——写在〈学会生存〉发表 40 周年之际》，《教育研究》2012 年第 4 期。

杨树雨：《我国终身教育体系建设的五个概念与思考》，《终身教育》2012 年第 2 期。

杨树雨：《非公企业学习型党组织建设的创新实践》，《中国职工教育》2011 年第 9 期。

王虹桥、杨树雨：《工业行业职工现代远程教育培训与学习平台建设的探讨》，《中国远程教育》2011 年第 3 期。

杨树雨：《优化企业学习环境，促进职工终身学习和全面发展》，《中国职工教育》2010 年第 10 期。

陈应征：《浅论构建现代国民教育体系》，《天津市教科院学报》2006 年第 6 期。

吴遵民：《关于完善现代国民教育体系和构建终身教育体系的研究》，《终身教育杂志》2004 年第 4 期。

图书在版编目（CIP）数据

中国学习文化与学习型社会建设探索／杨树雨著
. -- 北京：社会科学文献出版社，2016.5
（文化发展学术文丛）
ISBN 978 - 7 - 5097 - 8867 - 7

Ⅰ.①中…　Ⅱ.①杨…　Ⅲ.①社会教育 - 研究 - 中国
Ⅳ.①G779.2

中国版本图书馆 CIP 数据核字（2016）第 046089 号

·文化发展学术文丛·

中国学习文化与学习型社会建设探索

著　　者／杨树雨

出 版 人／谢寿光
项目统筹／王　绯　周　琼
责任编辑／贾晓明　周　琼

出　　版／社会科学文献出版社·社会政法分社（010）59367156
　　　　　地址：北京市北三环中路甲 29 号院华龙大厦　邮编：100029
　　　　　网址：www.ssap.com.cn
发　　行／市场营销中心（010）59367081　59367018
印　　装／三河市东方印刷有限公司

规　　格／开本：787mm × 1092mm　1/16
　　　　　印张：15.5　字数：246 千字
版　　次／2016 年 5 月第 1 版　2016 年 5 月第 1 次印刷
书　　号／ISBN 978 - 7 - 5097 - 8867 - 7
定　　价／65.00 元

本书如有印装质量问题，请与读者服务中心（010 - 59367028）联系